当代中国普通高中教育研究报告丛书

丛书主编：霍益萍

12

个优秀指导方案

高中学生发展指导可以这样做

李希希　主编

华东师范大学出版社

目　录

序 一

为落实《国家中长期教育改革和发展规划纲要（2010—2020 年）》关于在普通高中"建立学生发展指导制度，加强对学生的理想、心理、学业等多方面的指导"的精神，2010—2016 年间，华东师范大学普通高中教育研究团队在完成教育部基础教育二司三个相关委托项目的过程中，先后与国内数十所不同类型的高中学校合作，就如何让学生发展指导制度在中国本土落地与生根问题进行了积极探索。六年的探索分两个阶段：第一阶段的重点是帮助学校校长和老师解决为什么、是什么及学校层面怎么做等问题，第二阶段则侧重于专职教师专业技能的提升，着重解决在学生发展指导课正式排入课表以后，教师的指导能力问题。本书是第二阶段的一个成果。[①]

在高中课时如此紧张的情况下，一些合作学校能将学生发展指导活动排入正式课表，这无疑是校长、老师对其重要性认同的一个标志。然而，在国家尚无任何标准或大纲的情况下，如何在规定的课时和时限中，面对全班学生开展有针对性的指导活动，对许多习惯于一对一心理辅导的老师们来说，实在是个很大的挑战。针对老师的困难，课题组先后开展了六次相关培训，通过专家讲座、小组作业、案例分析、交流点评、课题组老师上示范课等方式，老师逐步掌握了指导方案设计和指导活动开展的相关技能。大家在不断的探索中逐步认识到：

学生发展指导是普通高中的一项基本职能，也是高中学校必须为学生提供的一种专业服务，是普通高中体现育人功能的重要举措，对于落实"以人为本"的教育理念，提高学生综合素质，完善现代学校制度建设具有重要意义。在新高考加速推进的今天，尤其不能将高中教育窄化为单纯的升学指导或考试与填报志愿指导。

学生发展指导活动的目的，不是让学生掌握相关的知识体系及开发学生智能，或获得统一的标准答案及得到高分，而是针对学生成长发展中的问题、困难或困惑，给予正面建议和具体帮助。因此，它一定要坚持价值导向，以立德树人为根本任务，引导学生将个人的发展与社会责任、国家发展结合起来，将解决当前学生在学习生活中的具体问题与个人的全面发展、长远发展结合起来，全面提升高中生综合素质。

---

① 第一阶段成果，可参阅朱益明等：《普通高中学生发展指导研究》，华东师范大学出版社，2013 年版；黄向阳、王保星：《普通高中学生发展指导实践案例》，华东师范大学出版社，2014 年版。

学生发展指导活动的内容,是当代学生面临的真实问题或当下的困惑,因此不可能千篇一律。高中阶段是学生生理和心理、思想和行为走向成熟,世界观、人生观和价值观初步形成,作出人生选择和进行人生规划的关键时期。在校学生出现这样那样的问题,是其成长和发展过程中的自然现象和必经阶段。以问题(困惑)为载体,包容接纳,正面引导,正是学生发展指导活动的特色和价值所在。

学生发展指导特别强调自我教育,情景模拟、案例分析、活动游戏、小组讨论、分享交流、参与体验、自我教育、同伴辅导等是常用的指导方式,"体验和感悟"是活动设计的关键词语,唯有如此,才能激发学生的参与热情,达到自我发展的目的。

学生发展指导不能只靠普通高中学校单打独斗,来自家长、校友、社区、高校、企事业单位、相关专业机构与组织等各方面的资源都需要被充分利用和有机整合;学生发展指导不能只关注几堂课,学科课程、选修课、活动课、心理健康教育课、班会课、学生社团、校园文化节、报刊、广播、志愿者活动、社会实践等都是可以渗透的阵地。因此,学生发展指导活动中的教师,对学生而言是一个引领者,其任务主要是提供信息、帮助和服务,鼓励学生自己感悟和自主发展,而不是强迫或代替学生作决定;学生发展指导活动中的教师,对学校而言是一个整合者,其任务是在校内外发现资源,整合资源,充分地利用好各种资源。

由此可见,学生发展指导活动和我们所熟悉的学科教学完全不同。这是一项值得探索的全新工作,是一个尚待开垦的朝阳领域。有鉴于此,课题组在 2016 年举办了"首届全国普通高中学生发展指导方案设计大赛",鼓励老师们提交自己的课时活动设计(用于学生发展指导专门课程)、体验活动设计(针对班级、年级、全校、小团体等的活动方案)、教学卡牌设计(可供某一种或某几种活动使用)等,意在为老师们搭建一个交流平台,提高各校学生发展指导活动的质量与水平。

本书即是这次大赛获奖作品汇编。尽管其中的一些作品还很稚嫩,不够完善,需要进一步改进,但它们毕竟是来自中国本土学校的经验,记载着新中国第一代高中学生发展指导专职教师的思考与努力。随着教育改革的深入和新高考的推进,学生发展指导正在逐渐"升温",然而我深知要将这一制度建立起来需要更多的时间与更加真诚扎实的投入。期待本书的出版能吸引更多的志同道合者和我们一起为普通高中学生发展指导制度的建立而不断努力。

霍益萍

2017 年 9 月于华东师范大学

序 二

以班为单位的团体指导活动的设计与实施

很高兴借本书的出版发行之机,和读者分享一些我对学生指导活动设计的想法。众所周知,学校通过多种渠道对学生施加教育影响,"指导"是其中一个相对独立的职能。学生指导活动的设计与实施,要以明确其独特的功能定位为前提。概言之,指导是基于学生特点从正面对学生进行指引,以学生的需求、问题和困难为起点,以学生的活动体验为中心,教师从旁协作、相机指点、因势利导。它与更为强调约束与矫治的"管理"、凸显教师教材和以讲解为中心的"教学"以及侧重通过作业来形成技能与习惯的"训练"相比,区别还是比较明显的。

指导活动通常分为学业指导、生活指导、生涯指导。但无论哪种类别,都至少包含三个层次,即核心是思想指导,外围是行为指导,沟通行为与思想的桥梁则是心理指导。不了解这三个层次,就难以设计出有的放矢的指导方案。而仅仅着眼于心理和行为问题的矫治,并不构成发展性指导的全部内涵。以往学校的指导活动不免存在层次不明、避重就轻、管理主义等倾向,这种指导不受学生欢迎,我们在设计方案、选择内容时要留心回避。

学生活动方案的设计存在一套行之有效的流程。实践表明,遵循从问题出发的思路,先锁定问题,再确定问题解决的目标,进而围绕目标设计活动并进行评估,可作为教师设计活动的参考依据。对团体指导而言,以学生为中心来锁定问题,应该以学生普遍面临的疑难问题为抓手,进而针对这些共性问题确定要达成的具体目标;若所要解决的问题比较复杂,则将其分解成若干小问题,再针对各个小问题分别设置细化目标;从学生的角度表述目标,并使用规范的用词将目标尽可能表述成可以观测的预期效果。最后,所有的目标设定都应以预防和发展为主,兼顾干预和矫正。

接下来,围绕目标来设计活动。不安排与目标无关或关系不大的活动,一堂课中活动项目不宜过多,通常一两个足矣,这样学生通过充分的活动,可获得更为深刻的体验和细致的指导。如果安排多项活动,活动与目标要有关系,活动间也应有逻辑关系。尽可能选择可从不同角度多次使用的材料,果断弃用多余的材料。特别需要留意的是,为了帮助学生在体验中学习,我们需要精心设计指导语,置于活动前后或者嵌入活动之中,既指导学生开展活动,也引导学生通过活动解决问题,这恰是学生指导的要义。此外,在心理辅导的优势基础上,重视思想指导内容的设计,尤其突出行为指导,在活动结束时尽可能总结出一套思想和行为指南。高中生不同于小学生,教师的指导可以把他们的思想引得很深、带得很远。

概括来说,指导目标是否恰当,指导活动是否紧紧围绕目标有逻辑地展开,指导效果是否达成目标,是评判学生指导方案设计的重要标尺。当然,在此过程中,通过发动学生参与,开展校际合作,积极吸纳哲学和人文社会科学的智识成果,可以有效提升指导方案研发的质量和水平。

黄向阳

2017 年于华东师范大学

生涯启航

所属单元: 生涯指导"高中与个人生涯的关系"

建议课时数: 2 课时(每课时 40 分钟)

建议场地: 普通教室或团体辅导室

作者: 福州一中　彭晓君

设计理念

本主题是高中生涯课程的第一个主题,对整个课程起到提纲挈领的作用。因此,本主题从贴近学生的案例出发设计活动,希望学生能够体会到生涯可以由自己来规划以及生涯规划对自己的重要性,并激发学生了解和完成高中阶段的生涯发展任务的积极性。

教学总目标

一、了解生涯的含义及生涯规划的意义,增进生涯规划的意识。

二、了解生涯发展的阶段及各阶段的人生主题,明确高中阶段的生涯发展任务。

课时安排

教 学 内 容	学 习 单
1. 自造生命的可能	
2. 高中生涯蓝图	2.1　我的高中生活树

课时 1
自造生命的可能

教学目标

1. 感悟人生的选择权掌握在自己手上。
2. 理解生涯规划的含义与意义。
3. 增进生涯规划的意识。

教学准备

课前请同学们自行观看电影《风雨哈佛路》。

实施步骤

1. 导入："人生的道路不止一条,自己的人生自己创造。"

（1）观看视频：日本公益影片《人生不是一场马拉松》。

教师解读：a）人生不是一场马拉松。人生的终点不止一个,路不止一条。b）自己的人生道路自己选择,人生各自精彩。

（2）教师提问。

a）看完视频,让你印象最深刻的片段是什么？你有什么感受？

b）你赞成视频中的观点吗？

c）你有人生目标吗？你打算选择怎样的人生道路？

（3）学生分享。

（4）教师小结(可参考)。

■ 进入高中,同学们不论是主动地还是被动地,都在朝大学这个目标奔去。但大学不是终点,大学只是通往你们的人生目标的众多道路中的一条。

■ 生命的道路由我们自己选择,生命的可能性由我们自己创造,我们每个人都可以活出各不相同且各自精彩的人生。

2. 主题：生涯规划的自主性和重要性。

（1）生涯规划的自主性。

a）案例分析。

■ 案例一：电影《风雨哈佛路》。

主人公莉丝（Liz）出生在美国的贫民窟里，从小生活在千疮百孔的家庭里，父母酗酒、吸毒，母亲还患上了精神分裂症。15 岁时，母亲死于艾滋病，父亲进了收容所。母亲下葬的那一刻，莉丝意识到，只有读书成才能改变自身命运，脱离社会底层。她努力争取到一次进入高中的面试机会，并打动了老师，获得了高中入学资格。莉丝十分珍惜这得之不易的学习机会。她一边打工一边上学，用两年时间学完高中四年的课程。她尝试申请各类奖学金，只有《纽约时报》的全额奖学金才能让她念完大学。她通过努力，申请到了这份奖学金，迈着自信的脚步走进了哈佛大学。

■ 案例二：一个学生音乐团队发起人的故事。

中国传媒大学编辑出版学专业 2013 级学生林展秋是学生音乐团队"RAiNBOW 计划"的发起人（在选秀节目《中国好歌曲》第二期中脱颖而出的选手雷雨心正是出自这个团队）。他从小喜爱流行歌曲，崇拜作词人。初中时他便练习撰写歌词，高中时更是把这种爱好与崇拜转化为对梦想的追求——高二时创立学生音乐团队"RAiNBOW 计划"，计划发行红、橙、黄、绿、青、蓝、紫、黑、白、透明一个系列共十张主题专辑。他希望通过此计划，发掘和聚拢一批志同道合的年轻人，将来创立一家令人骄傲的、非常有"温度"的音乐公司。至 2016 年，他们已成功发行两张专辑，第三张专辑也正在录制中。林展秋同学高三时参加中国传媒大学的自主招生面试，"RAiNBOW 计划"成为他经历中的一大亮点，给评委留下了深刻的印象。后来他成功获得了中国传媒大学编辑出版学专业的自主招生资格[①]。

b）教师小结（可参考）。

■ 案例一中的莉丝，拥有过人的智慧，却一直浑浑噩噩度日，因为她期待母亲有朝一日能够带她走出泥沼。直到母亲去世，莉丝才醒悟过来，她明白了只有自己才能救自己。于是她为自己争取了各种学习的机会，最终从贫民窟走出，走进了哈佛大学校园。影片中，莉丝说："就在那一刻，我明白了，我得作出选择。我可以为自己寻找各种借口向生活低头……也可以迫使自己创造更好的生活！"这部电影很好地诠释了人生的自主权掌握在自己手上，自己完全有能力改变自己的命运。

---

① 相关演讲视频："自造一点生命的可能。"视频网址：http://www.56.com/u32/v_MTM2MDE5MDY5.html?unid = xml&usid = Baidu2013 - So56。

■ 案例二中的林展秋,他将兴趣与生涯目标——创立有"温度"的音乐公司联系起来,立足当下,提出了"发行十张主题专辑"的阶段性生涯目标,并为此付出了巨大的努力。这看似是与高考并不相关的事情,却为他赢得了心仪大学的自主招生资格。

以上两个案例再次论证了:我们的人生掌握在自己手上,生命的可能性要靠我们自己去创造。然而,并不是所有人都对自己的人生有清晰的认识,他们不知道自己的人生目标是什么,更不知该如何为此付出努力。

(2)生涯规划的重要性。

a)案例分析。

■ 案例一:"我父母希望我考好大学。考上大学是我对父母最大的报答。但是说实话,我自己并不知道自己考大学的目的是什么,也许是为了一份好的工作吧……但是工作离我还那么遥远,而且很多成功人士也不见得就是从好大学毕业出来的。想到这个就提不起劲学习。"

■ 案例二:"每天的学习都很单调。很多人说高中的知识将来工作了根本用不着,那还学它做什么呢?"

■ 案例三:"都说从事自己感兴趣的事业是最幸福的,可我的兴趣是什么呢?我的兴趣似乎很多,却又一直在变……将来的志愿该如何选择呢?"

b)教师提问。

以上三个案例中的高中生,他们的困扰分别是什么?

请各用一句话概括,并推测这些困扰可能导致怎样的后果。

c)参考答案。

案例一:不明白为什么要上大学。

案例二:不明白高中学习有什么用。

案例三:不知道自己的兴趣是什么。

前两种困扰可能导致学习动力不足,第三种可能导致选错专业与职业。

d)教师小结(可参考)。

以上案例展现了高中生常见的生涯困惑。要解答这些困惑,避免陷入生涯困境,生涯规划是一个很有用的工具。生涯规划可以让我们更清晰地认识自己的优势和劣势,了解社会的需求和发展趋势,确立生涯发展目标,从而明确努力的方向,更好地激发自己的潜能,提升自己的选择能力和适应社会的能力,最终做到自我实现。所以,从高中就开始作生涯规划是很有必要的。

3. 主题：生涯规划辨析。

（1）观点讨论与辨析。

关于生涯规划有以下几种观点，你是否赞成这些观点？为什么？

a）计划赶不上变化，我只能走一步算一步，生涯规划完全没有必要。

b）我只想平凡地过一生，不想成为什么成功人士，我不需要生涯规划。

c）也许有比我懂得多的人可以帮我作决定，我并不需要自己作决定。

d）如果我的生涯发展不能照着原来期望的方式进行，就意味着我失败了。

e）如果能细心地计划未来的生涯发展，就一定能保证达成生涯目标。

（2）参考答案。

■ 生涯规划不是按部就班，不允许改变，而是立足现在，放眼未来，了解趋势，寻求适合自己的路。世界虽然正处于快速发展变化之中，但如果能更加积极地跟上时代变化的步伐，自己的发展就多了一层保障。

■ 生涯规划的目的并不是让每个人设法成为某企业的董事长、国家主席和明星，而是让每个人通过充分地认识自己和外部世界，尽可能找到适合自己的舞台，让自己获得更好的发展。平凡的人生也有目标，目标的顺利实现要有计划。

■ 尽管经验丰富的人可以替自己做主，但那样的人生未必是自己想要的人生，自己的人生还是要自己做主。

■ 条条大路通罗马，生涯目标的达成并非只有一条路可以走，我们要随着外部环境及个体经验的变化去调整我们的规划。生涯适应力也是很重要的能力。

■ 规划未来只是为了找到最省力的成功方式，但世事难料，我们并不能控制外部世界的变化，规划并不能确保我们一定成功。规划只是帮我们指出我们的目标以及找到达成目标的方法，目标能否实现还要看我们如何去践行这个规划。

4. 自拟生涯规划的定义。

（1）教师提问。

综合以上关于生涯规划的探讨，如果让大家给生涯规划下个定义，你会如何定义呢？

（2）参考答案。

生涯规划是我们通过充分地认识自己和外部世界，尽可能找到适合自己的舞台，并且要根据外部环境和个人经验的变化，去调整规划，从而适应时代的发展。

相关术语

生涯：它是生活里各种事态的连续演进方向；它统合了人一生中依序发展的各种职

业和生活的角色，由个人对工作的投入而表现出独特的自我发展形式；它也是人生自青春期至退休之后，一连串有酬或无酬职位的综合，除了职业之外，也包括任何和工作有关的角色，如学生、受雇者、领退休金者，甚至也包含了在家庭中的角色、公民的角色。生涯是以人为中心的，只有在个人寻求它的时候，它才存在。①

【替代方案】

"生涯规划辨析"可以替换成小辩论，通过辩论澄清生涯规划的含义与意义。（参考辩题："有人说，现在的世界变化太快，2013 年收入最高的十大行业中有三个在 10 年前还未出现，有五个行业至今都未设置相应的大学专业。因此，我们无法规划自己的人生，'规划已死'。"正方：人生可以规划。反方：人生不能规划。）

建议与提示

1. 让学生意识到生涯规划的自主性与重要性是生涯规划课程的起点，但也是难点。本活动的第二个环节希望通过一系列案例逐渐激发学生自主规划的内在动力：首先，用真人事迹改编的电影《风雨哈佛路》中的主人公来树立榜样；然后，根据 00 后的心理特点——爱和喜欢的人一起做有趣的事情，用一个学生音乐团队的案例触动学生；最后，列举高中生常见的生涯困惑。学生音乐团队的案例也可以更换成学生身边的真实例子，这样更有利于引起学生的共鸣。常见的生涯困惑除了以上列举的几类，还可以让学生补充，以更加贴近学生的真实生活。

2. 为了让学生对生涯规划的含义有更加深入的了解，本活动的第三个环节设置了一些生涯规划辨析题，期望学生通过澄清生涯信念，能对生涯规划有更加全面、客观的认识。最后一个环节由学生自己生成生涯规划的定义，在检核学生认知正确与否的同时，进一步加深了学生的印象。因此这两个环节要鼓励学生多动脑、多表达。

---

① Super, D.E. (1976). Career education and the meaning of work. *Monographs on career education*. Washington, DC: The Office of Career Education, U. S. Office of Education.

课时 2
高中生涯蓝图

教学目标

1. 掌握系统化生涯规划的模式。

2. 了解生涯发展阶段,明确高中阶段的生涯发展任务。

3. 尝试初步规划高中生涯。

教学准备

放松音乐,按学生人数复印学习单 2.1。

实施步骤

1. 生涯幻游。

(1) 指导语:请你选择一个舒服的姿势坐在座位上,闭上双眼,调整呼吸,把注意力放在你的呼吸上,轻松地吸进来,慢慢地呼出去。吸气,呼气(重复五遍,每遍约为 12 秒)。你的身体逐渐放松下来。请保持深呼吸,跟随老师的声音展开想象。你是一名高一学生,正坐在宽敞明亮的教室里上课。你能感受到微风温柔地吹过脸庞。窗外,绿树成荫,鸟叫虫鸣。(停顿 3 秒)下课了,我们走出教学楼,顺着林荫小道来到了图书馆,看到同学们正在书海里安静地阅读、自习。远处的运动场上,活跃着同学们矫健的身影——打篮球、踢足球、打排球、跑步、跳远……加油声、喝彩声此起彼伏。你又被动听的歌声吸引到了音乐教室,校合唱团正在排练着,隔壁还不时传来各种乐器的奏鸣声。环视校园,你驻足思考,你将在这里度过怎样的三年呢?是早出晚归,埋头苦学,还是参与丰富多彩的校园活动,结识各路好友,在不同的舞台上展示你的风采,还是走出校园,参与实践,拓展视野?(停顿 30 秒)三年时间很快过去,你依依不舍地从学校毕业了。你将何去何从? 去工作,还是去上大学?(停顿 5 秒)如果工作,你将从事什么职业? 如果上学,你将去往怎样的大学,学习什么专业?(停顿 30 秒)这时候,上课铃声响了,大家又陆陆续续地回到了教室里。大家渐渐收起说笑声,找到各自的座位坐下。现在我从 10 开始倒数,当我数到 0 的时候你就可以慢慢睁开眼睛了。好,10、9、8、7、6、5、4、3、2、1、0,睁开眼睛。你可以轻微地伸展四肢或者摆动身体。[1]

(2) 学生分享。

想象中的高中生活以及大学和职业方向。

(3) 教师提问。

a) 你是如何制定自己的人生目标的?

b) 你规划未来生活的依据是什么?

(4) 教师小结(可参考)。

■ 小时候,我们每个人都会想过或者说过自己的梦想,例如,"我长大了想做医生","我想做科学家","我想做律师",等等。那时候我们的梦想大多来自电视剧、小说和身边人物。随着我们渐渐长大,我们离未来越来越近,却越来越不敢谈梦想。因为我们知道,人生目标的确定,是一个慎重的决策过程,我们要对自己作出的选择负责。

■ 刚才的幻游活动带领大家再次把目光对准未来。有些同学提出了自己的人生目标,但是却无法说明为什么选择这个人生目标。还有一些同学对未来还很迷茫,他们不知道该如何规划他们的高中生活,也不知道该选择怎样的人生目标,然而系统的生涯规划可以帮助大家解决这些难题。

2. 系统化的生涯规划模式。

教师讲解斯温教授提出的系统化生涯规划模式——金三角模式(可参考"相关术语"部分)。

3. 高中生活树。

(1) 讲解高中生活树的做法并展示范例。

■ 在树干中央空白处写上自己的姓名,连起来为"×××的高中生活树"(×××为姓名)。

■ 回顾刚才生涯幻游的过程,思考自己高中生活想要获得成长的各个方面,如学业发展、人际交往、兴趣与特长的培养、健康生活、社会实践、个性成长等,用不同颜色的笔填入分支的圆圈中,特别看重的方面可以填入较大的分支中。

■ 结合系统化生涯规划模式,在大分支上画出一级一级的小分支,写上具体的规划信息,对于特别看重的分支要重点规划,注意图文并茂。

----

[1] 改编自金树人著:《生涯咨询与辅导》,高等教育出版社,2007 年版。

8

■ 范例:"小明的高中生活树"(见下图)。

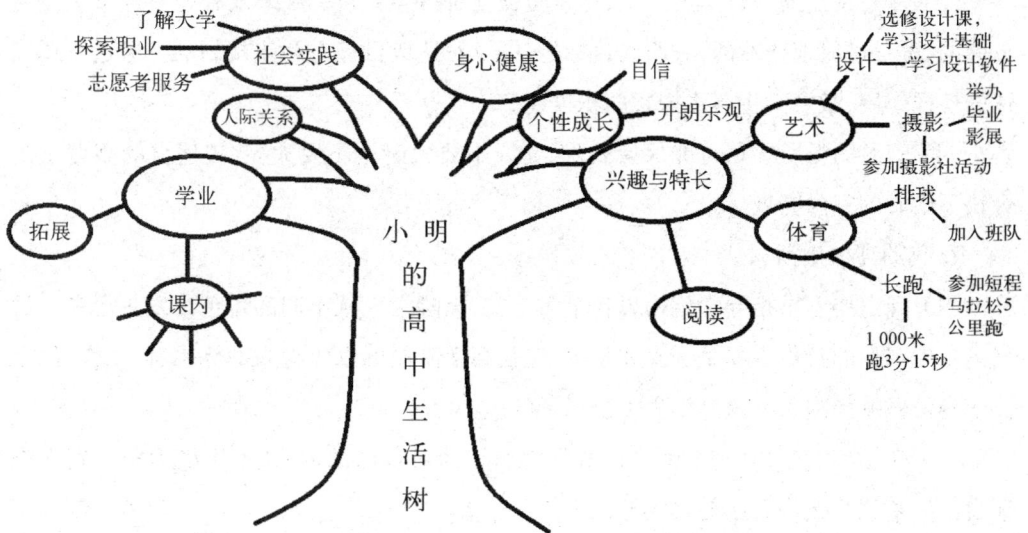

了解大学
探索职业　社会实践　　身心健康
志愿者服务　　　　　　　　　自信
　　　人际关系　　　　个性成长　开朗乐观　　　艺术
　　　　　　　　　　　　　　　　兴趣与特长
学业
拓展　　　　　小明的高中生活树　　　　体育　排球
　　　　　　　　　　　　　　　　　　　　　　加入班队
课内　　　　　　　　　　阅读　　　　　长跑
　　　　　　　　　　　　　　　　　　　1 000米
　　　　　　　　　　　　　　　　　　　跑3分15秒

设计　选修设计课,学习设计基础
　　　学习设计软件
摄影　举办毕业影展
参加摄影社活动
参加短程马拉松5公里跑

(2)学生操作。

填写学习单2.1。

(3)学生分享。

小组内分享各自的高中生活树,听取他人建议后,及时补充并完善信息。

4. 教师小结:生涯发展阶段的特征与任务。

教师简要讲解生涯发展的几个阶段及其对应的发展任务,着重强调高中阶段生涯发展正处于探索期,其特点是考虑需要、兴趣、能力与机会,在幻想、讨论、学习中对暂时性的决定细加思量,考虑可能的职业领域和工作层次。高中阶段的生涯发展任务是职业偏好逐渐具体化。教师要鼓励学生积极探索、认真规划(可参考"相关术语"部分)。

建议与提示

1. 生涯幻游。

(1)通过幻游活动,一方面可以达到破冰的效果,另一方面可以了解学生目前对未来的规划情况。教师应鼓励学生多分享自己的想法,对于一些不合常理的畅想,教师不要予以打压、批评,而应注意引导。

(2)幻游的指导语可以根据各校的具体情况进行调整和修改,可以现场朗读,也可以录音播放。幻游时可以采用轻松的音乐做背景,先让学生充分地放松,然后再进入幻游阶段。如果学生比较兴奋,可以增加深呼吸的次数。

(3)注意挑选发言分享的学生,尽量覆盖几种探索程度:从来没有思考过未来发展方向的,思考过但很茫然的,有明确目标的,以及对达成目标有初步规划的。通过发挥同伴的榜样作用,激发学生自主探索的积极性。

(4)幻游的场所要尽可能保持安静,光线不要太暗也不要太亮,较适合的亮度是阴天快下雨时的室内亮度。

2. 我的高中生活树。

(1)课上要着重指导学生构思各个大分支,提醒学生从不同的角色出发去思考。虽然高中生现在的身份主要是子女和学生,但是高中阶段可以为将来的休闲者、工作者、公民等身份做哪些准备? 这是学生可以思考的。

(2)在绘制的过程中,教师要提醒学生勇于面对自己的内心,不用因为担心别人嘲笑自己的梦想就掩饰自己的真实想法。

(3)可以将反馈修改后的高中生活树在班级内进行展示,以达到自我勉励和互相鼓励的目的。

【学习单】

2.1 我的高中生活树

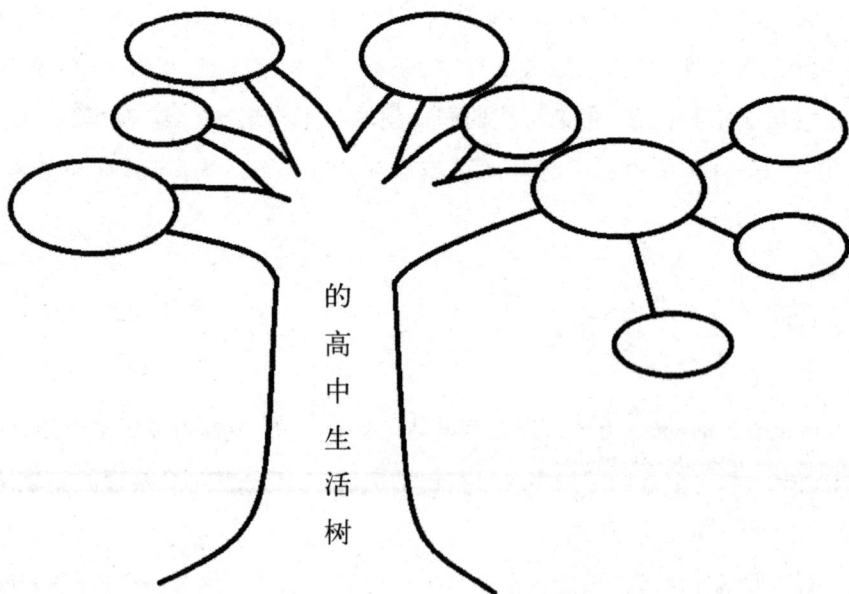

的高中生活树

相关术语

1. 系统化的生涯规划模式。

美国的斯温教授为了帮助学生进行生涯规划,提出了一个系统化的生涯规划模式,该模式由三部分组成:第一部分是自我,包括能力、兴趣爱好、需求、价值观等;第二部分是自己与环境的关系,包括环境中的助力或阻力因素、家庭因素和社会因素等;第三部分是教育与职业的资讯,包括从参观访问、文书资料和演讲座谈以及兼职体验等各种途径中所获得的信息和经验、培养的兴趣以及锻炼得到的能力等。

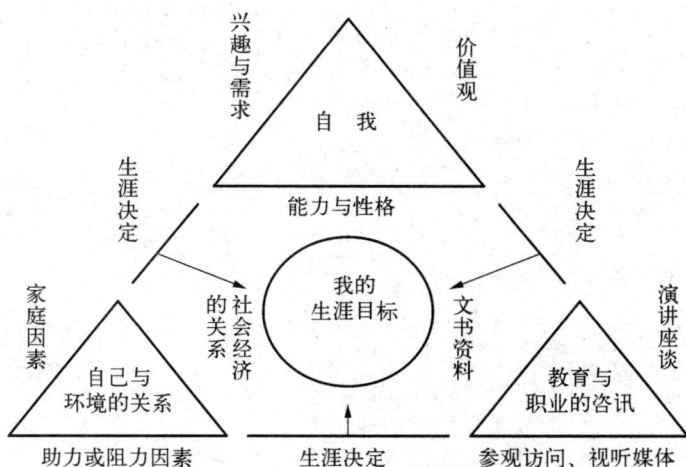

图 1.1　生涯规划模式图

（改编自金树人:《大专生计规划课程的实施》,《学生辅导通讯》1991 年第14 期,第 25—29 页。）

从该模式图中可以看出,组成大三角形的三个小三角形是生涯发展与规划的重点,我们可以在这些理论架构的指导下,或培养、或提高、或改正,以期达到合理的生涯规划。

但是,决定个人生涯规划的三个部分对不同的人来说侧重点也有所不同,三部分的比重会按照不同的情况有所变化,因而产生不同的生涯决定,所达成的生涯目标也因此呈现出每个人的独特性。

2. 生涯发展阶段的特征及发展任务。

年龄	生涯发展阶段		生涯发展特征		生涯发展任务
4—14 岁	成长期	幻想期（4—10 岁）	需求支配一切，热衷于幻想游戏中的角色扮演。	在家庭或学校与重要他人的认同过程中，逐渐发展自我概念。需求与幻想为此时期最主要的特质。随着年龄的增长，学习行为的出现，社会参与程度与接受现实考验的强度逐渐增加，兴趣与能力也逐渐发展。	1. 发展自我图像；2. 发展对工作世界的正确态度，开始了解工作的意义。
		兴趣期（11—12 岁）	兴趣爱好是其行为方向的主要决定因素。		
		能力期（13—14 岁）	能力的重要性逐渐增加。开始考虑工作所需要的条件与训练。		
15—24 岁	探索期	试探期（15—17 岁）	考虑需要、兴趣、能力与机会。有了暂时性的决定，在幻想、讨论、学习中对这些决定细加思量。考虑可能的职业领域和工作层次。	在学校组织的活动、休闲活动及打工的经验中，进行自我试探、角色探索与职业探索。	职业偏好逐渐具体化。
		转换期（18—21 岁）	进入就业市场或接受专业训练，更重视现实的考虑，企图实现自我概念。将一般性的选择转为特定的选择。		职业偏好的特定化。
		试验并初步承诺期（22—24 岁）	初步确定了职业的选择，并试探其成为长期职业的可能性。必要时，会再次重复探索具体的过程。		1. 实现职业偏好；2. 发展一个符合现实的自我概念；3. 学习开创更多的机会。

年龄	生涯发展阶段		生涯发展特征		生涯发展任务
25—44岁	建立期	试验投入和建立期（25—30岁）	在已选定的职业中安步当车。可能因满意程度的差别略作调整。	确定适当的职业领域，逐步建立稳固的地位。职位可能升迁，可能会有不同的领导，但所从事的职业不太会改变。	1. 找到机会从事自己想要做的事； 2. 学习和他人建立关系； 3. 寻求专业的扎实与精进； 4. 确保一个安全的职位； 5. 在一个稳固的位置上安定地发展。
		晋升期（31—44岁）	致力于工作上的稳固与安定。大多数的人处于创造力的巅峰，身负重责大任，辈分攀升，表现胜任愉快。		
45—64岁	维持期			在职场上崭露头角，全力稳固现有的成就与地位，逐渐减少创意的表现。面对新进人员的挑战，全力应战。	1. 接受自身条件的限制； 2. 找出在工作上的新难题； 3. 发展新技巧； 4. 专注于本务； 5. 维持在专业领域中既有的地位与成就。
65—晚年	退出期	减速期（65—70岁）	工作速率减缓，工作内容或性质改变以符合逐渐衰退的身心状态。有人找到兼职工作。	身心状态逐渐衰退，从原有的工作上退隐。发展新角色，寻求不同的满足方式以弥补退休的失落。	1. 发展非职业性质的角色； 2. 学习适合于退休人士的运动； 3. 做以前一直想做的事； 4. 减少工作时数。
		退休期（71岁以后）	停止原有的工作，转移精力至兼职、义工或休闲等活动。		

（金树人：《生涯咨询与辅导》，第77页）

参考文献

金树人著：《生涯咨询与辅导》，高等教育出版社，2007年版，第297—301页。

专家点评与建议

1. 总体评价

本指导方案聚焦于生涯指导中第一个板块——"高中与个人生涯的关系",将这一抽象的议题化繁为简、深入浅出,用丰富的案例引导学生理解生涯规划对高中生的重要性,并在认知层面帮助学生理解斯温金三角生涯规划策略以及高中阶段的生涯发展任务。方案结构完整,内容充实,不但提出了鲜活的教学方案,也为教师提供了教学材料使用和应对难点方面的切实建议,具有相当的指导性和操作性。

2. 学术观点

"高中与个人生涯的关系"需要帮助学生建立生涯规划的内在动力和积极态度。这一概念在学理上由"乐于规划的态度"(planful attitude)逐渐发展成为"生涯关注"(career concern)。良好的"生涯关注"能够使学生深度探索自己感兴趣的领域,在现实中检验自己的理想,并有勇气和效能感应对未来。高中,作为青少年向成人进行社会化身份变迁的重要阶段,学生不但要建立多维度的自我概念,更是要积极思索个人与他人、与社会、与未来、与世界的联系。这决定了学生能否顺利进入"自我特质"与"职业世界"两个探索板块,但这两个板块在学校生涯教育顶层设计与具体教学安排中常常被忽略。

其具体内涵:(1)意识到未来的变化与挑战,思考自己必须要做出的准备;(2)思考自身未来发展的各种可能性,保持乐观感;(3)思考过去的学习生活经历如何塑造了现在,而今天的所学所做将如何塑造未来;(4)学习规划与应变,并思考如何将规划变为现实。

3. 具体建议

(1)以学生现实的具体经验为基础,呈现了非常好的教学导入(例如"生涯规划的自主性和重要性"与"生涯观点辨析"部分),易于激发深度讨论。

(2)建议生涯规划重要性部分亦可以从规划什么(what)、为什么规划(why)、如何规划(how)的框架进行总结,易于连接第三部分"生涯规划"辨析部分。

(3)教学材料呈现后的引导问题设置具有层次感,每个小结部分清晰有力,帮助学生将感受体验有效转化为认知思考,建议加强行为指导部分(可参考体验学习解说原则,由"描述事实"→"分享感受"→"对自己的发现"→"今日所学与实际行动的关系"层层递进)。

(4)"生涯幻游"部分建议将大学和职业分为两部分,以避免思维的过度跳跃反而影响了深度想象。建议幻游之后提出的"你规划未来生活的依据是什么?"问题可以更加具体,例如擅长与否? 生活方式? 兴趣喜好? 父母期待? ……便于引出后续"系统化生涯规划"的概念,既可以从多维视角(兴趣、能力、价值、生活方式、生活信念),亦可以按步骤(拓展职业世界认识、理解自我多元性和独特性、辨析自己当前发展的需求)帮助学生制定自己的规划策略。

(5)建议对"职业偏好逐渐具体化"进行更为口语化的解释,可以从"能表达出自身具体的倾向性"和"能从多元的倾向性中自主选择深入发展的方向"两个含义进行阐释。

我的生涯三叶草

所属单元：生涯指导"个人特质探索"

建议课时数：4课时（每课时40分钟）

建议场地：普通教室、计算机室

作者：华南师范大学附属中学　林佩珠、李之宁

设计理念

克伦伯兹认为，人必须扩展其能力与兴趣，生涯决定不能仅仅基于现存的特质；各行各业的工作内容不是一成不变的，人必须随时培养职业应变能力；必须鼓舞人采取行动，而不是坐待诊断结果。生涯之路就是要学习新的事务，不断接受新的教育，从事不同的职业，只有这样，才能增强一个人的职业适应性，丰富一个人的生命。

基于这一理念，本单元的设计除了以往传统的对个人特质的探索与澄清之外，也强调引导学生基于自己的实际情况参与更多元的兴趣探索和有益活动，重视当下的每一次学习，从中观察自己的反应，并保持开放的心胸和好奇的态度对其他机会保持警觉，学习技能以应用于后续的每个新的活动。

充实自己是一个实践过程，如果只停留在课堂的讨论中，效果势必会大打折扣。本主题教学的落脚点最终是在行动上，因此，课堂上的体验和互动只是本主题教学的一部分，后续的行动与反馈也非常重要，它能加深学生的体验和感受。

教学总目标

一、引导学生探索自己的兴趣、能力和价值观。

二、引导学生进一步探索新的爱好与兴趣，提升自己的能力，并将其落实到行动上。

三、协助学生统整自己的兴趣、能力和价值观，引导学生了解和探索更多的职业范畴。

课时安排

教 学 内 容	学 习 单	
1. 通过"呼朋唤友去探趣"和"霍兰德代码对对碰"的活动,帮助学生认清自己的兴趣类型,并鼓励其进一步探索和体验。	1.1	寻找兴趣之旅
2. 能力卡的使用让学生在玩牌中了解自己的能力结构,识别出优势能力和不能胜任的能力,并意识到其与未来生涯发展的关系,同时找到自己最愿意提升的某种能力,并尝试突破。	2.1 2.2	我的能力分类图和能力提升之旅 我的能力提升/突破行动
3. 通过组织"价值观大拍卖"活动,让学生找到自己的工作价值观,并发现梦想职业与工作价值观的关联性。	3.1	价值观大拍卖
4. 借助学习单让学生有机会统整自己的兴趣、能力和价值观;借助 Onet Online 网站让学生基于自己的兴趣、能力和价值观,寻找进一步想了解和探索的职业领域。	4.1	我的生涯三叶草

课时 1

寻找兴趣之旅

教学目标

1. 协助学生了解自己的兴趣坐标和霍兰德代码。

2. 协助学生意识到兴趣的探索和培养需要在实践中进行。

教学准备

1. 要求学生在课前利用北森高中生涯天空系统完成职业兴趣测试,并将测试报告打印出来带到课堂上。

2. 事先在课室里做好标记,按"工作世界的双轴线"——人群 vs 事物,思维 vs 资料将课室划分为四个区域。

实施步骤

1. 呼朋唤友去探趣(10 分钟)。

(1) 老师直接点出本节课的主题,呈现生涯兴趣坐标图,讲解此坐标的含义,并告知同学们的课室按此坐标作了标记。

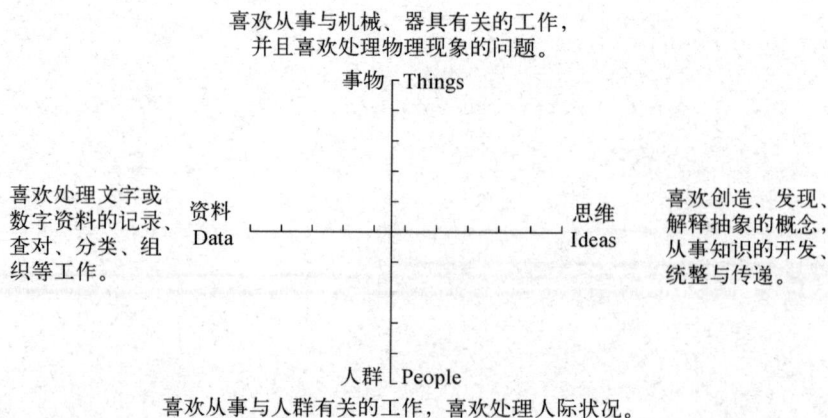

喜欢从事与机械、器具有关的工作,
并且喜欢处理物理现象的问题。

事物 Things

喜欢处理文字或
数字资料的记录、
查对、分类、组
织等工作。

资料 Data

思维 Ideas

喜欢创造、发现、
解释抽象的概念,
从事知识的开发、
统整与传递。

人群 People

喜欢从事与人群有关的工作,喜欢处理人际状况。

（2）邀请全体学生起立，行走至自己感兴趣的课室区域。

（3）同一区域的学生两两一组互相交流。

- 介绍最近一周自己参与的此区域某一个具体的活动/事件。

- 谈谈自己的感受。

2. 霍兰德代码对对碰（15 分钟）。

（1）在生涯兴趣坐标的基础上，教师进一步呈现霍兰德的兴趣六角形。

（2）教师介绍霍兰德的 6 种兴趣类型，请学生依次选出最符合自己的 3 种类型。

R 实用型人（doer）的特点
a 擅长并喜欢动手的工作
b 喜欢使用工具和机械，尤其是操作那些大型机械的工作
c 有或者愿意发展手工、机械、电子这些领域的技能
d 使用身体技能或工具会觉得比讲话、思考或运用情感的活动快乐
e 可能具备下列至少一项身体技能：身体协调、体力、敏捷
f 喜欢在户外活动
g 喜欢动物
h 被视为一个"脚踏实地"或"实事求是"型的人
i 喜欢以行动解决问题
j 可能在自我表达和向他人表达方面遇到麻烦或感到困难
k 通常抱有较保守的政治经济观点，对激进的新观点兴趣不大
l 热衷于通过自己的手来创造出新事物
m 倾向于需要技能、体力和合作等方面的行业，包括机械制造、建筑、野外工作、工程安装、电子电机工程等

I 研究型人（thinker）的特点
a 对科学研究和科学探索有热情，对周围的人并不感兴趣
b 喜欢运用理性；好思考且好奇、勤学及独立，倾向于创新和怀疑
c 喜欢思考解决难题，但不一定付诸行动（具体操作）
d 拥有数学、物理等方面的知识和技能，并想进一步充实发展
e 有时被描述为理性的，有时被描述为不依循惯例的
f 喜欢以思考来解决问题，且相信自己的理性和想法
g 倾向于需要认知能力的工作，包括工程设计、实验研究工作、各类科学研究等

A 艺术型人（creator）的特点
a 不喜欢例行公事，对那些高度规范化和程式化的任务不感兴趣
b 喜欢具有许多自我表现机会的艺术环境，不愿意从事那些粗重的体力活动
c 拥有语言、美术、音乐、戏剧、写作等方面的技能，并想进一步发展和充实
d 可能对事物不信任，但信赖自己的理智、身体和感觉
e 喜欢视觉、听觉、触觉上的美与变化，欣赏脱俗有趣的人
f 往往情绪变化大，敏感，常常倾向于过于自信
g 有时被形容为有点叛逆、反社会
h 有创意、敏感，并喜欢构思新方法来解决问题
i 喜欢可以尽情发挥创意技能和天赋的工作
j 喜欢单独一个人活动，独立性、自发性、非传统性都较强，好表现
k 倾向于自我表达、艺术创造、情感抒发等方面的工作，倾向于从事艺术家、作家、导演、演员、厨师、橱窗设计师、城市规划师等职业

S 社会型人（helper）的特点

a 喜欢帮助他人，友善、敏锐、乐于助人，有责任感

b 喜欢亲近人，并分担别人的困难

c 善于表达，善于与周围的人相处，善于沟通交流，社会适应能力强

d 乐于从维护组织良好合作中得到满足，通常喜欢处于集体的中心地位

e 有时被描述为真诚、通融及善解人意的

f 喜欢被别人信赖的感觉，并通过观察别人的感觉来解决问题

g 喜欢从事接近人的工作

h 不喜欢需要剧烈的身体运动的工作，不喜欢与机器打交道

i 倾向于需要人际交往技能方面的职业，包括教师、社会工作者、护士、旅游业者、临床心理学家、就业指导顾问等

E 企业型人（persuader）的特点

a 喜欢企划

b 通常善于辞令，喜欢与人争辩，喜欢领导及影响别人

c 外向、精力充沛、自信、热诚、富于冒险精神

d 拥有领导、激励和说服别人的技能，并想进一步发展和充实

e 喜欢组织、管理、变化和地位

f 有时被描述为有抱负，以及可能喜欢权力和金钱

g 喜欢有关推销或管理人的工作

h 喜欢冒险涉入别人的情境以解决问题

i 缺乏从事精细工作的耐心，不喜欢长期智力劳动的工作

j 倾向于影响他人的职业，包括经理、推销员、贸易商、经销商、电影电视节目制作人、政治家、社会活动家等

C 事务型人（organizer）的特点

a 喜欢组织良好并清楚的程序

b 通常保守、忠诚、可靠、自我控制能力强

c 仔细、条理分明，很注意细节

d 喜欢有纪律、清楚的目标、安全及明确

e 被描述为负责并可信赖的，对于有明确规定的任务可以很好地完成

f 可能有很好的基本技能和计算能力，并想加强

g 喜欢组织事情，且可能在大机构中工作

h 喜欢运用，并依循尝试、试验过的程序来解决问题

i 不习惯自己对事情作判断和决策，不喜欢那些模棱两可的指示

j 与企业型的人相似，他们比较看重物质财富和地位

k 既不喜欢从事笨重的体力劳动，也不喜欢在工作中与别人形成过于紧密的联系

l 倾向于从事高度有序性的工作，喜欢从事在言语方面和数量方面规范性较强的职业，包括银行审计员、银计员、图书管理员、会计、计算机操作员、税务员、统计员、交通管理员等

（3）兴趣测试报告的霍兰德代码 vs 课堂评估的霍兰德代码。

■ 邀请学生检视两个霍兰德代码是否一样。

■ 如果不一样，是哪里不一样？自己有什么疑惑？认为哪个更像自己？为什么？将思考的答案和同桌交流一下，听听对方的意见。

■ 教师引导学生反思，自己在做测试或在课堂上做评估时，自己所认为的"不喜欢"，是"真的不喜欢这项活动"抑或是"因为缺乏接触经验，我不知道自己喜不喜欢，所

以就当作不喜欢"。如果是后者,有可能正是兴趣有待开发的地方。

3. 邀请学生分享和提问(10分钟)。

(1)邀请霍兰德代码不一致的1—2位同学分享自己的发现或疑惑。

(2)教师点评或解疑。

4. 教师总结(5分钟)。

(1)兴趣与其说是一种天赋,不如说是一种技能。想要知道自己的兴趣,从而把握它,那么需要广泛的认识、勇敢的割舍、耐心的坚持。

(2)想当然的喜欢不是真正的喜欢。如果你觉得对某种东西感兴趣,建议你对它进行更多的尝试,只有亲身体验,细细品味,体会自己真实的感受,才能判断喜欢的深浅。

(3)如果你还没有明确的兴趣,没关系,游荡的人未必都是迷路的人。人生的路,只要好好走,绝非白走一遭。用心去尝试,用心去学习,就会有收获。

建议与提示

1. 在兴趣探索的过程中,有必要跟学生强调,有时喜欢不是真的喜欢,而是社会大众口耳相传所建构的"假象",有时不喜欢不是真的不喜欢,有可能只是因为没有机会去接触,因此如果没有了解更多,没有亲身体验或相处接触,就不要轻易给自己下判断。我们的生命有很多可能性,保持好奇、弹性和开放的心态,多听、多看、多体验。

2. 课堂评估所得的霍兰德代码和心理测试所得的霍兰德代码出现不一致是正常的,这种不一致正是探索的契机,是协助学生去认清自己的经验和感受的契机,借助这种探索,学生可以更接近真实的自己。课堂的时间有限,教师不可能兼顾每个孩子,学习单是师生交流的平台,可以好好利用。

【学习单】

1.1 寻找兴趣之旅

一、呼朋唤友去探趣。

请在以下坐标中找到自己的位置,用△来表示你所处的位置。

和你处于相同区域的伙伴还有＿＿＿＿＿＿＿＿＿＿＿＿＿＿＿＿＿＿＿

二、霍兰德代码对对碰。

在课堂评估中,我的霍兰德代码是＿＿＿＿＿＿＿＿＿＿＿＿＿＿＿＿＿

在心理测试报告中,我的霍兰德代码是＿＿＿＿＿＿＿＿＿＿＿＿＿＿＿

喜欢从事与机械、器具有关的工作，
并且喜欢处理物理现象的问题。

事物 Things

喜欢处理文字或
数字资料的记录、
查对、分类、组
织等工作。

资料
Data

思维
Ideas

喜欢创造、发现、
解释抽象的概念，
从事知识的开发、
统整与传递。

人群 People

喜欢从事与人群有关的工作，喜欢处理人际状况。

我的疑惑之处是 _____

_____

我的发现 _____

_____

通过进一步的厘清，我更倾向于认为 _____

_____

三、探索兴趣的旅程。

接下来的时间，我想多加尝试和体验的领域/活动是 _____

_____

相关术语

霍兰德代码：个人的职业兴趣往往是多方面的，因此通常用 3 个字母（代表 3 种兴趣
类型）的代码来标示一个人的职业兴趣，这个代码称为"霍兰德代码"（Holland Code）。

参考文献

1. 吴芝仪著：《生涯探索与规划〈我的生涯手册〉》，涛石文化事业有限公司，2009 年
版，第 48—64 页。

2. 金树人著：《生涯咨询与辅导》，高等教育出版社，2007 年版，第 99—102 页。

课时 2
天生我材必有用——能力探索与提升

教学目标

1. 协助学生了解自己的能力结构及其对未来生涯的影响。

2. 引导学生明白过去的经验会影响我们对自身能力的信心,尝试正向思考,尝试突破。

教学准备

从全球职业规划师(GCDF)编制的能力分类卡中精选出 25 项能力,并调整措辞,使中学生能明白。将这 25 项能力的名称及其简单描述写在卡片上(25 项能力的内容具体见本课学习单)。

实施步骤

1. 引出主题(5 分钟)。

(1)呈现我校学生完成艺术节晚会直播的例子。

(2)提问学生完成艺术节晚会直播需要什么能力,自己在其中扮演了什么角色,呈现出了什么能力,从而引出主题。

2. 我的能力分类图(15 分钟)。

(1)老师举例介绍能力卡的玩法——把能力卡按自己的实际情况分到以下六个格子里。

	非常熟练	可以胜任	不能胜任
愿意使用			
最好不使用			

(2)学生两人一组轮流将能力卡进行分类,并将结果填写到学习单中。

（3）老师解读能力分类图。

■ 老师征询学生的意见，将愿意和大家分享的某位学生的能力分类图拍摄下来，以投影的方式展现。

■ 借助该学生的例子引导全班学生看自己的能力分类图。

	非常熟练	可以胜任	不能胜任
愿意使用	我的 Mr/Miss Right 如果这里的能力种类很多，而且为学习工作所需要，则满意度高。留意相关的职业世界探索机会。		我的憧憬 如何向我的 Mr/Miss Right 转化？

3. 我的能力提升之旅（15 分钟）。

（1）请学生在"不能胜任且愿意使用"的能力中找一个最想获得进步的能力。

（2）学生两人一组，互相讨论以下三个问题，并将讨论结果记录在学习单中。

■ 如果这个能力得到突破，你的生活或学习会发生什么变化？对你未来的生涯会有什么帮助？

■ 如果 10 分代表非常熟练，这个能力目前是多少分？你期待是多少分？如果要再提高 1 分，你可以做些什么？

■ 发生了什么让你觉得自己不具有该能力？

（3）老师邀请 1—2 位同学进行分享，并借助他们的分享讲解能力的提升路径。

■ 寻找意义。

■ 正向思考。

■ 借助已有的能力/资源。

■ 板书如下：

	非常熟练	可以胜任	不能胜任
愿意使用	我的 Mr Right	←	我的憧憬

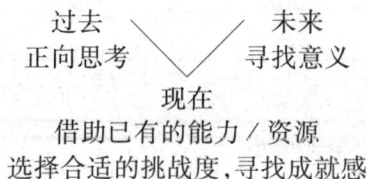

过去 　　　　　 未来
正向思考 ＼　／ 寻找意义
　　　　 现在
借助已有的能力/资源
选择合适的挑战度，寻找成就感

4. 我的能力提升/突破行动（5 分钟）。

（1）邀请学生确定一项要提升的能力。

（2）课后制定能力的提升计划并听取同学/老师/父母的建议。

（3）付诸行动并约定一个月后提交反馈。

建议与提示

1. 考虑到学生爱玩的天性,在"我的能力分类图"环节,不是要求学生直接在学习单中填写,而是将各项能力以卡牌的形式出现,这样学生就会有种玩牌的心态,他们对活动的积极性就会被充分调动起来。但需提醒学生在玩完卡牌后,要将重要信息记录在学习单中,以便后续信息的整合。如果条件不允许,也可以采取直接填写学习单的方式。

2. 在讲能力的提升路径的时候,也可以事先设计一些场景和示例来说明"正向思考"和"借助已有的能力/资源"这两点。

3. 一定要学生提交行动反馈,如果课时允许,可以让学生在课堂上分享自己的经验和感受,如果课时不允许,老师也要在学习单上进行点评,以推动学生进一步行动。

【学习单】

2.1 我的能力分类图和能力提升之旅

一、我的能力分类图。

	非常熟练	可以胜任	不能胜任
愿意使用			
最好不使用			

25 项能力的名称及其简单描述

能力名称	简　单　描　述
绘画	素描、绘制插图和油画、拍摄照片等
写作	撰写报告、信件、文章、广告、故事或教育资料
计算机技能	利用软件,如 Microsoft Word、Excel 和 PowerPoint 等,推进、完成任务和项目
处理数字	使用计算、推理、组织等方法保持信息的更新

能力名称	简 单 描 述
调停	管理冲突、和解分歧
时间管理	确定任务的优先顺序,做好安排,保证任务的及时完成
持续记录	通过日志、流水账、比较或表格等方法保持信息的更新
创意	通过思考、构想、遐想和头脑风暴的方法产生新的想法
决策	对重要、复杂的事件作决定
观察	按科学的方法细察数据、人或事所表现的现象和动向
激励	使他人充满动力、积极投入,有最佳表现
适应变化	轻松且快速地适应工作任务与环境的变化
临场发挥	在无准备的情况下有效地思考、演说或行动
编辑、校对	组织、整理、审定书面材料,检查其中的词汇、句法使用是否正确,并改正以利出版
分析	用合乎逻辑的方法分析和解决问题
授权	将任务分配给他人,使他人拥有相当的自主权和行动权以利于高效工作
公关	保持个人或团队间的良好关系
团队合作	易于和他人合作完成任务
指导	为新手提供教导、训练或咨询
计划、组织	确定项目目标、制定计划并推进
多任务管理	协调多个并发任务,使之有效地被执行
归纳总结	整合概念和信息,使不同的元素形成系统的整体
机械技能	装配、调试、修理和使用机械
娱乐、表演	为他人进行演唱、舞蹈、演奏等表演或在大众面前阐述观点和演讲
情绪管理	善于管理自己的情绪,如用倾诉的方法;同时善于接纳别人;可以控制愤怒,保持冷静,有适时的幽默感

二、我的能力提升之旅。

在"不能胜任且愿意使用"的能力中,我最想获得进步的能力是:

如果这个能力得到突破,你的生活或学习会发生什么变化? 对你未来的生涯会有什么帮助?

如果 10 分代表非常熟练,这个能力目前是多少分? 你期待是多少分? 如果要再提高 1 分,你可以做些什么?

发生了什么让你觉得自己不具有该能力?

2.2 我的能力提升/突破行动

我要提升/突破的一项能力	
为了实现这个目标,我计划做到	
好朋友/老师/父母的建议	
计划执行情况	
备注	

参考文献

1. GCDF 中国培训中心编著:《全球职业规划师 GCDF 资格培训教程》,中国财政经济出版社,2006 年版。

2. 金树人著:《生涯咨询与辅导》,高等教育出版社,2007 年版,第 99—102 页。

课时 3
价值观大拍卖

教学目标

1. 借助活动让学生初步了解自己的工作价值观是什么。

2. 让学生发现梦想的职业与工作价值观的关联性。

教学准备

1. 工作价值观卡牌。

2. 代金券。

实施步骤

1. 引出主题(5 分钟)。

(1)教师讲述校友廖杞南放弃人人艳羡的官职投身公益教育事业的例子。

(2)教师提问学生:廖杞南作出这一选择的关键原因是什么?

(3)教师讲解价值观的定义以及与生涯的关系,引出主题。

2. 体验活动:价值观大拍卖(15 分钟)。

(1)教师呈现情景,激发学生的兴趣。

"如果有一天,你有了自己梦想的职业,你希望这份职业是怎样的? 现在,我们到拍卖会现场,大家可以通过竞价的方式来获得你所希望的梦想职业的构成要素。"

(2)教师介绍拍卖规则。

■ 每位同学都有 10 000 元可以购买清单上的项目,每次出价为 500 的倍数。

■ 每位同学可以先用 3 分钟时间在拍卖清单上勾选出自己希望购买的项目并给它一个预估价(拍卖清单见学习单)。

(3)组织拍卖。

■ 教师担任拍卖官,邀请两位学生志愿者担任拍卖助手。

■ 拍卖期间,一位学生志愿者将拍卖品的名称、成交价和获得者分别写在黑板上;

另一位学生志愿者负责将拍品卡牌送到获得者手中,并如数收取他/她的代金券。

3. 活动后的反思与分享(15 分钟)。

请学生进行反思,填写学习单。

■ 拍卖活动结束后,运用动态引导反思法,请全体学生从"事实"、"感受"、"发现"和"未来"四个角度进行反思,并填写学习单。

■ 邀请 1—2 位拍卖品获得者从"事实"、"感受"、"发现"和"未来"四个角度进行分享。

■ 邀请 1—2 位没有竞拍到任何项目的学生从"事实"、"感受"、"发现"和"未来"四个角度进行分享。

4. 教师点评与总结(5 分钟)。

(1)校友放弃官职投身公益教育事业的例子可替换成其他例子,旨在说明价值观在一个人的生涯选择中的重要性。

(2)教师点评的过程中,要让学生了解每个人价值观的不同,鼓励学生对他人价值观的尊重。

建议与提示

拍卖后的反思与分享很关键,要预留充分的时间。如果课堂上时间紧,也可先邀请少数学生口头分享后,全体学生课后完成学习单再上交老师,老师在学习单上做适当点评。

相关术语

动态引导反思法,由英国学者罗贵荣提出,也称 4F 提问法。Facts(事实),透过不同角度的观察,描述事件和经验;Feeling(感受),表达内心的主观感受或直觉;Finding(发现),在此提出的问题通常要寻找原因、解释、判断或澄清信念;Future(未来),思考如何把经验转化和应用到未来的生活中,可能包括行动计划、学习计划,预测未来,思考可能性,描述有哪些选择或梦想。

参考文献

吴芝仪著:《生涯辅导与咨商》,涛石文化事业有限公司,2000 年版,第 381 页。

3.1　价值观大拍卖

一、拍卖品项目表。

项　目	内　涵　简　述	预估价	成交价
利他主义	这个职业能让你为社会大众的幸福和利益尽一份力		
美的追求	这个职业能让你不断追求美的东西,得到美感的享受		
智力刺激	这个职业能让你不断进行智力的操作,动脑思考,学习以及探索新事物,解决新问题		
独立性	这个职业能让你按自己的方式、步调或想法去做事,不受他人干扰		
成就感	这个职业能让你不断创新,不断取得成就,不断得到领导和同事的赞扬,或不断能做自己想要做的事		
社会地位	这个职业在人们心中有较高的社会地位,能使你受到他人的重视和尊敬		
管理	这个职业能让你获得对人或事物的管理支配权,能指挥和调遣一定范围内的人或事物		
经济报酬	这个职业能让你获得优厚的酬劳,使生活过得富足		
安全感	这个职业能让你生活有保障,工作安稳,不受经济景不景气等因素影响		
舒适	这个职业能让你在舒适、轻松、自由、优越的环境中工作		
人际关系	这个职业能让你和人品好的同事以及领导一起工作,相处时感到愉快、自然		
变异性	这个职业富于变化,能让你尝试不同的内容,不单调枯燥		

你最希望购买的三个项目分别是:＿＿＿＿＿＿＿＿＿＿＿＿＿＿

＿＿＿＿＿＿＿＿＿＿＿＿＿＿＿＿＿＿＿＿＿＿＿＿＿＿＿＿＿＿＿

　理由如下:＿＿＿＿＿＿＿＿＿＿＿＿＿＿＿＿＿＿＿＿＿＿＿

＿＿＿＿＿＿＿＿＿＿＿＿＿＿＿＿＿＿＿＿＿＿＿＿＿＿＿＿＿＿＿

二、价值观大拍卖后的反思。

事实 自己竞拍下来的是什么？是不是你最想要的？除了它(们),你本来还想买什么？	感受 如果买到自己最想要的项目,你买到后的心情如何? 如果没有买到,没有买到的心情如何?
发现 为什么买它(们)?/为什么什么也没买?/为什么没有买到你所想要的?	未来 你可以做些什么离自己想要的东西更近一步?

附录：代金券(每次出价为 500 元的倍数)

500 元	500 元
500 元	500 元
500 元	500 元
500 元	500 元
500 元	500 元
500 元	500 元
500 元	500 元
500 元	500 元
500 元	500 元
500 元	500 元

课时 4

旋转吧！我的生涯三叶草

教学目标

1. 协助学生统整自己的兴趣、能力和价值观。

2. 协助学生基于自己的兴趣、能力和价值观,寻找进一步想了解和探索的职业领域。

教学准备

计算机房预约,网络调试。

实施步骤

1. 引出主题,梳理自己的生涯三叶草(10分钟)。

(1)教师开门见山,说明本节课的内容为协助学生们统整自己的兴趣、能力和价值观。

(2)教师发放本节课的学习单,要求学生填写。

2. 借助 Onet Online 网站将上述特质和职业世界建立连接(20分钟)。

(1)教师介绍 Onet Online 网站:http://www.onetonline.org/。

(2)指导学生登录,并利用该系统了解更多资讯。

■ 指导学生录入自己的霍兰德代码,得出相关的职业清单,点击进去,可以了解这些职业的详细信息。

■ 指导学生录入自己的优势能力,得出相关的职业清单,点击进去,可以了解这些职业的详细信息。

■ 指导学生录入自己所重视的价值观,得出相关的职业清单,点击进去,可以了解这些职业的详细信息。

■ 对比这些职业清单,看有没有重合的地方,如果有,将其列为重点了解和探索的对象;如果没有,看看哪些职业自己更愿意多了解和多探索,将其圈出来。

■ 操作 PPT 如下:

推荐资源

Onet Online : http://www.onetonline.org/

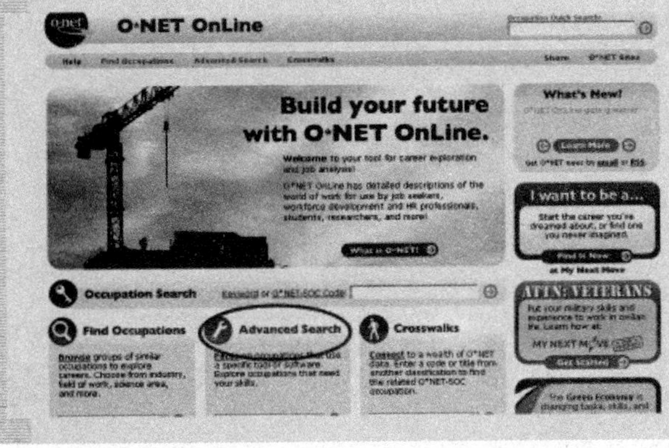

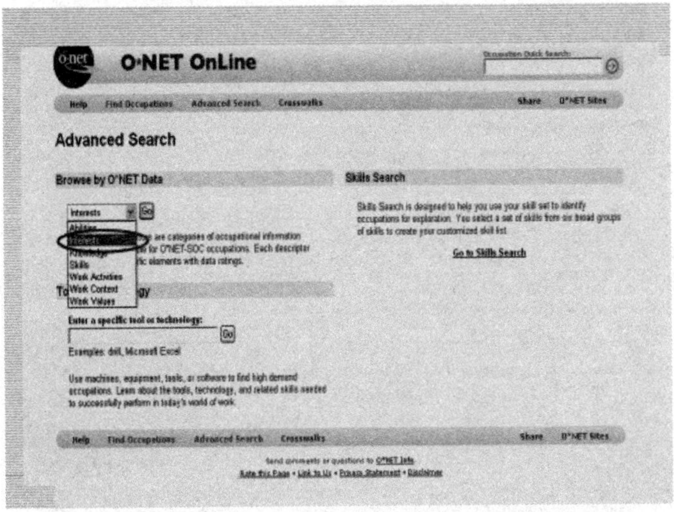

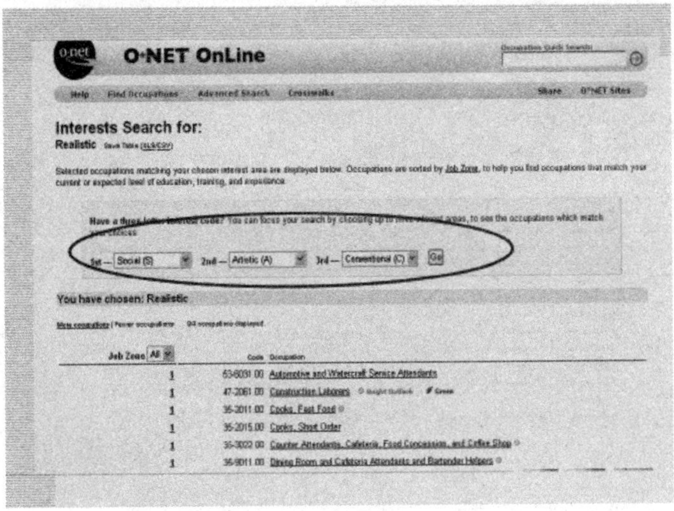

Screenshot 1:

Help   Find Occupations   Advanced Search   Crosswalks   Share   O*NET Sites

Interests Search for:
Social, Artistic, Conventional Save Table (XLS/CSV)

Selected occupations matching your chosen interest areas are displayed below. Occupations are sorted by Job Zone, to help you find occupations that match your current or expected level of education, training, and experience.

Have a three-letter interest code? You can focus your search by choosing up to three interest areas, to see the occupations which match your choices.

1st — Social (S) ▾   2nd — Artistic (A) ▾   3rd — Conventional (C) ▾   Go

You have chosen: SAC

5 occupations displayed

Few occupations matched your chosen interest areas. You may want to return to your top two interest areas (Social, Artistic) and explore the occupations listed there.

Interests All ▾   Job Zone All ▾

Interests	Job Zone	Code	Occupation
SAC	2	39-9011.00	Childcare Workers Bright Outlook
SAC	4	25-2023.00	Career/Technical Education Teachers, Middle School
SAC	4	25-2021.00	Elementary School Teachers, Except Special Education
SAC	4	25-2052.00	Special Education Teachers, Kindergarten and Elementary School
SAC	4	13-1151.00	Training and Development Specialists Green

Help   Find Occupations   Advanced Search   Crosswalks   O*NET Sites

Screenshot 2:

O*NET OnLine   Occupation Quick Search:

Help   Find Occupations   Advanced Search   Crosswalks   Share   O*NET Sites

Browse by O*NET Data

O*NET Data descriptors are categories of occupational information collected and available for O*NET-SOC occupations. Each descriptor contains more specific elements with their ratings.

Abilities ▾   Go

Abilities
Enduring attributes of the individual that influence performance.

- ▸ Cognitive Abilities (21 elements) — Abilities that influence the acquisition and application of knowledge in problem solving
- ▸ Physical Abilities (9 elements) — Abilities that influence strength, endurance, flexibility, balance and coordination
- ▸ Psychomotor Abilities (10 elements) — Abilities that influence the capacity to manipulate and control objects
- ▸ Sensory Abilities (12 elements) — Abilities that influence visual, auditory and speech perception

Help   Find Occupations   Advanced Search   Crosswalks   O*NET Sites

Was this page helpful?   Share: Follow us:
Job Seeker Help • Contact Us   Link to Us • Cite this Page   About this Site • Privacy • Disclaimer

Screenshot 3:

O*NET OnLine   Occupation Quick Search:

Help   Find Occupations   Advanced Search   Crosswalks   Share   O*NET Sites

Browse by O*NET Data

Abilities — Oral Expression Save Table (XLS/CSV)

The ability to communicate information and ideas in speaking so others will understand.

Sort by	Importance ▲	Level	Code	Occupation
	87	71	23-1011.00	Lawyers Bright Outlook
	87	60	29-1065.00	Pediatricians, General
	87	69	27-3011.00	Radio and Television Announcers
	84	70	25-1042.00	Biological Science Teachers, Postsecondary
	84	75	25-1112.00	Law Teachers, Postsecondary
	84	71	29-1062.00	Family and General Practitioners
	84	71	25-1125.00	History Teachers, Postsecondary
	84	71	25-1067.00	Sociology Teachers, Postsecondary
	84	70	21-2011.00	Clergy
	81	80	25-1054.00	Physics Teachers, Postsecondary
	81	73	25-1051.00	Atmospheric, Earth, Marine, and Space Sciences Teachers, Postsecondary
	81	73	25-1011.00	Business Teachers, Postsecondary
	81	71	25-1043.00	Forestry and Conservation Science Teachers, Postsecondary

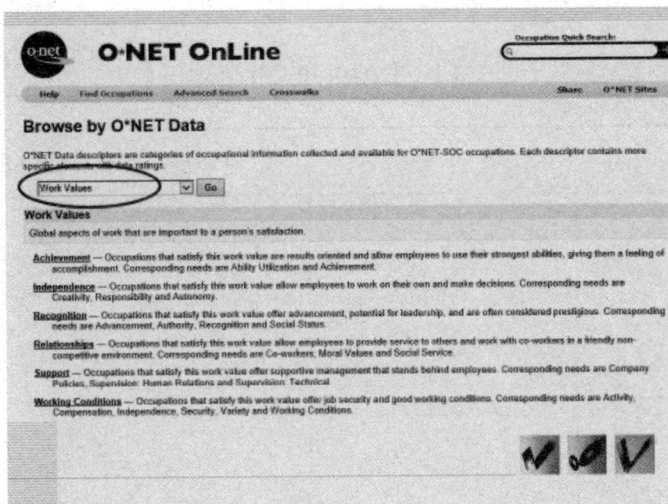

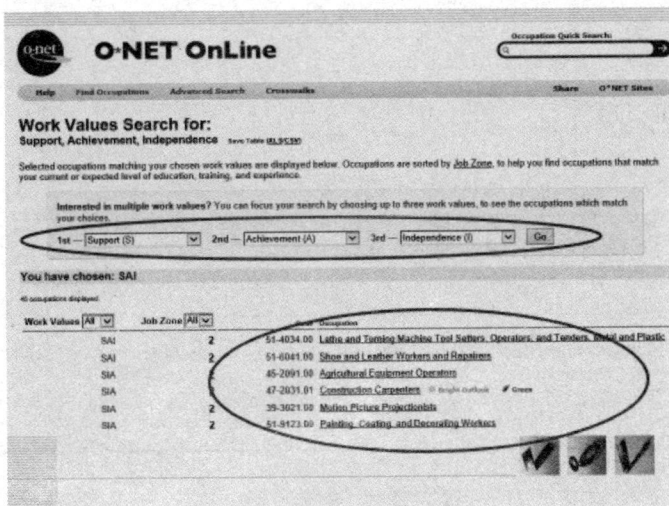

3. 教师进行个别答疑（8 分钟）。

4. 教师总结（2 分钟）。

建议与提示

  Onet Online 网站是美国劳工部组织开发的工作分析系统,数据齐全,被广泛应用。虽然可能存在文化差异,且英语界面会带来一些获取信息的不便,但在目前中国缺乏这种数据系统的情形下,Onet Online 网站还是值得使用的,有借鉴意义。

  课堂时间短,在课堂上,旨在让学生知道有此途径并会使用,以便他们在有需要的时候能自行搜索查阅。

4.1 我的生涯三叶草

特　　质	对应职业（基于 Onet Online 网站）
我的兴趣类型	
我的优势能力	
我最重视的三项工作价值观	

我还想进一步了解和探索的职业有：

我所感兴趣的职业所需的能力是否和我目前所拥有的能力相一致？如果不一致，我的尝试包括：

专家点评与建议

1. 总体评价

本指导方案对生涯指导中第二个板块——"个人特质探索"进行了详细的课程设计，不但针对兴趣、能力、价值观提供了丰富深入的教学活动，更是增加了整合理解课程，帮助学生将零散分化的自我知识（self knowledge）进行统整和行动转化。方案设计能体现当代学生发展指导的教育理念，强调发展的观点；教学设计具有理论依据，有较强的系统性和可操作性，能切实增加学生的自我理解。

2. 学术观点

"个人特质探索"极为倚重生涯心理学（vocational psychology）的理论基础，其具体内涵不仅仅包括对学生兴趣、能力、价值观等特点的自我认知和探索，更应涉及：（1）学生要理解自我特质探索与未来生涯发展的关联所在,即为什么要探索。选取的理论视角包括人-环境匹配视角、生涯发展理论的生涯方向结晶化、认知信息加工的流程、生涯决策的机制与困难解析等。(2)学生要明晰个人特质探索的目的不在于仅仅了解"我现在有什么爱好、能力和价值观",而在于不断意识、识别、明晰"我未来的生涯发展具体有哪些路径?""我的人生有哪些美好的可能?""我如何通过运用自己的特质资源、职业世界的资源和机会,来实现这些可能?"。生涯指导课程传递的知识除了事实性、概念性、程序性知识以外,元认知知识尤为重要,生涯指导课程重视学生的反思性学习和行为指导,这是与心理辅导课程的本质区别。克伦伯兹特别指出,学生只有立足于当前的兴趣和能力,找到机会和行为策略去深化兴趣,扩展能力基础,才能应对未来多变的时代要求。

3. 具体建议

教师在教学设计中别具匠心,例如,在兴趣中的自评-测评比对、能力分类中对效能感的重视、价值观中引入校友案例等值得借鉴和推广。

(1)课时1中"霍兰德代码对对碰"的引导问题设置依据学生的直接经验,遵循解说原则,是少见的兼具层次性和深度化的好问题。

(2)课时1中对兴趣的总结部分建议根据学生当堂的讨论,可以围绕兴趣的几个重要议题"兴趣与日常爱好、志趣、坚趣的区别"、"如何识别假性兴趣"、"兴趣与效能之间的转化"展开,并辅以案例说明。

(3)教师能够灵活善用物理环境、网络资源和各种学习资源,非常用心。在实际操作中,教师亦可发挥创意,请自己学校的学生制作各种卡牌和教具,使其更贴近本校实际情况。教师也可以将各种卡牌和教具的制作灵活地变更为课前调研或小作业形式。在制作中也可结合叙事、案例、分享式学习等多种元素。

(4)课时2中建议增加"生涯/升学目标设定"环节。在激发了动力的前提下,学生的能力提升才能更有方向、更聚焦。同时在能力提升过程中建议设置中间环节,针对执行过程的动力问题、资源、方法、阻力等帮助学生排疑解难。

(5)课时3中"价值观大拍卖"的教学目的往往是教师的难点,建议可以从"何为美好人生?""我想要怎样的人生?(观点从何而来?)""热忱、能力、价值、机会等,什么决定了未来的我?""这是谁的人生?"等方向来引导。同时要注重高中和初中授课重点的区别。在高中阶段建议重视:① 价值观与专业、职业、人生发展路径的关系;② 要对不同的价值观进行认知、澄清、排序、选择,思考不同选择带来的不同可能;③ 深化意义追寻的思考。

（6）课时 4 运用 Onet Online 的网络资源进行统整,是非常有创意的教学设计,重点可放在学生得出的职业方向与自身的目标设定有何关联和区别,加深学生对未来方向的反思。在具体使用价值观时需要注意,Onet Online 中强调工作价值观,而价值观拍卖的学习单则更为强调人生价值观。

兴趣潜能探索卡的运用

所属单元：生涯指导"个人特质探索"

建议课时数：1课时(每课时40分钟)

建议场地：团体辅导室

作者：山东师大附中　卢敏、王燕、王瑜

设计理念

兴趣潜能探索卡协助每个人找到自己的优势特质,在每个角色当中探索自己的潜力,认出专属于自己的独到特质、与生俱来的强项;快速认识自我、发掘潜能,并且每个测评者都能生成自己的测评报告:找到自己的天赋,发挥自己的能力与才华,成为更棒的自己!

教学总目标

- 你的能力优势在哪里?
- 你了解自己的潜能吗?
- 你能确定现阶段自己最大的潜能是什么吗?
- 你的职业兴趣是什么?
- 哪些职业可以实现你的天赋潜能?
- 哪些职业与你的内在兴趣相匹配?
- 兴趣潜能探索卡可以帮你快速认识自我、发掘潜能,并且每个测评者都能生成自己的测评报告。

卡牌介绍

一套简单易学的兴趣潜能探索卡(电子版)有63张;最快15分钟深度、快速、高效了解自我;本土化设计,更适合国人使用。

适用对象

班主任,学校任课教师,心理教师,生涯规划师以及渴望认识自我、发掘潜能的人群。

适合于团体辅导、团体破冰训练、个别生涯辅导、心理咨询、班级生涯活动课等形式,灵活多变,方便教师或个人使用时打印制作,也非常便于携带(电子和纸制均可)。

使用说明

你想探索自己的内心世界吗?你想看见关于当下自我、情感、兴趣、潜能的盲区,找到并突破瓶颈吗?你想挖掘自己的内在潜力吗?你想展现自己的天赋,实现自己的使命吗?你想在轻松快乐的感觉中探索自己,找到当下前进的方向和目标吗?或者你想尝试用一种"轻咨询"的方式,不露声色地帮助身边的朋友和家人吗?如果你对以上的问题很感兴趣,那么就可以使用兴趣潜能探索卡。

63 张兴趣潜能探索卡中的每一张卡片都由一组词汇和一张图片组成。兴趣潜能探索卡初步设计成电子版,可以较方便地运用于教学或辅导,在需要的时候去文印室自行打印即可(建议用卡纸彩打),成本低廉而且可以反复使用。教师也可以在学生探索完毕后,将此卡片作为一个"小礼物"、"涟漪卡"或"行动卡"(具体使用方法后面会有详细说明)赠送给参与的学生。

每张卡片都包含有关特质的形容描述:"我很有_____的兴趣/潜能。"兴趣潜能探索卡是为了协助个体找到自己的潜能优势和兴趣倾向创作出的,让个体体验不同角色可能隐藏的潜力,让自己的潜力因此而被鼓励、被激发、被看见。学生通过图像与文字的搭配,自我觉察与对话,能遇见专属于自己的专长特质、与生俱来的强项,发展自己的才华与力量,站在自己的舞台上。

这些潜力与兴趣就是内在动力的源泉,当我们能感受到自己本身拥有的特质并发现它们的存在,就更能体会内心的激动、欣喜与丰盈,就像是一份深藏已久的礼物,引领每个生命走向原来的道路。

《兴趣潜能探索卡说明手册》里提供了 5 种不同的使用方式和 63 张兴趣潜能探索卡的介绍,让使用者容易上手操作。这套卡片可在"生涯咨询、职业辅导、兴趣探索、天赋与潜能开发"的过程中使用。无论是个人、团体或者整个班级开展探索,都能协助每个人更加了解自己的兴趣倾向,更清晰地知道自己能发挥和挖掘的潜能。

"你知道你的潜能在哪些领域吗?""你知道你的能力有多大吗?"在来访者对自己的能力、潜力不确信的时候,让他/她看见并讲出自己"身上的特别之处",就已经鼓励了他/她往"更好的自我"去发展。当使用这套卡片时,来访者会说:"是的!这就是我真正想要的!"或者"我渴望成为这样的人!"他们也可能看着卡牌说:"我很会帮助别人,很乐于分享,很有创意,很能独立完成事务,很会做资源整合。"他们都在说一件事,就是:"我很有_____的兴趣/潜能。"

具体使用方法：

1. 方法一：探索潜能和兴趣。

（1）目标：探索自己的潜能和兴趣，并应用于实际生活和学习之中。

（2）操作方式："一对一"个案辅导。

（3）具体步骤：

A. 逐步探索潜能，发挥优势能力，制定行动计划。

让学生从 63 张卡中选出自己所喜欢的内容，然后再一一探索和分享。（目的是让学生认识自己的兴趣领域与潜能，并制定可行性计划，也可以通过选牌探讨自己的人生价值观或职业价值观。）

基本步骤：

a）观察。老师可以设定一个时间（建议 10 分钟），让学生逐一感受卡片与词义，并进行初步筛选，让学生挑选出自己喜欢的、感兴趣的、怦然心动的卡片。在这一期间，老师不要发问任何问题，可以观察学生的动作表情，如抉择的速度、态度、表情等。老师也可以将时间完全给对方，甚至可以稍微离身，给学生一个属于自己的空间和时间。（有些敏感的学生在有老师在场的时候，会因为有顾虑而不能专心选择。）

b）筛选。学生选出最喜欢的 5 张或 3 张。老师设定时间（建议 5 分钟），让学生以"怦然心动"为原则，在所选的卡片中选择最有感觉的 5 张或 3 张。

c）排序。让学生将最后选出的 5 张或 3 张卡片，以重要程度或者喜欢程度进行排序。

d）分享。让学生分享在选择卡片时的感受与内心变化，说说 5 张或 3 张卡中哪些元素最让他们有感触。让学生设想如果将这些潜能和兴趣应用于自己的生活或学习，他们的行动计划、行动内容是什么。可以让学生将自己探索出的行动目标或计划列在纸上。行动目标和计划不一定是长期的，可以尝试让学生制定一周或一个月的可行性目标和计划，并且内容一定不要超过 5 条。老师可以让学生在下次咨访时反馈自己的行动情况，将潜能/兴趣真正化为自己的学习或生活的动力。

B. 认识你是谁。（认识自己有哪些兴趣/潜能，从不同的角度认识自己。）

翻开卡面放在桌上，从所有卡中选出与自己情况相符合的卡。

老师发出指令：

a）请选出你的潜能/兴趣。

b）请选出你想要成为什么样的人。

c）请选出你最不可能拥有的潜能/兴趣。

d）请选出别人认为你有但是你不觉得自己拥有的潜能/兴趣。

e）请选出你认为自己有但是很少有人发现的能力。

f）请选出我是_____的高手。

g）请选出我是_____的专家。

C. 神秘而有趣的盲抽法。将卡面盖住后抽卡（盲抽一张或是抽多张）。

经典问题：

a）你抽到的这张卡是你自己希望拥有的吗？

b）对于这张卡你的感受是什么？（喜欢或不喜欢？舒服或不舒服？）

c）这张卡上所描绘的内容，你觉得与自己吻合吗？

2. 方法二：梳理价值观/职业价值观。

（1）目标：思考所选择的价值观，有哪些是来自父母的设定与期待，又有哪些是自己的？

（2）操作方式："一对一"个案辅导。

（3）具体步骤：

A. 喜欢 vs 不喜欢。

经典问题：

a）卡面摊开，按照喜欢、不喜欢、中立，将所有卡片分为三堆。

b）讨论刚才的过程，自己是怎么分类的呢？为什么？

c）最看重的3张是什么？（核心价值观）

d）这3张卡上的能力你现在是否已经具备？怎样在将来的生活和学习中发挥它们的作用？

B. 我具有的 vs 我没有的。

经典问题：

a）哪些是我具有的能力，哪些是我没有的能力，哪些是我具有一部分的能力？把所有卡片分为三堆。

b）在"我具有的"这一堆里，再以自己的方式分类（可自行定义和命名，如生活相关、学习相关、职业偏向等），聊聊这些类别与自己的关系。

c）自己所拥有的这些能力，哪些是自己特别喜欢的？

d）自己已经拥有的这些能力，做什么事情的时候会经常用到？

e）自己所没有的潜能里，有哪些是自己想要学习的？身边有谁具有这样的能力？

如何向他/她学习? 怎样做可以培养自己在这方面的能力呢?

3. 方法三:认识自己与他人的互动方式。

(1)目标:认识自己与他人的不同,学会理解自己在人际交往中的互动方式。

(2)操作方式:平铺兴趣潜能探索卡,"一对一"个别辅导和"人际交往"相关团体辅导均可使用。

(3)具体步骤。

经典问题:

a)探索自己在人际交往中用到的能力/价值观;

b)在人际交往中,你最看重哪方面的能力?

4. 方法四:和同伴分享兴趣与潜能。

(1)目标:认识自己与他人的不同,学会理解自己在人际交往中的互动方式。

(2)操作方式:团体辅导/班级活动(30人以内最佳)。

(3)具体步骤:

a)每个人都有机会看到每一张卡,要进行全面观察(3分钟)。

b)请找出让你最有感觉的卡(怦然心动法则),请大家仔细地看,认真对待。

c)请走到那张卡的前面并将其拿起来,如果有人跟你的选择一样,请和他/她共同持有这张卡(可以移动位子)。

d)分享你对这张卡的感受和一个故事。

注:提醒活动成员,在其他同伴分享时,请将自己选择的卡反扣在桌面上,认真去倾听别人的故事和感受。

5. 方法五:生涯大讨论。

(1)目标:思考兴趣/潜能与现实职业的关联。

(2)操作方式:将卡面盖住后抽卡,或者将卡面一一铺开,可以在小团体、班级活动中使用。

(3)具体步骤。

经典问题:

a)针对每张兴趣潜能探索卡,讨论具备这些特征的人可以在生活中做什么?

b)你选择的这张兴趣潜能探索卡上的特征适合什么方面的工作?

c)有哪些人具有这样的潜能?

d)哪些人想要发展这样的潜能?

建议与提示

1. 灵活、创意和设计是兴趣潜能探索卡最大的特点。使用方法中所列出的"经典问题"只是属于一部分发问设计,还可以加入和自己设计的活动主题相关的设问。

2. 注意遵循兴趣潜能探索卡使用的三大原则:

- 敢于应用于更多场合。
- 敢于创新应用方法。
- 保持对来访者或使用者的好奇心。

【兴趣潜能探索卡内容】

1. 专注、投入

2. 说服力、分享、推广

3. 统筹、整合

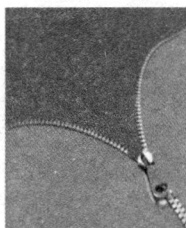

4. 传播爱与美

5. 音乐感知

6. 美术感知

7. 空间感知

8. 探索、冒险

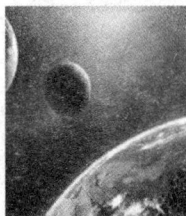

9. 资源收集、连接

10. 洞察力

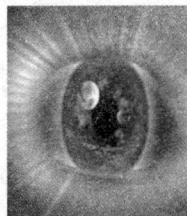

11. 自然感知、环保

12. 健康引领、分享

13. 照顾动物

14. 亲近植物

15. 独立作业

16. 团队合作

17. 同理心、感同身受

18. 幽默风趣

19. 鉴赏研究

20. 品鉴品味

21. 革新颠覆

22. 建立制度

23. 大胆发问

24. 兴趣广泛

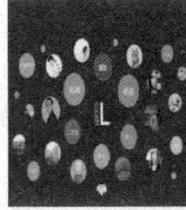

25. 社交、交际、公关

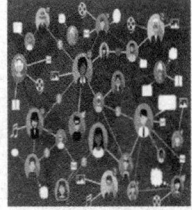

26. 数理、演算

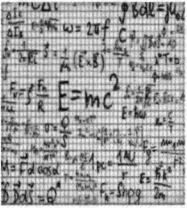

27. 身心疗愈

28. 服务、照顾

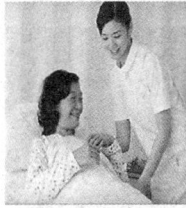

29. 舞动、身体控制

30. 热情服务

31. 沟通、能说会听

32. 享受品质生活

33. 策划会议与活动

34. 操作实验

35. 找到目标

36. 公平公正

37. 追求自由

38. 顾全大局、奉献

39. 拉近距离、调节

40. 分享、给予

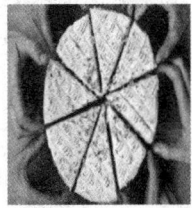

41. 自我觉察、关照

42. 教育或培训他人

43. 探索未知世界

44. 领导团队、发起召集

45. 书写文字、表达思想

46. 优雅品质

47. 帮助他人脱离困境

48. 上台演说鼓舞人心

49. 关心弱势、慈悲心怀

50. 资料的收集与整理

51. 探究真理

52. 信任、放松

53. 应变快速、一人多角

54. 朗诵表演、声色俱佳

55. 学习、成长、探索

56. 制作手工艺品

57. 设计、创意

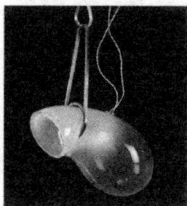

58. 分析走向趋势

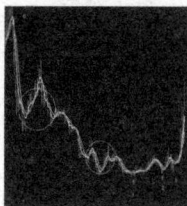

59. 依直觉行事

60. 面对黑暗、不完美

备选卡：

61. 管理钱财、数字敏捷

62. 身体肌肉、能量

63. 制作美食

卡片打印方式：

1. A4 纸，一版 4 张。

2. A4 纸,一版 9 张。

3. 可以根据教师的需求和课程设计灵活变动卡片大小。

专家点评与建议

1. 总体评价

本指导方案研发和提供了一套完整的、有助于学生探索自身兴趣和潜能的工具,体现了创新精神,具有示范作用。研发者对工具内容和使用方法进行了系统的说明,显示了其扎实的辅导功底和丰富的引导经验,便于使用者准确理解这套工具的目的和功用,具有很强的操作性,同时也启发使用者创造新的应用方法。研发者如果能够详细说明这63张卡的区分标准及依据,使用者就有可能更加深入地指导学生识别和分析自己的兴趣或潜能。

2. 学术观点

兴趣潜能探索卡这类极具创意的体验教育方式的运用,对教师在知识体系、建立关系以及运用工具的灵活性等方面都提出了较高的要求。特别是在理论框架和教学目标设置的系统性上,需要教师引起重视。以下从生态系统四个层面为教师设置教学主题、区分工具类别及分层引导问题提供参考。

层面	要　　　点
个体	1. 心理成长：认识自身的独特性、接纳自己、建立自尊,在小组分享中获得支持和回应。 2. 生涯发展：发掘自身的热诚与潜能,认识可能的未来发展路径,不断拓展和创造自己的可能性,探索和实现个人价值。

层面	要 点
人际	1. 社会适应：提升自我觉察和同情他人的能力,促进人际和谐,提升个人应对环境的能力。 2. 家庭功能：思考自己和家庭成员的动力关系,思考个人成长与家庭的联系,发挥家庭对个人的正向效用,促进家庭和谐。
团体	1. 领导力：从小组回应中认识每个人都具有领导力,学习如何创建自身的领导力。 2. 团队角色：认识个人在团体中的常见角色,思考其形成与灵活调整。
社会	1. 社会性差异：通过小组成员的分享理解个人及社会多样性的原因,认识不同个体的内在需要和社会接纳的重要性。 2. 社会倡导：认识自己与社会的关系,看见社会的需要,思考如何实现个人的社会价值。

3. 具体建议

（1）教师在启发学生探索兴趣和潜能时重视学生的行为指导,建议在引导问题的设置上更加循序渐进。例如:"你最珍视的自我特质是什么?"→"为什么是这五张/三张? 令你联想起了什么? 有什么故事?"→"它们让你对自己有什么认识? 其他人对你的潜能有什么认识和评价?"→"你希望未来的人生/生涯选择/升学与这些兴趣和潜能有关吗? 你希望如何运用这些兴趣和潜能来实现理想的自己/生涯目标/人生目标?"→"在现实生活中有什么地方你需要改变? 你觉得自己的兴趣和潜能还有什么需要提升和深化的地方吗? 你有什么行动计划吗?"

（2）教师需要不断反思具体的操作引导和教学目标的关联。例如在"方法二"中,教师可以帮助学生思考"自己喜欢/具备的兴趣和能力如何受到家庭的影响和期待?""在兴趣潜能的发展上自己和父母有什么相同或不同的想法?"等问题,以回应教学目标中反思个人价值观念与父母期待的关系。又如,在"方法四"中,需要更具体的引导问题才能达成帮助学生运用叙事的方法思考自身人际交往方式的教学目标。

（3）教师在兴趣潜能探索卡运用中要考虑分类卡的功能设置,并善于运用他人的榜样力量,发挥分享式学习的效用。

（4）在此工具的示范作用下,建议其他教师可根据自己学生的需要开发相应功能和类别的卡(例如新兴的行业与职业)。要让学生充分参与设计(包括内容和图片),激发学生的动力和脑力。

职场万千——了解职业和社会需求

所属单元：生涯指导"了解职业和社会需求"

建议课时数：3课时（每课时40分钟）

建议场地：多媒体教室

作者：山东省青岛第二中学　王萌

教学总目标

一、深入了解职业、行业与专业，掌握获取职业信息的方法和渠道。

二、了解古往今来的社会需求对产业发展产生的影响，感受个人发展的多重可能性。

三、初步形成符合时代和社会要求的工作态度，掌握求职的基本技能。

课时安排

教学内容			学　习　单
1. 职业大观园	主题活动 1　职业信息的意义和内容 主题活动 2　职业信息的收集渠道和方式 主题活动 3　生涯人物访谈 主题活动 4　职业信息大归类		1.1　最想了解的职业信息 1.2　获取生涯信息的渠道与方式 1.3　生涯人物访谈
2. 未来"职"通车	主题活动 1　朝花夕拾 主题活动 2　生涯敲钟 主题活动 3　新生与涅槃 主题活动 4　水晶球大预测		2.1　朝花夕拾
3. 直入职场	主题活动 1　生涯连连看 主题活动 2　职场规范大检索 主题活动 3　伦理大碰撞 主题活动 4　模拟职场		3.1　生涯连连看 3.2　职场规范大检索

职业大观园

本主题包括4项活动,旨在指导学生明确职业信息的内容和意义,触发学生探索现实职业世界的意愿,鼓励学生在自主收集职业信息的过程中逐渐明晰信息搜集的基本渠道和方法,学习与职场人士建立互动关系并从中受益。

主题活动1:职业信息的内容和意义

教学目标

知道职业信息搜集的意义,明确信息搜集重点。

教学准备

学生分组(6—8人一组),案例文本(拓展资料1)、学习单1.1、白板(黑板)、纸、笔等。

实施步骤(15分钟)

1. 呈现案例"何去何从"(拓展资料1)。

2. 课堂讨论。

(1) 有人认为"高中时代好好学习即可,高考获得高分,填报志愿自然就容易",看过案例后,你对这个观点有何感受?

(2) 案例中这名同学在人生的初步选择关头需要凭借哪些信息?哪些是已掌握的信息?还需要获取哪些信息?

3. 学生分享(可参考)。

(1) 生涯探索与学业发展、生活方式、家庭氛围和个人幸福感等方面密切相关,其重要性极高。

(2) 兴趣、能力、价值观、性别、环境、职业、专业、招录情况、时代发展、家庭意见、他人建议等都是影响我们生涯选择的因素,庞多纷杂,绝不限于成绩,因此高中生对信息收集要有紧迫性和敏感性。

（3）案例中的同学通过生涯测评、个别生涯辅导和家庭成员访谈等已经获得了兴趣、能力、专业、职业的初步信息，还需要进一步收集建筑类的职业信息、高校与专业的信息，更重要的是整理和分析这些信息，使其与自己的个人特点相匹配。

4. 填写信息检索单。

对于职业，你最想要知道的有哪些？请将自己最想要知道的项目在信息检索单中勾选出来（学习单1.1）。

5. 职业信息大分类。

（1）与小组成员分享和交流学习单1.1。

（2）你们所看重的项目反映了个人的哪些特点？

（3）请将学习单1.1中有关职业的信息划分层次和类别。

6. 教师小结。

（1）信息同物资、能源一样重要，已经成为人类生存和社会发展的三大基本资源之一。职业信息的获取、处理和分析对高中生的生涯选择来说尤为重要。

（2）职业信息的获取、处理和分析是一项大规模的长期工程，绝不能"临阵磨枪"，须"未雨绸缪"，高中开始探索，只能称作为时未晚，万不可抱有"唯高分论"的落伍观念。

（3）职业信息的内容包括：

a）反映就业市场状况的资料（如国家和地方的就业政策、劳动力供需状况、国家经济发展形势、岗位招聘状况等）、反映特定职业状况的资料（如职业的内容、性质、入职要求、升迁机会、工作环境等）、反映个体状况的资料（如学历、专业、技能、实践能力等）。

b）明确的信息（如工作内容、工作地点、每月收入、专业技能、考核制度）和潜隐的信息（如工作氛围、工作理念、企业文化、领导方式、人际关系等）。

c）稳定的信息（如教育训练、福利保障、工作安全、工作环境等）和变动的信息（如发展前景、供需状况、受雇机会等）。

（4）个体所看重的项目是职业信息收集的重点方向和内容，也在一定程度上体现了择业价值观。

建议与提示

（1）面对浩瀚的信息海洋，教师应提示学生，注意筛选有价值的权威信息，依照一定的脉络体系收集信息，根据自身的特点确定信息收集的方向和重点。

（2）学生限于阅历和视野，往往只关注生涯案例中影响选择的个别因素，尤其是与学习密切相关的因素，教师应从中撷取、呈现众多观点，并提取和整理，从而充分体现职业信息的多样性和复杂性。

（3）教师可在校园生活、辅导工作中留意和积累符合地区特色、学校情况的生涯案例，作为讨论和分享的素材。

主题活动 2：职业信息的收集渠道和方式

教学目标

知道职业信息搜集的意义，明确信息搜集重点。

教学准备

学生分组（6—8 人一组），学习单 1.2、纸、笔、白板（黑板）、海报纸等。

实施步骤（30 分钟）

1. 创建清单。

拓展资料 1 中的类似情境，你也很有可能遇到，当你需要大量信息帮助自己决策的时候，可以从哪些渠道、利用哪些方式帮助自己收集职业信息呢？请填写在学习单 1.2 中。

2. 对比与分析。

（1）上述渠道和方式的便利性和精确性如何呢？请填写在学习单 1.2 中。

（2）请在小组中分享自己的学习单。

（3）对比自己和伙伴的学习单，检查是否有需要增补的内容，注意记录分享中的收获和困惑。

3. 体验与实践。

（1）拜访本校的图书管理员，了解信息检索、分类和处理的基本原则及方法。

（2）使用数据库检索的方式，以"生涯"、"职业信息"、"信息收集"等作为关键词，查阅文献，筛选和整理关于"生涯信息收集"的信息，完善自己的学习单。

（3）思考并讲述自己在信息梳理中的标准和原则。

4. 确认与完善。

思考不同的信息收集渠道和方式的适用条件如何，说说你喜欢、善用哪些渠道和方式。请在实践中丰富和精进自己的信息收集渠道和方式。

建议与提示

1. 学生最为熟悉的信息搜集渠道是网络查询，尤其善用搜索引擎，但信息收集的渠道是丰富多样的,教师需指导学生体验不同渠道与方式的利弊,根据任务特点和自身情况选择适用的信息收集渠道与方式,详见拓展资料2。

2. 高中生缺乏数据库检索的体验,教师需要在这方面进行具体指导。如有条件,教师可在课堂教学中引入信息技术课、研究性学习课的内容。

3. 教师在指导过程中要关注学生的信息更新、信息选择和信息整合的意识,鼓励学生在交流和分享活动中体会信息分享的意义和乐趣。

主题活动3:生涯人物访谈

教学目标

使用访谈的形式收集职业信息,与业内人士建立良好的互动,并与同伴分享、交流信息。

教学准备

学生分组(6—8人),《生涯人物优秀访谈报告集册》和展示视频,学习单1.3,访谈工具如纸、笔、录音笔、摄影摄像设备等。

实施步骤(课堂研读和讨论40分钟,课外探索活动时间自定)

1. 教师简介生涯人物访谈。

指导语(参考):在众多职业信息的搜集渠道和方式中,生涯人物访谈因为其生动、鲜活的优势而备受肯定。生涯人物访谈可以帮助我们体会丰富、生动的职业世界,尤其是生涯人物的特殊经历和转折有助于帮助我们了解生涯发展的开放和多变。访谈信息的交流和分享,更可以让我们在探索职业世界的过程中事半功倍。

2. 观摩与储备。

学生观看生涯人物访谈的展示视频,研读往届校友的优秀访谈报告。

3. 分组与分工。

(1) 以个人的兴趣、能力、志趣等特点为基础,分组进行生涯人物访谈活动。

(2) 与组员盘点可以利用的资源、人脉,确立访谈对象。

(3) 规划访谈重点,根据小组成员着重希望收集的信息,设计一份小组访谈提纲。

4. 执行。

(1) 利用课外实践或假期的机会,实施访谈计划。

(2) 注意访谈礼仪如预约、守时等。

5. 总结与展示。

（1）整理访谈的图文、影音资料，撰写访谈记录。

（2）在班级或年级中召开一次生涯人物访谈成果交流会，并将班级或年级的优秀成果结集成册。

建议与提示

建议1：有的学生打算访谈自己的父母，师生应先行讨论访谈自己父母的利弊，教师要帮助学生厘清自己的访谈目的和思路，可以在班级中实现家长资源的共享。

建议2：对于某些学生想要访谈冷僻行业人才或者高端人才的意愿，教师应善加引导，如"避远就近"、"滚雪球式接触"。

建议3：大部分访谈都会留有遗憾和困惑，教师可指导学生必要时进行深度访谈和相关访谈。

建议4：教师进行过程性指导和评价，并将优质的访谈报告分类积累、结集，可以形成具有本校特色的生涯信息资源库，也可以邀请优秀的访谈报告作者和讲演者，在下一级学生的生涯访谈活动中做示讲和经验介绍，形成学长指导的传统。

提示1：教师应确保学生明确生涯人物访谈与成功人物访谈的区别，生涯人物访谈更侧重访谈对象的职业背景和发展路径，成功人物访谈更侧重访谈对象的品格特质和人生经历，二者虽有重合之处，但不可混为一谈。

提示2：鉴于实践性活动的特点，教师在实际操作时规划好寒暑假等适宜时段，使实践活动成为课堂内容的有力支撑。

提示3：提醒学生事先做好功课，列出访谈大纲，把握访谈重点，注意守时、保密（隐私信息）等常规礼仪。

【替代方案1】校友生涯讲座

教学目标

通过讲座的形式获取职业信息，请业内人士协助澄清自己的疑问和困惑。

教学准备

讲座海报、场馆、多媒体设备、嘉宾简历、主持提纲等。

实施步骤（课外探索活动，时间自定）

1. 利用校庆、校友返校日等机会，了解校友提供生涯讲座的意愿，请校友提供联络方式和生涯讲座主题。

2. 联络校友,根据学生需求和校友专长,确定时间、地点、方式和主题。

3. 举行专场生涯讲座,学生根据自身情况选择聆听不同场次的讲座。

4. 收集学生的困惑和问题,在讲座后设置提问和交流环节,邀请嘉宾答疑解惑。

【替代方案2】跟父母上一天班

教学目标

使用见习的形式收集职业信息,在实地工作的过程中了解职业的特质、工作的流程和部门的运作。

教学准备

家长告知书、通讯联络单、安全说明书、见习报告等。

实施步骤(课外探索活动,时间自定)

(1) 利用寒暑假时间选择到父母或亲友的工作单位见习一天。

(2) 了解父母或亲友所在岗位的工作性质、工作内容、入职要求和能力资质需要等。

(3) 参观该工作单位部门和场所,了解各个部门的协调运作情况。

(4) 在见习中尝试自己力所能及的工作。

(5) 访谈父母或亲友从事该工作的成就、收获和遗憾。

(6) 返校后与同伴交流见习感受。

主题活动4:职业信息大归类

教学目标

了解与职业相关的概念,知道常见的职业分类,学会通过上述概念定位一个职业。

教学准备

学生分组(6—8人),纸、笔、年级生涯人物访谈目录等。

实施步骤(30分钟)

1. 教师简介生涯人物访谈。

(1) 教师汇集班级、年级的访谈报告,形成班级、年级生涯资料库。

（2）呈现班级或年级的访谈报告名录。

2. 归类尝试。

（1）在信息交流和报告汇总的过程中，学生拓展了对职业的理解，也可能产生新的疑问和探索欲望，可在课下对报告的小组或作者进行提问，澄清疑惑，对于不能即时解决的疑惑要注意记录，使用其他渠道和方式确认信息。

（2）请为年级生涯人物访谈名录划归类别，并说出自己的分类标准，试着把自己的分类标准表述给同伴。

（3）你和同伴是否有在归类上持不同意见或是不知如何归类的情况？请举例说明。

例如：一位学长在大学学习自动化控制专业，毕业后从事前沿的科技产业——新能源，在一家央企负责风能项目的营销开发，几年后晋升为负责华北和西北区域的经理。这位学长的职业如何表述？

3. 查询与讨论。

请采用主题活动 2 中合适的渠道和方式收集信息查询如何定位职业，并回归到步骤 2 中检核定位的效果。

4. 教师小结（可参考）。

（1）示例中涉及许多相互关联却有区别的概念，"自动化控制"是专业，"新能源"是行业，"经理"是职位，"央企"是组织单位。

（2）使用"行业＋职位＋组织单位"的方式可以有效地定位职业，专业和行业关联较大，职位则体现个体的升迁和发展，组织单位决定了文化、氛围、规则等潜隐信息。

（3）行业是指经济活动部门之种类，而非个人所从事之工作，每一行业都有主要的经济活动（包括生产各种有形商品与提供各种服务在内）。职业则指工作者个人本身所担任的职务或工作。行业和职业常被混为一谈，其实因分工关系，每一类行业往往需要各种不同职业的工作人员，而同一种职业的工作人员，也常分布于各种不同的行业。

（4）我国颁布了《国民经济行业分类》国家标准（详见拓展资料 4）和《中华人民共和国职业分类大典》（详见拓展资料 5），从中可以了解我国的各行各业。

建议与提示

1. 职业信息的收集并非是一次性的，而是长期性的，可以分阶段、多渠道地收集，注重信息的有效性和真实性，切勿贪多求大或浅尝辄止。

2. 可采用主题活动 2 中合适的渠道和方式收集信息查询美国、日本等先进国家的职业分类情况和标准,与国内情况作比较。

3. 在搜集过程中对职业信息内容的选择,也能进一步地澄清个人的择业价值观,如更看重安全保障、薪酬福利、人际氛围或是成就发展等。

4. 生涯探索强调个性化——走自己的路,因此职业分类方式既可以有约定俗成的、标准的、常见的分类,也可以由学生按照自己的逻辑分类,这样更利于学生发挥主动性。

5. 本主题的逻辑顺序为从实践到理论,教师在操作时也可以将主题活动 3 与主题活动 4 交换次序,即先明确职业分类理论再实践生涯人物访谈。

【替代方案】职业分类卡

教学目标

1. 了解常见的职业分类。

2. 体验自主的职业归类,体会自己对职业好恶的深层原因。

教学准备

卡片、纸、笔、年级生涯人物访谈目录等。

实施步骤(20 分钟)

1. 查看年级生涯人物访谈目录。

2. 将目录中的职业分别填写在"喜欢"、"不喜欢"、"不知道"三张卡片中,分别将"喜欢"、"不喜欢"两张卡片上的职业归类,划归为同一类别的职业应当有共同的特点。

3. 在每一类别后,回答下述问题:

(1)这一类别的职业有什么共同的特点让你喜欢? 请阐明理由。

(2)这一类别的职业有什么共同的特点让你不喜欢? 请阐明理由。

4. 将部分职业填写在"不知道"卡片上的原因是什么? 这对你后续的生涯探索有何启示?

5. 采用主题活动 2 中合适的渠道和方式收集信息查询你不了解或不确定是否喜欢的职业。

建议与提示

1. 本活动的重点在于指导学生按照自己的逻辑归类职业,阐明理由,不必拘泥于常规的行业体系或专业关联。

2. 在归类时可突破定势,但学生要有内在清晰的逻辑,并将其表述出来。

3. 归类活动也可达成深度探讨职业兴趣的目的,教师可灵活操作以达成不同的教学目标。

拓展资料

1. 何去何从。

通过两年多的不懈努力,我的成绩不断攀升,本以为分数高选择余地就大,可是,面对这么多的学校和专业我依然茫然无措。

虽然相对于人文科目,自己的数理化成绩更好一些,但是我平日里却更喜欢绘画和文学,热爱优美的东西。我是选择擅长的还是选择喜欢的呢?

我的家庭成员中有医生和教师,都说女孩子学医或从教很不错,我觉得自己从事这两个职业虽无不可,却也实在不算钟情。

通过心理辅导老师的帮助,我做了兴趣、能力的职业测评,我又咨询了大学生就业指导老师,发现建筑类专业可以将理工和人文完美地结合在一起。终于,我锁定了天津大学的建筑学专业,成为一名建筑师,多帅!

可是,在我本以为尘埃落定的时候,有人告诉我选大学一定要考虑地理位置,还是北京、上海好一点,可一线城市的高校建筑专业考取谈何容易?还有人说建筑师虽然高薪,但是也高压,女孩子搞建筑专业会非常辛苦,最好从事建筑的周边专业,例如景观设计之类。他们说的貌似也很在理。

我晕菜了,到底该何去何从?

(青岛二中学生提供)

2. 信息收集的方式和渠道及利弊比较。

信息获取的方式和渠道	优　势	短　处
(1) 查阅书籍	正式、权威	信息更新慢,查阅场所有限
(2) 查询网络	丰富、即时	信息庞杂,真伪难辨,可能因错误和不成熟的信息影响判断
(3) 访谈职场人士和校友	生动、鲜活,便于建立人脉	主观性强,受个人阅历影响大
(4) 浏览报纸求职广告	针对性强,能力资质要求说明清晰	信息更新过快,各招聘单位要求不统一,信息欠全面
(5) 亲友口耳相传	便利	主观性强,可能以讹传讹或存在价值观偏向

信息获取的方式和渠道	优 势	短 处
（6）咨询班主任和指导教师	经验丰富，了解学生的情况	主观性强，受个人经验影响较大
（7）实地见习	真实、细致	不容易找到接收单位，花费时间多
（8）陌生拜访	灵活、随意	操作难度高

3. 生涯人物访谈示例。

<table>
<tr><td colspan="3">访谈职业的名称</td><td>骨外科医生</td><td>访谈时间</td><td colspan="2">2011 年 2 月 1 日
19:30—21:00</td></tr>
<tr><td colspan="3">访谈人</td><td>晓萌</td><td>采访者所在班级</td><td colspan="2">高一×班</td></tr>
<tr><td rowspan="13">职
业
资
讯</td><td rowspan="2">受访者的基本信息</td><td>姓名</td><td>马医生</td><td>年龄</td><td>48 岁</td><td>性别</td><td>男</td></tr>
<tr><td>学历</td><td>硕士</td><td>从业年限</td><td>14 年</td><td>职称职务</td><td>副主任医师</td></tr>
<tr><td rowspan="2">该职业的工作资料</td><td>工作场所</td><td>二线城市某知名军医院</td><td>工作时间</td><td>8:00—18:00</td><td>薪资</td><td>8 000 元左右</td></tr>
<tr><td>加班情况</td><td>三线值班
手术
紧急情况</td><td>休假情况</td><td>国家规定：军医每年可休假一个月</td><td>福利</td><td>绩效奖金</td></tr>
<tr><td rowspan="2">入职条件</td><td>学历要求</td><td>硕士以上</td><td>能力要求</td><td colspan="3">掌握医学专业知识</td></tr>
<tr><td>人格特质要求</td><td>高尚的医德</td><td>特殊条件限制</td><td colspan="3">身心健康
肢体健全
视力正常，无色盲色弱等</td></tr>
<tr><td colspan="2">该职业的人才供需状况</td><td colspan="5">大城市供大于需，而且差距很大，所以入职门槛都比较高；小城市及落后地区需大于供，而且差距也很大，人才和医疗设施都比较缺乏。</td></tr>
<tr><td colspan="2">该职业的发展展望</td><td colspan="5">人总要生老病死，随着社会科学技术的发展，可能高科技会代替部分人工检查操作，可能人才需求量略微减少，但发展应基本稳定。</td></tr>
<tr><td colspan="2">学校哪些课程对此职业有帮助</td><td colspan="5">数学、化学、生物、物理、语文、英语、政治</td></tr>
</table>

生涯经验	**您为什么会选择该职业**	首先是兴趣,选择军医还有一部分原因是当时家庭贫困,军医薪资比较稳定。
	您的工作经验与心得	1. 当医生避免不了辛苦劳累,但治愈病人会感到无比的快乐。 2. 当医生要不断地学习,不断地积累经验。 3. 科学技术不断发展,社会不断进步,因此要不断地学习、读书以充实自己,适应现代医学。
	您的生涯发展历程	1979—1982 年　山东省某地市中学 1982—1987 年　上海第二军医大学就读本科 1987—1998 年　山东某军医院　骨外科 1998—2001 年　某著名医学院就读研究生 2001 年至今　山东某军医院　骨外科
	您未来的生涯规划	把本职工作做好,治愈更多的病人。
	如果我将来从事此项工作,您对我有哪些建议	1. 学好现在的内容,基本上每一科对当医生都有帮助。 2. 学医之路很漫长,本科 5 年、研究生 3 年,现今看来硕士不够,大多数学医的学生选择读博士。学习内容很枯燥,加起来至少要学四五十门的内容,都要烂熟于心,基础很重要,要掌握扎实。大学最后一年会安排临床课程,把握机会积累经验。 3. 学医之路永无止境,为适应社会发展必须要不断学习,充实自我。 4. 如果女生要学医,选择妇产科、眼科、骨科等较多,并不是能力不足,而是体力不济。
该职业一天的工作状况实录		8:00　上班,查房及整理病案 9:00　准备手术,手术数量、持续时间不定 13:30—16:00　查房、术后观察等 16:00—18:00　整理病案 每周一天出专家门诊 晚间三线值班 如果平日晚间有紧急状况也要及时赶到
访谈后的心得与省思		这个假期读了一本名为《白袍》的关于医生的书,也看过许多部有关医生的电影、电视剧,心中始终怀有一个当医生的梦想。我打算通过这次生涯人物访谈,进一步了解一下医生这个职业。于是通过父母,我联系到了解放军四〇一医院骨外科副主任医师——马培谨。马伯伯是我父母的旧友,他们已经认识很多年了,我因为受伤或者生病也与他接触过好几次。一直以来,我都感觉马伯伯是一个不善言辞但真诚、朴实的人。

访谈后的心得与省思	听说我要采访，马伯伯有些惊讶，也有些激动。开始时我问的都是一些比较严肃的问题，有些涉及了隐私，但是他还是很爽快而真实地回答了我所有的问题，让我的紧张感一下子烟消云散。接下来我问的几个问题都比较抽象，需要好好组织语言文段。"当医生需要什么能力要求？""专业知识。""需要什么人格特质要求？""人格特质？高尚的医德，最基本的。""有什么特殊条件限制么？""呃……好像没有。"马伯伯极其简要的回答令我有些担心。 但接下来，一谈到医学，马伯伯的话匣子一下子打开了。一进入他的专业领域，他就如鱼得水，手舞足蹈地侃侃而谈。从学习中需要注意的事情，到从医所必经的历程，再到各科室之间的比较，还有当医生的辛苦、劳累及其他不同的感受，马伯伯把自己所经历的、自己所知道的详尽地告诉了我，还为我将来的求学之路进行了指导，提出了宝贵的意见和建议。我和马伯伯面对面愉快地交谈着，我还大胆尝试着问了几个比较犀利的问题，马伯伯也都真实详尽地回答了我，让我再一次被他的真诚与朴实所折服，心中充满了感激。 交谈进行得很顺利，一个半小时就结束了。我回到家整理了 4 500 字的访谈录，自己的收获远不止这些。 我明白了成为一名医生的艰难：漫长而枯燥的求学之路，艰难而又劳苦的医生生涯。 我体会到作为一名医生的苦衷：全心全意替患者着想却免不了医疗纠纷、法庭上患者及其家属的冷言相向。 我感受到了作为一名医生的快乐：累，并快乐着；救治患者，看到他们健康出院就是最大的快乐。 我也更深一层体会到生命的意义：只要有一丝希望就不会放弃抢救，绝对不会。活着就是希望，看到患者脱离生命的危险，就是一种快乐。 …… 我梦想成为一名医生，当然会为此而努力拼搏。但是如果我不能成为一名医生，我相信，这次的交谈也注定会让我难忘一生……

（青岛二中学生提供）

4. 国民经济行业分类。

《国民经济行业分类》国家标准于 1984 年首次发布，分别于 1994 年和 2002 年进行修订，2011 年第三次修订。该标准（GB/T 4754—2011）由国家统计局起草，国家质量监督检验检疫总局、国家标准化管理委员会批准发布，并于 2011 年 11 月 1 日实施。此次修订除参照 2008 年联合国新修订的《国际标准行业分类》（第四版）（简称：ISIC4）外，主要依据我国近年来经济发展状况和趋势，对门类、大类、中类、小类作了调整和修改。

根据 2011 年修订颁布的《国民经济行业分类》国家标准，我国行业分为 20 个门类：

（1）农、林、牧、渔业；

（2）采矿业；

（3）制造业；

（4）电力、热力、燃气及水生产和供应业；

（5）建筑业；

（6）批发和零售业；

（7）交通运输、仓储和邮政业；

（8）住宿和餐饮业；

（9）信息传输、软件和信息技术服务业；

（10）金融业；

（11）房地产业；

（12）租赁和商务服务业；

（13）科学研究和技术服务业；

（14）水利、环境和公共设施管理业；

（15）居民服务、修理和其他服务业；

（16）教育；

（17）卫生和社会工作；

（18）文化、体育和娱乐业；

（19）公共管理、社会保障和社会组织；

（20）国际组织。

各门类行业之下还有大类、中类、小类的细分，可在"中华人民共和国国家统计局"官方网站"国民经济行业分类"主页上（http://www.stats.gov.cn/tjsj/tjbz/hyflbz/）查询。

5. 我国职业分类。

《中华人民共和国职业分类大典》是由劳动和社会保障部、国家质量监督检验检疫总局、国家统计局联合组织编制的。《中华人民共和国职业分类大典》编制工作于1995年初启动，1999年初通过审定，1999年5月正式颁布，2015年颁布了新修订的版本。新版将全国范围内的职业划分为8个大类、75个中类、434个小类、1481个职业。8大类职业包括：

（1）各类专业、技术人员；

（2）国家机关、党群组织、企事业单位的负责人；

（3）办事人员和有关人员；

（4）商业工作人员；

（5）服务性工作人员；

（6）农林牧渔劳动者；

（7）生产工作、运输工作和部分体力劳动者；

（8）不便分类的其他劳动者。

在8大类下的职业细分可查询人力资源和社会保障部国家职业分类目录主页（http://ms.nvq.net.cn/nvqdbApp/htm/fenlei/index.html/），从这个主页面可层层点入，了解各职业的工作内容与要求。

课时 2

未来"职"通车

本主题包括 4 项活动,旨在指导学生感受时代发展潮流中职业的发展和变迁,了解当下的文化趋势和社会需求,尝试以动态、变化的眼光看待自己的生涯发展,思考将时代发展、文化趋势、社会发展与个人生涯发展相结合的方式。

主题活动 1:朝花夕拾

教学目标

感受时代发展和职业变迁的迅猛;了解、思考时代发展趋势对民众职业观的影响。

教学准备

学生分组(6—8 人),视频资料、文本、PPT、黑板(白板)、学习单、纸、笔等。

实施步骤(课堂交流讨论 20 分钟,课外时间不限)

1. 材料赏析。

(1) 坊间戏传,20 世纪 70 年代到 80 年代中期,婚恋市场中军人最吃香;20 世纪 80 年代中期至 90 年代中期,婚恋市场中国企员工最吃香;20 世纪 90 年代中期到 2000 年后,婚恋市场中外企白领和公务员最吃香;据称今后"创客"将异军突起。

(2) 观看视频 Did you know?(http://v.youku.com/v_show/id_XNTEzNjczNTU2.html/)。

2. 在小组中讨论和分享下述问题:

(1) 上述两则材料给你印象最深刻的是哪些观点或数据?

(2) 对材料中的现象,你有何感受?

3. 探寻时代与职业。

(1) 请访问自己的父母、老师、学长,并借助网络、媒体手段,分别了解 70 后、80 后、90 后在生涯选择之初的热门行业,现如今他们如何看待当年的"热门"。

(2) 了解不同年代的人对职业的认识和感受有哪些一致之处,有哪些不同之处。

（3）汇集小组成员的访问结果，填入学习单2.1。

4. 思考：你认为当前时代发展的大趋势有哪些特点？

5. 教师小结（可参考）。

（1）时代发展对行业的影响可谓翻云覆雨，令人震撼。

（2）无论哪个时代都要求从业者具有敬业、认真、热忱的品质，然而不同的时代特点也影响了一代人的生涯之路，例如70后的成功多得益于改革开放的东风，80后在高频的国际交流中如鱼得水，90后善将互联网为己所用。

（3）热门和冷门并非绝对，行业具有发展的周期性（见拓展资料1）。

（4）当今时代发展的全球化、信息化、文化交融等趋势可能对未来的行业发展造成巨大影响。

建议与提示

时代发展的趋势对人们提出了新要求：关注时事变化，了解社会需求，保持开放、动态的观点，教师在指导学生富有创意地看待人生选择的同时，自身也要避免僵化和固着。

主题活动2：生涯敲钟

教学目标

了解和感受全球化、信息化、文化交融等社会发展趋势及这些趋势对职业的影响。

教学准备

学生分组（6—8人），案例视频、文本材料、纸、笔、黑板（白板）等。

实施步骤

1. 观赏与阅读。

（1）观看《直击阿里巴巴美国上市敲钟仪式》（http://www.iqiyi.com/w_19rs9p4465.html）。

（2）阅读《阿里巴巴奇迹》（详见拓展资料2）。

2. 小组讨论。

（1）阿里巴巴的成功取决于哪些因素？

（2）其中，哪些因素与时代、社会和文化相关？哪些与人和企业文化相关？

（3）你还知道哪些类似的事例？这些事例对于中学生的生涯发展具有怎样的启示？

3. 课堂辩论。

（1）"成功无法复制"与"成功可以复制"，这两种观点你支持哪一个？

（2）请阐述你的理由，聆听并思考同伴的观点。

4. 教师小结（可参考）。

（1）时代的机遇、领域的空白、人脉的支持、观念的领先，多方位的融合造就了独一无二的阿里巴巴，所谓"天时地利人和"莫过如此。

（2）对新事物的开放度，对机遇的敏锐觉察和敢为人先、勇承风险的人格特质是马云、马化腾、李彦宏等一批互联网科技巨头的共同特点。

（3）对人的重视，尤其是对普通民众、草根人群、小微企业的重视是阿里巴巴独有的企业文化，也是其作为互联网公司的与众不同之处。

（4）"成功可以复制"一般指的是成功人物的品质和人生发展的常理规律可以为后人所借鉴；"成功无法复制"一般强调的是时代背景、社会环境瞬息万变。

建议与提示

1. 互联网是阐述行业从无到有、从不成熟到成熟非常好的例证。然而，21世纪出生的学生，已经对互联网的高度成熟状态习以为常，容易忽略发展过程中的变化。教师可以阐述自己在互联网发展过程中的经历和观点，启发学生的思考。

2. 教师也可以选择学生兴趣度更高的行业案例，如动漫、手办等，同样可以达成教学目标。

主题活动3：新生与涅槃

教学目标

感受和了解当前时代发展和社会需求之下传统行业的转型与复兴；感受和了解新生行业的崛起与发展；思考"机遇"所蕴含的多重含义。

教学准备

文本和视频（见拓展资料3、4、5、6），学生外出分组（每队不超过10人），往来交通，带队人员分工，家长知情同意书，外出师生通讯录，参访机构预约等。

实施步骤（课堂研讨20分钟，课外实践时间不限）

1. 资料解析。

（1）阅读拓展资料3、4。

（2）讨论与思考。

在传统的餐饮行业中，火锅因其技术含量相对低、受众群广而竞争激烈，在这种环境中，海底捞如何做到异军突起？

苏宁和国美本是国内家电零售业中并驾齐驱的两驾马车，缘何逐渐走向不同的方向？

2. 慧眼识英。

战略和远见影响企业的走向，而战略和远见的核心就是关注时代趋势和大众需求。

（1）阅读拓展资料 5、6，谈谈你的感受和启发。

（2）就下述问题与同伴交流观点。

你所在的地区有哪些具有特色的传统行业？现状如何？

如果为它们注入新时代的生机，可以进行哪些调整和突破？

科技与网络的迅猛发展对教育产生了重大的影响，你们的学习较以往相比，有哪些变化？

请你以新的视角为本校的教育教学提出新的意见和建议。

3. 实地考察。

（1）学生自由分组，讨论实地考察的目标，根据教师提供的家委会、社区、机构等社会资源确立考察地点。

（2）列出考察提纲和重点。

（3）教师和学生做好事前准备（预约，分工，工具，交通，家长告知书等）。

（4）对传统行业和新生行业进行实地考察。

（5）学生完成考察记录。

（6）师生共同进行课堂讨论和交流。

4. 活动总结（可参考）。

（1）时代发展和社会需求变化为各行各业都带来了冲击和挑战，行业变化和更替进程逐渐加快。

（2）时代的机遇不仅独宠新兴行业，传统行业在新的时代机遇下也可以老树开新花。

（3）同一行业中，不同的眼光和战略可能导致起点相近的组织在发展中迅速拉开差距。

（4）科技与智能的飞速发展衍生了更多新的需求与服务，改变了人的生活，也催生了全新的行业。

（5）若能寻找新的创意与突破，行将消亡的行业也可以涅槃。红席的"逆袭"为传统工匠们提供了新的思路,在留存旧手艺的同时,寻找新的创意与突破,使自己的手艺焕发新生。

建议与提示

1. 考察地点的选取应细致讨论,尽可能涵盖传统行业、新兴行业、交叉领域等,选择具有代表性的组织和单位。

2. 实地考察时则可以各组专攻一项,在讨论和交流中互通有无。

主题活动 4:水晶球大预测

教学目标

1. 分析和追踪领域交叉、文化融合等趋势对行业发展和职业兴衰的影响。

2. 尝试将时代发展、社会需求和文化趋势与个人生涯发展相结合。

教学准备

学生分组(6—8 人),报纸、期刊、纸、笔、储物箱等。

实施步骤(课堂时间 30 分钟)

1. 在当日的本地报纸、期刊上,检索感兴趣的几个时事要点。

2. 使用合适的信息收集方式查阅、检索相关的资料。

3. 小组讨论上述事件反映的变化和发展的信息。

4. 大胆预测:

(1)这些变化和发展将给本国、本地的就业带来怎样的影响?

(2)这些变化和发展将与你个人的学业发展和生涯发展有何相关?

(3)这些变化和发展将给社会环境带来怎样的影响?

参考示例:

■ 2015 年 9 月 3 日,韩国总统朴槿惠出席中国纪念反法西斯胜利 70 周年纪念庆典,9 月 4 日,朴槿惠在上海参加中韩商务合作论坛。

■ 2015 年 5 月,纽约大学宣布成绩优异的中国学生可以以高考成绩直接申报就读该校。

■ 2015 年 10 月,五中全会审定普遍二孩政策。

5. 请向小组成员和全班同学阐述你的预测和依据。

6. 将小组的预测记录下来放入档案夹或信封,保存半年或一年后启封,再次进行交流和分享,印证哪些预测符合变化和发展,哪些没有出现,原因是什么。

7. 教师总结(可参考)。

(1)信息更新、科技发展、领域交叉、文化交融等变化日新月异。

(2)变化为各行各业带来机遇和挑战。

(3)生涯探索不能固着于当下所谓的热门,要以开放、弹性的态度,以全球化、信息化、未来化的视角应对变化和发展。

建议与提示

教师在指导学生做预测性分析时,注意强调纵、深、广,既要分析宏观环境,也要重视微观领域,参见拓展资料7。

如参考示例1中,可从中国外交战略全局、中韩政治关系、中韩经济往来等角度入手,了解中国和韩国往来密切的地区和产业发展,预测近期相关行业和企业的动态。

资料保存时间一学期至一学年。

【替代方案】大时代

教学目标

1. 了解"互联网+"的含义。

2. 感受和分析"互联网+"对个人生活和社会发展的影响。

3. 创造性地预测互联网时代下新兴职业和交叉行业的多重可能。

教学准备

学生分组(6—8人),文本资料、图像资料等。

实施步骤(课堂时间30分钟,课外活动时间不限)

1. 文本资料阅读。

参考示例:

李克强总理在十二届全国人大三次会议上所作的政府工作报告中首次提出"互联网+"行动计划。李克强提出,制定"互联网+"行动计划,推动移动互联网、云计算、大数据、物联网等与现代制造业结合,促进电子商务、工业互联网和互联网金融健康发展,引导互联网企业拓展国际市场。

2. 请搜集"互联网+"体现在政务、民生、教育、医疗、金融等领域的身边实例。

3. 将收集到的资料以图文并茂的方式呈现,并在班级中进行小组展示。

4. 讨论与分享"互联网+"带给大众的益处。

5. 思考这些实例是否还有可改进之处,如何改进。

6. 探寻是否还有被忽略的领域,可以成为"互联网+"的创新领域。

拓展资料

1. 行业发展周期图。

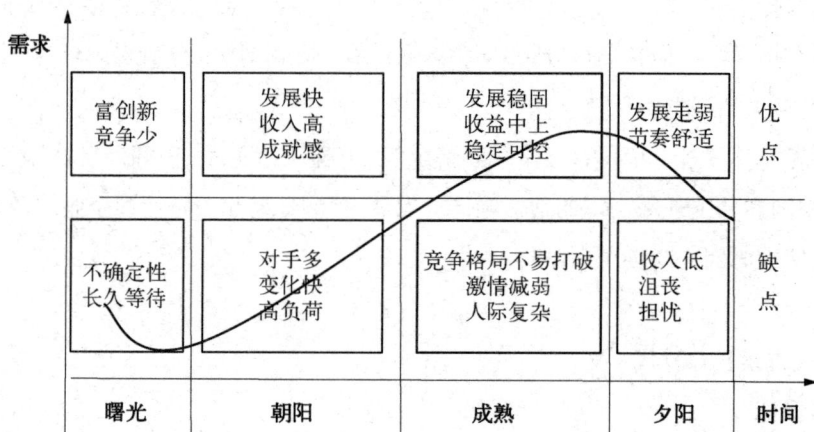

需求				
富创新 竞争少	发展快 收入高 成就感	发展稳固 收益中上 稳定可控	发展走弱 节奏舒适	优点
不确定性 长久等待	对手多 变化快 高负荷	竞争格局不易打破 激情减弱 人际复杂	收入低 沮丧 担忧	缺点
曙光	朝阳	成熟	夕阳	时间

(古典《行职业发展书》2012)

2. 阿里巴巴奇迹。

1995 年,马云在美国西雅图第一次接触互联网,他在搜索引擎上输入词语"啤酒",结果只找到了美国和德国的品牌,于是他就想应该利用互联网帮助中国的公司为世界所熟悉。1995 年 4 月作为"杭州十大杰出青年教师"之一的马云辞职,借钱开办了中国第一批网络公司之一"中国黄页",1999 年他创办了一家能为全世界中小企业服务的电子商务站点——阿里巴巴。2014 年 9 月 19 日,阿里巴巴集团于纽约证券交易所正式挂牌上市。

正式敲响阿里上市钟声的是八位来自阿里巴巴生态系统的参与者:曾经的奥运冠军、现在拥有一家淘宝店的劳丽诗,从阿里巴巴旗下论坛上成长起来的云客服、90 后大学生黄碧姬、淘宝模特、同时担任自闭症儿童教师的何宁宁,致力于带动家乡电商发展的农民店主王志强,以电商带动青川震后恢复的海归创业者王淑娟,拥有"淘宝博物馆"的十年用户乔丽,边送快递边为贫困地区收集旧衣旧书、建立两座乡村图书馆的快递员窦立国,来自美国、通过天猫将车厘子卖到中国的农场主 Peter Verbrugg。

马云说,我们这些人上去亮相,多一次少一次,其实没有太大意义,但对这八个人却意义重大。我曾经提过很多次,"中国十大经济人物"可以有小网商或者快递员。我没法左右那个评选,但让八位客户上去敲钟是我可以决定的。我觉得他们才是中国经济的未来。如果真要说表达什么信息的话,那么我们是真心诚意地认为,他们的成功才是我们的成功。

2006 年诺贝尔经济学奖得主 Edmund Phelps 评价阿里巴巴时这样说,中国的创新并不比美国差。根据我们的研究,中国在 2005 至 2010 年间的创新增长率是每年 1%(相对增量,即百分比增长),这个数字与美国是一样的。但是我确信,这些成就很大程度上是被区域化了的,大多数成就集中在沿海地区,类似广州、深圳这样的地方。但中国人对于创新的热情正与日俱增。如果每个商人都在思考怎样提高生产力,做出更好的产品,创新将在整个国家从呈星火到燎原之势。

(《阿里巴巴上市八位敲钟人的故事》,网易科技报道,2014 年 9 月 19 日,http://tech.163.com/14/0919/21/A6HNH3FK000915BD.html;《互联网金融千人会华尔街执行秘书长专访诺奖获得者和马云》,中国电子商务研究中心,2014 年 10 月 19 日,http://www.100ec.cn/detail−6202546.html)

3. 海底捞的成功之道。

火锅是中国的传统饮食,技术含量相对不高,在中国有太多的火锅店,但海底捞却赢得了众多火锅爱好者的追捧。在海底捞,顾客等位时有免费的水果、饮料、零食,有扑克牌、跳棋之类的桌面游戏供打发时间;用餐时围裙、热毛巾、皮筋、眼镜布、手机防护袋满足顾客的全方位需求,顾客还可以享用免费的美甲、擦皮鞋服务;过生日的顾客和儿童,还会意外得到小礼物(服务)。

员工宿舍交通便利、设施完备,如果员工是夫妻,则考虑给单独房间;员工们提出的创意服务经评选后推广,可获得不同额度的奖励;员工的奖金中的部分直接寄给其父母亲人,让员工的家人也分享荣耀(职业认同感)。

(黄铁鹰著:《海底捞你学不会》,中信出版社,2011 年版)

4. 苏宁与国美战略之争。

2015 年 7 月 24 日,国美于港交所发布的中期业绩预警扭赢为亏,国美开始调整其多年来坚持的"狼性扩张"激进战略,酝酿关闭销售状况不佳的门店并开始裁员。国美一直以商品经营为核心,提供低成本、高效率的供应链平台。

2011 年以来,苏宁持续推进十年"科技转型、智慧服务"的发展战略,逐步探索出线上线下多渠道融合、全品类经营、开放平台服务的业务形态。一方面,苏宁不断拓展经营品类,实施超电器化战略,延伸至百货、图书、母婴、虚拟产品等;另一方面,苏宁持续强化科技创新,转型云服务模式,2011 年以来陆续推出苏宁私享家、云应用商店、云阅读等。

5. 老手艺找到新"钱途"。

青岛泊里镇盛产红席(一种使用高粱秸秆表皮编织的手工制品)。手艺人张学明说,几十年前村里人都很看重编席这门手艺,谁编得好,就会受到大家的敬重,随着纺织床品的工业化,红席的行情开始不太好了,编个红席挣不了几个钱,很多人宁愿出去打工。从2005年开始,泊里镇大力挖掘红席编织这门技艺,泊里红席的名声越来越大,价格也越来越高,张学明凭借出色的手艺成为省级非物质文化遗产传承人。他不断创新,将一些吉祥字眼编到了红席上,而且将红席尺寸大幅缩小,最小的就像一个手帕,可以跟茶盘、沙发等搭配做垫子,还能挂到墙上当装饰品。此外,他还通过开微店、淘宝店,让泊里红席飞向全国各地。记者昨天了解到,近几年,泊里红席每年销量超过两万领。

(老手艺找到新"钱途",泊里红席年销量超两万领,《青岛早报》2016年1月12日)

6. 无人驾驶技术驶入现实。

2015年美国闪存峰会开幕,丰田汽车高级研究项目总经理井上秀夫(Hideo Inoue)成为此次大会第一个主题演讲嘉宾,他的演讲通过汽车无人驾驶技术,展现了未来汽车工业的巨大变革。在现场播放的视频中,井上秀夫介绍了丰田无人驾驶汽车如何躲避障碍物,预测行人轨迹从而提高安全驾驶性能,以及如何在高速公路上与前车智能、动态地保障安全行驶距离而不会因为"过分的安全造成道路的浪费"。

如何做到智能的、安全的、可靠的无人(辅助)驾驶系统? 井上秀夫表示,这需要一个强大的全局驾驶智能系统,这一系统应当可以做到:(1)进行数据分析和事故分析;(2)动态使用的增强型地图;(3)交通道路拥堵预测系统,以及其他有助于车辆进行驾驶和事故预测分析的系统。

(崔昊:《美国闪存峰会开幕:开幕演讲却是无人驾驶汽车》,2015年8月12日,http://news.watchstor.com/market-analysis－150602.html)

7. 环境分析。

通过分析社会环境,包括政治、经济、法律、科技、文化在内的宏观因素,可以把握社会发展的整体趋势,从而找到工作世界的新机遇。

行业环境分析,就是对整个行业形势的分析,主要包括影响行业生存发展的外在环境,行业的发展现状、优势与问题以及发展前景。

企业环境分析,主要包括企业在本行业中的地位和发展前景,以及企业的产品在市场上的发展前景。个人从事一定行业,一般是以具体的企业为依托的。因此,对个人而言,企业环境的分析还包括对企业实力、企业价值观、自己在企业中的晋升空间的分析。

(黄天中著:《生涯规划——理论与实践》,高等教育出版社,2007年版,第372—373页)

课时 3
直入职场

本主题包括 4 项活动,旨在指导学生感受个人生涯发展的多重可能性,了解现实职业的一般性准则和特定职业的伦理规范,了解求职的基本技能,初步形成符合时代和社会要求的工作态度。

主题活动 1:生涯连连看

教学目标

感受生涯发展的多重可能性,明确生涯发展可以具有弹性和变化,初步思考适合自己的个性化生涯发展的道路。

教学准备

学生分组,学习单 3.1、彩笔、案例文本(拓展资料 1)、黑板(白板)等。

实施步骤(30 分钟)

1. 自我探索。

(1)请在学习单 3.1 的生涯地图上设置自己对生涯发展的愿望。

(2)设想自己完成愿望的时限和优先次序,用线条串联起来。

(3)尝试最多可以有几种串联的路径,用不同颜色的笔表示路径。

(3)思考如果按照这些不同的路径,自己的生涯发展将有哪些不同可能性,填写在学习单上。

2. 小组分享。

(1)与同伴分享自己的学习单,倾听他人对生涯路径的设想。

(2)把小组中富有特色的学习单展示在黑板上。

3. 阅读案例文本(拓展资料 1)。

你在生活中听到、见到的拥有不同生涯之路的人物经历,与同伴交流和讨论各自的感悟。

　　4. 教师小结(可参考)。

　　(1)生涯发展不是固化的线性路径,存在多重可能性。

　　(2)生涯发展未必以学历和职位的直线上升为标准,适合的才是最好的。

　　(3)条条道路通罗马,但没有一条是捷径,都需要付出大量的努力和深度的思考。

　　(4)看似波折的特殊生涯经历,可以转化为生涯发展中的强劲动力。

建议与提示

　　在生涯地图的操作中,教师可以引导学生思考不同生涯路径的支持条件,如经济情况、家庭支持、身体健康、人生阅历、学术素养等。

主题活动 2:职场规范大检索

教学目标

　　了解现实职业生活的一般性准则和通用的工作态度。

教学准备

　　学习单 3.2、纸、笔、课件等。

实施步骤

　　1. 联系此前所做的生涯人物访谈,列举和陈述访谈中了解的职场规范、要求和注意事项等,填写在学习单 3.2 中,注明访谈人物的职务、性别、资历等信息。

　　2. 讨论:在班级中寻找至少 3 位伙伴进行交流,要求访谈对象在职务、性别、资历等方面有差别,在交流中增添表单信息。

　　3. 讨论:在班级中寻找至少 3 位伙伴进行交流,要求访谈对象在职务、性别、资历等方面有雷同,在交流中完善表单信息。

　　4. 班级分享和交流。

　　有哪些通用的工作态度和职场规范?

　　不同生涯发展阶段和不同身份对职场人士提出了哪些不同的要求和期待?

　　5. 进一步完善学习单 3.2。

　　6. 教师小结(可参考)。

　　(1)通用的工作态度和职场准则:认真、敬业、精进、创新、有礼(参见拓展资料 2)。

74

（2）不同阶段职场人的注意事项（参见拓展资料3）。

主题活动3：伦理大碰撞

教学目标

感受特定职业的准则、规范。

教学准备

学生分组（6—8人），案例文本（拓展资料4）、纸、笔。

实施步骤

1. 阅读案例：《埃博拉治疗带来的争论》（拓展资料4）。

2. 思考下列问题，并阐述自己的观点。

（1）如果我们手头已有一些通过动物实验但尚未进行临床试验或正在进行临床试验的药物或疫苗，能不能先拿来救急，挽救患者的生命？

（2）灾难来临而资源短缺时，药物应先分给谁？是给在第一线工作的医务人员，还是分配给老人，抑或是给年轻人和儿童？是抢救最危重的患者，还是抢救对药物有反应的患者？

3. 小组交流。

（1）如果你们的角色改变（医护人员、患者家属、患者、民众、政府），观点会有所不同吗？

（2）还有哪些专业伦理常常存在争议和悖论？请收集你和小组成员对于专业伦理的不同看法和评价，进行一场小辩论。

建议与提示

1. 2014年8月12日，世界卫生组织在总部日内瓦公布了针对埃博拉试验性药物的伦理审查结果，并决定允许提前使用未经人体临床试验证明的试验性抗埃博拉药物ZMapp。关于埃博拉药物使用的伦理之争至此暂时画上了一个句号，但埃博拉疫情带来的伦理纠结和道德思考却远未结束。课堂的讨论和辩论也并非以统一结论为目的，重点在于发展学生的人文情怀。

2. 工作伦理在我国属于较为陌生的概念，教师可以多呈现一些实例和情境，帮助学生理解工作伦理。每个专业领域都有其行业专有不可规避的难题，相应地也会逐渐形成共识型的规范，这就是工作伦理（见拓展资料5）。

3. 生态环境、公共健康、跨文化、民主人权等都是伦理中的重要探讨课题，教师应多做准备工作,才能从较高层次上引导学生的思考和辩论。辩论应当以充分的论据作为支撑,强调其专业性。

【替代方案】案例讨论

教学目标

了解法律、医疗等行业的个别案例,感受现实情境下的伦理困境,通过资料收集、讨论、辩论等方式加深对职业伦理的思考。

实施步骤

1. 讨论:

(1) 如果有多种证据显示某案件嫌疑人犯罪可能极大,情节极其恶劣,那么律师是否还应该尽力帮他/她打官司?

(2) 被宣判死刑的人要求上诉,如果没有能力聘请律师,法院会给他指派律师,对此你怎么看待?

(3) 怀孕的妻子大出血,丈夫却因手术可能产生后遗症拒绝在医院的风险告知书上签字。医院左右为难,不做手术,病人危在旦夕;做手术,意味着有风险,如何处理可能发生的纠纷,谁来承担可能产生的纠纷?

（《医疗机构管理条例》第三十三条:"医疗机构施行手术、特殊检查或者特殊治疗时,必须征得患者同意,并应当取得其家属或者关系人同意并签字;无法取得患者意见时,应当取得家属或者关系人同意并签字。"《医疗事故处理条例》第三十三条第一款:"在紧急情况下为抢救垂危患者生命而采取紧急医学措施造成不良后果的,不属于医疗事故。"）

2. 请就上述案例和情境思考并阐述自己的观点。

3. 观点辩论:你与同伴们的想法一致吗?请就自己的观点查证相关资料,与同伴进行商讨和辩论。邀请具有法律背景的校友、家长,了解他们对类似事件的处理和行业内的规则。

主题活动4:模拟职场

教学目标

了解求职的基本流程,初步掌握求职的基本技能,对比自身知识、技能、素养等与职业的匹配度,用以调整自己的生涯和学业方向。

教学准备

设置组委会,人员招聘和分工,流程设计,场地安排,邀请家长、校友嘉宾等。

实施步骤（课外活动,时间不限）

1. 组委会设立不同单位,设置特定时段内不同单位协同工作的程序和方式。

2. 组委会招募各单位的第一领导人负责组织各单位内部的岗位招聘。

3. 参会代表了解所属的单位和岗位的职业知识,通过笔试、面试竞聘自己理想的岗位(通过调研职业性质、工作内容、所需能力、面试技巧等,准备个人简历,做好应聘准备)。

4. 参会代表和相关单位在个人道德操守和司法系统的制约下,实现财富、社会舆论、社会关系等方面的综合利益最大化。

5. 参会代表思考自身适宜的职业和工作岗位,寻找自己在模拟招聘和模拟工作中展现的优势和不足。

建议与提示

1. 为增强模拟招聘的实效性,应邀请有相关背景的校友和家长在招聘后予以指导,在招聘后给予点评(含知识、技能、态度、素养、努力方向等)。

2. 模拟职业峰会是学生自主创新的生涯探索活动,它以模拟的形式,在学校中为学生创造在职业舞台上施展身手的机会。参会代表自发地去了解自己所属的单位和岗位的职业知识,了解自己心仪的职业,应聘岗位和职务,在协同处理危机的过程中体验职业基本伦理,锻炼综合能力。模拟职业峰会成功举办,关键在于策划出一个仿真度高且涉及诸多职业的活动方案。拓展资料6提供了一个示例,仅供参考。

3. 模拟职业峰会的目的并不在于各单位的工作结果,而在于工作过程中学生能够了解到相关职业、岗位对从业人员的工作能力、工作态度和职业操守等的要求,并思考自身现状与上述内容的相符程度,思考就职的可能性和可行性。

拓展资料

1. 人生加油站。

劳伦斯·科尔伯格以优秀的成绩毕业于一所私立中学。二战前他在一艘运送犹太人难民的船上当副机械师。他亲眼见到德国纳粹屠杀犹太人,还曾经被关在集中营中,在血腥屠杀中他认识到人类需要道德教育。战后,科尔伯格进入芝加哥大学学习。此前的经历对他的学术研究起到了独特的作用,他将道德认知发展作为毕生研究的方向,提出的三水平六阶段的道德发展阶段论被誉为现代学校德育的"基石"。

间隔学期（Gap Semester）最早起源于欧美，受到许多大学生的青睐，他们申请间隔学期旅行、见习，用以充实见闻，为后期发展蓄势。新加坡明星学校来福士书院将间隔学期引入中学。校方联络成年校友，为在校中学生创造社会实践的机会，例如参与公共政策讲座，与政府长官对话，在著名公司的某些部门见习。学校设置间隔学期，学期内的课程压缩，给学生留有9周的自主实践，引导学生停下来思考未来方向，鼓励学生发展多元兴趣、拓展文化视野。例如，物理竞赛金牌的获得者去槟城做吉他，对儿童心理学感兴趣的学生去幼儿园实习，对历史感兴趣的学生重走丝绸之路，以少年的视角拍摄的纪录片入档国家博物馆。间隔学期结束后，每一个学生分享9周的收获。

2. 职业对人才素质的要求。

（1）一般技能：尽管不同职业对人才素质的要求不尽相同，但是有一些基本技能，却是所有从业人员必须要具备的，这就是一般技能。尽管目前有关工作中的一般技能还没有统一的标准，但某些能力已经被业界视为从业人员必须具备的基本技能，如新加坡出台了"就业必备技能制度"，包括工作语言与计算机能力、全球化意识、终身学习精神、沟通与人际管理等10项技能，十分具有借鉴意义。

（2）专业技能：如果说一般技能是进入工作世界的敲门砖，那么专业技能就是能否在专业领域深入发展的瓶颈。不同领域往往需要员工具有不同的专业能力，因此想要进入某个工作领域，一定要具备该领域的专业知识。

（3）证照：证照是专业技能的实力证明之一。证照考试应成为工作世界中的趋势。证照考试很大程度改变了学历证书独霸天下的格局，能为更多人提供学习和就业的机会。此外，证照考试使得相关专业变得更加专业和规范，保障了相关领域的专业质量。持证上岗将成为未来工作世界的主要趋势。目前中华人民共和国国家劳动和社会保障部公布了90个工种的就业准入制度。

3. 职场规范。

	DO	DON'T
实习、见习生	主动出击 知己知彼 保持平和心态 做好小事 会动脑筋 理论联系实践	免费午餐（主动跟企业说"不要钱来干活"） 眼中无活、目中无人 缺乏学习的主动性 懈怠情绪，对待细小琐碎的工作无耐性

	DO	DON'T
熟手、骨干	担当责任 保持创新 提携新人 团结协作 追求成就	人事纷争 因循守旧 人际关系糟糕 个人英雄主义 过于看重个人利益
领导者	知人善任 善于授权 鼓励不同意见 富有远见 人文关怀 敢冒风险	偏听偏信 过度放权或不能授权 固执己见 拘泥于琐事小节 惧怕改变 过于追求安全和稳定
男性	尊重女性 善于倾听 幽默宽容 仪容得体	大男子主义 冲动独断 刻板拘谨 邋遢随意
女性	职业化形象 情绪稳定性好 善于平衡人际关系 协调工作和家庭 接受挑战和风险	太过明显的性别角色 敏感、脆弱 传话、八卦 因循守旧
跨文化	追求效率 团队精神 及时回馈 注重结果	边界不清、越权 官本位主义 各自为战 缺乏主动性

4. 埃博拉治疗带来的争论。

埃博拉病毒是迄今发现的致死率最高的病毒之一，目前尚无有效治疗的方法，也还没有任何经批准使用的药物或疫苗。然而，美国医生肯特·布兰特利和南希·怀特波尔使用了一种混合单克隆抗体 ZMapp 后产生了奇迹，两人现在已经康复出院。于是，争议来了。有人认为，对埃博拉病毒感染者使用未经人体临床试验的药物不符合伦理，也不明智。

一般情况下，一种新研发的药物必须经过临床前研究（包括实验室研究和动物实验）和临床试验证明安全、有效，才能获得药品管理部门的批准上市，之后才能在临床上应用。临床试验分为三期，最长可能需要六年。

（邱宗仁：《直面埃博拉治疗带来的伦理争论》，《现代养生》2014 年第 11 期）

5. 职业伦理。

各行各业都有严谨的职业伦理规范,例如医药伦理、工程伦理、商业伦理等。各职业公会都有专门部门制定规范,制裁违反职业道德之专业人员,吊销他们的执照。最常见的职业伦理内涵包括环境保护、智慧财产权及工业安全等。如美国社会工作者协会规定的社会工作的伦理法典包括六个层面的内容:社会工作者的行为举止(适当性、能力和专业发展、服务、诚实、学问和研究),社会工作者对当事人的伦理责任(案主利益的首要性、案主的权利和特权、秘密和隐私、费用),社会工作者对同事的伦理责任(尊重、公平和礼貌),社会工作者对雇主和雇用组织的伦理责任(对雇主和雇用组织的承诺),社会工作者对社会工作专业的伦理责任(维持专业正直、社区服务、扩展知识),社会工作者对社会的伦理责任(促进普遍的责任)。这些职业伦理是每一位从业人员应该恪守的规范,以避免损害他人或危害社会。

6. 青岛二中模拟职业峰会策划案。

在进行完参会人员自我介绍、学历认定及企业职务竞争之后,医院(A)、药商(B)、监察部门(C)以及媒体(D)都陆续进入到各自正常的运营当中。

危机背景:近年来,随着环境的恶化,B 的某药供应产区甘肃等地遭受了较轻的霜冻、冰雹、十分严重的旱灾和秋季连续阴雨低温天气及病虫等自然灾害。接连不断的灾害对黄芩、党参、当归等药材的产量造成严重的影响,产量直线下落。B 不得不调整其产业结构,逐步缩小对外供货量,这就导致作为 A 的最大的供药商的 B 对 A 的供货量严重减少。A 的供药量严重减少,严重影响 A 的正常经营。

危机爆发:A 呼吸道科突然出现大规模病人病情加重的状况,部分病人陷入昏迷,且有四五名病人因抢救无效离世,引发人们关注。D 将事件进行了曝光。

各单位须在此背景下进行工作。

组委会拥有解释和协调的权利。

(青岛二中学生　孙而安、王允凤、张孟春、臧凯迪,2013 年 1 月设计)

参考文献

1. 金树人著:《生涯咨询与辅导》,高等教育出版社,2007 年版。

2. 沈之菲编著:《生涯心理辅导》,上海教育出版社,2000 年版。

3. 黄天中著:《生涯规划——理论与实践》,高等教育出版社,2007 年版。

4. 黄天中、吴先红主编:《生涯规划——体验式学习》,北京师范大学出版社,2010年版。

5. 吴芝仪著:《我的生涯手册》,经济日报出版社,2007 年版。

6. 邱宗仁:《直面埃博拉治疗带来的伦理争论》,《现代养生》2014 年第 11 期。

【学习单】

1.1 最想了解的职业信息

对于一种职业我想知道什么?

教育训练□	受雇机会□	工作内容□	人际关系□
计薪方式□	工作地点□	福利保障□	工作时间□
进修机会□	升迁机会□	未来展望□	每月收入□
特殊能力□	专业技能□	工作氛围□	未来展望□
工作安全□	个人特质□	压力来源□	领导方式□
工作理念□	工作环境□	考核制度□	供需状况□

反映就业市场状况的资料:
反映特定职业状况的资料:
反映个体状况的资料:

明确的信息:
潜隐的信息:

稳定的信息:
变动的信息:

其他:

1.2 获取生涯信息的渠道与方式

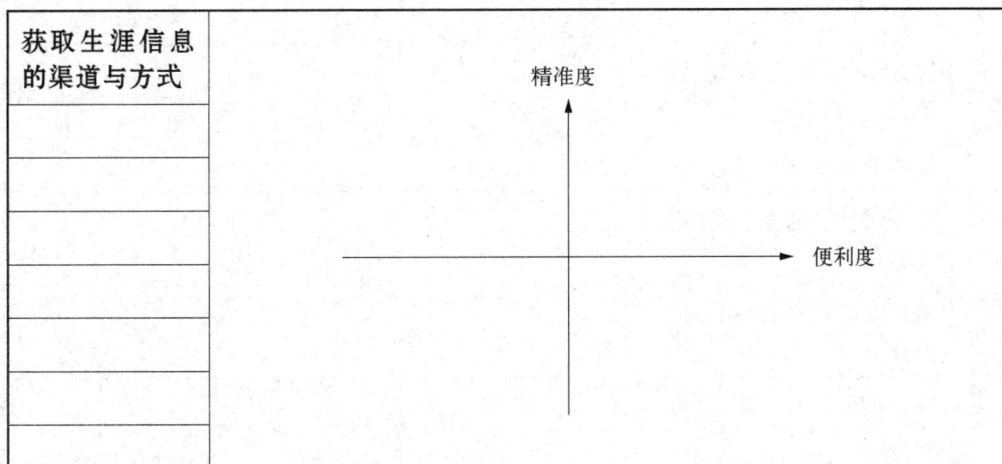

获取生涯信息的渠道与方式	
	精准度 ↑
	──────────→ 便利度

81

收获
个人疑惑

1.3 生涯人物访谈

访谈职业的名称				采访小组所在班级		访谈时间	
小组成员及分工							
职业资讯	受访者的基本信息	姓名		年龄		性别	
		学历		从业年限		职称职务	
	该职业的工作资料	工作场所		工作时间		薪资	
		加班情况		休假情况		福利	
	入职条件	学历要求			能力要求		
		人格特质要求					
	该职业的人才供需状况						
	该职业的发展展望						
	学校哪些课程对此职业有帮助						
生涯经验	为什么会选择投入该职业						
	分享你的工作经验与心得						

生涯经验	分享你的生涯发展历程	
	分享你未来的生涯规划	
	如果我有兴趣将来从事此工作,你对我有哪些提醒和建议	
该职业一天的工作状况实录		
访谈后的心得省思		

2.1 朝 花 夕 拾

90 年代热门行业榜	00 年代热门行业榜	10 年代热门行业榜
70 后职业观	80 后职业观	90 后职业观

三代人对职业感受的一致性:

三代人对职业感受的不同点:

3.1 生涯连连看

生涯愿望
实现期限

生涯愿望
实现期限

生涯愿望
实现期限

生涯愿望
实现期限

生涯愿望
实现期限

生涯愿望
实现期限

我的生涯发展路径1：

我的生涯发展路径2：

我的生涯发展路径3：

3.2 职场规范大检索

	DO	DON'T
职场新人		
熟手、骨干		
领导者		
男性		
女性		
跨文化		
……		

专家点评与建议

1. 总体评价

这是一套引领学生全面深入地进行职业探索的指导方案,为当前"重活动形式轻发展指导"的职业探索教学设计提供了非常重要的补充。内容充实,有创意,主题及课时之间的教学设计层层递进,带领学生由了解信息繁杂的职业世界(收集什么? 去哪里收集? 用什么方式收集?),到分析时代和全球化的影响(时代变迁、职业世界变化、机遇、变化对个人和社会的影响),到预备进入职场(个人的生涯路径、职场规范、职场伦理、求职技巧),指导程序清晰,实用而有针对性。

教师激励学生及早培养探索外部世界的意识和能力。教师将高考升学看作是青少年终身生涯能力培养的关键环节,而不是唯高分论的志愿填报指导。这种意识和实践抓住了高中学生发展指导和生涯教育的真正意义,落实了学校立德树人和全面提升高中生综合素质的任务。指导方案对于指导中的难点给出了兼具操作性和灵活性的学习单、参考资料和替代方案,便于普及推广。

2. 学术观点

教师在引导学生进入外部世界纷繁复杂的信息之海之前,需要帮助学生先厘清自身非理性的生涯认知信念,以免对探索过程和生涯目标的形成造成消极影响。根据生涯决策的认知理论(Gati,1990,1996,2010),以下提供了常见的误区,教师可在教学中不断补充和丰富。

a. "大部分人都不喜欢他们的工作,即使事先了解职业信息,也不会改变这一点。"

b. "大家都可以通过各种渠道了解职业信息,但是找工作还是非常难。"

c. "人无法控制自己获得的职业机会,这主要看运气。"

d. "人一生要找到最适合自己的职业,真是大海捞针,太难了。"

e. "人一生做什么工作都差不多,能不讨厌、赚钱就行,搜集那么多信息也没必要。"

f. "我无法获得所有职业的足够信息,因此难以作出正确的选择。"

g. "我不太可能把那么多信息都调查一遍,所以也不会真正了解某行某业。"

3. 具体建议

(1) 课时名称富有创意和文学性,便于激发学生的学习兴趣。

(2) 学习单的内容与分类(如,便利性和精确性)设计精良,非常值得推广。

(3) 教师能够很好地运用分享式学习和反思性学习的教学设计(如,课时 1 主题活动 2)。

(4) 教师对职业探索活动的设计重视了学生的需求和特点,建议可以更多鼓励学生自己分析认知和行动的起点,提出需要。在教学设计中教师需要思考如何让学生更多利用外部知识来促进自我知识的循环增长,始终以"个人发展"为圆心,以实际生活和行动指导为落地原则,让学生不断拓展和明晰生涯发展方向,促进终身生涯能力的成长。

(5) 例如,在理解时代和职业变化中,引导学生反思自己如何看待变化,在面对变化时的感受和想法,自己应对变化的习惯性思维和行动;在"成功无法/可以复制"的议题中,鼓励学生思考自己对成功的标准设定,自己有哪些资源和能力复制成功,有哪些阻力导致失败;在"机遇"议题中,引导学生反思职业发展的机会理论,分析自己曾经/现在/未来的机遇是什么,思考机遇能够创造吗,自己对机遇做好准备了吗;在"全球化"议题中,引导学生思考世界其他国家地区的同龄人在做什么,关注什么,发展什么,对自己有什么启发。

(6) 建议教师在使用学习单 1 帮助学生思考职业信息内容及分类时,可以引入外在-内在或客观要求-主观渴望的标准,以激励高中生创设未来的内驱力,发掘内在的理想渴望和生命热忱。只有帮助学生建构自身生涯选择的标准、价值和意义,能够探索、理解却又能跳脱信息世界眼花缭乱的捆锁,才能在高度焦虑的文化中寻得令自己喜乐和满足的个性化生涯之路。

(7) 在教学活动设计中,建议学校可以根据自己的生源情况与学生特点,把握职业探索与职场预备的教学深度,同时在设计时,可以打开思路,与校园各种文化主题活动或其他与社会拓展相关的课程教学相结合。

培养选择与决策能力

所属单元： 生涯指导"培养选择与决策能力"

建议课时数： 7课时（每课时40分钟）

建议场地： 普通教室或团体辅导室

作者： 上海理工大学附属中学　甘志筠

设计理念

决策与选择是生涯发展与规划中非常重要且不可回避的一个部分，其中不但涉及复杂的心理过程与行为，也需要个体具备相关的能力及素养。本单元的理论基础主要来自生涯规划的决策理论流派，在内容上从一般理论与技巧到生活中的具体实践。通过在生涯教学与发展指导中，帮助学生了解具体可行的决策历程，进行规范化的理性生涯决策模式学习，从而提高决策的能力。

教学总目标

一、认识生涯决策的意义与内涵，了解生涯选择需考虑的因素。

二、熟悉理性决策模式，学习运用决策技巧，选择适合自己的课程、活动与学习进程，制定适合自己的升学或职业发展方案。

三、根据自身发展需求，掌握相应的升学或求职技能与策略。

课时安排

教 学 内 容	学 习 单
1. 生涯决策不简单	1.1　生涯决策不简单
2. 选科闯关	2.1　选科闯关
3. 我的升学方案	3.1　我的升学方案
4. 志愿填报	4.1　志愿填报

教 学 内 容	学 习 单
5. 选择的烦恼	
6. 自荐信分享	
7. 模拟面试	

课时 1

生涯决策不简单

教学目标

1. 通过对真实案例的分析,理解生涯决策的概念。

2. 增进对自身决策水平的觉察,了解决策能力的改善方向。

教学准备

收集案例相关资料,按学生数量复印学习单1.1。

实施步骤

1. 案例简述。

教师通过简报讲述一个大学生弃读北京大学改读技校的生涯故事"别样人生"①,亦可请学生自行阅读原文。

主人公周浩遵循家人与老师的意愿进入北大生命科学专业学习,却发现以理论学习为主的专业并不适合自己,在经历旁听无用,转院无果,休学打工无成之后,选择从北大退学,进入北京工业技师学院。他慢慢沿着知识技能复合型人才的道路发展,成了北京工业技师学院最优秀的学生之一。

2. 课堂问答或分组讨论。

教师说明活动主题是生涯决策,通过课堂提问或是分组讨论引导学生思考以下问题。

(1)从2008年到2014年,周浩面临过哪些生涯困境,作出了哪些重要的决策?他是怎样作出这些决策的?

(2)你觉得哪些决策是成功的,哪些决策是不成功的?有哪些因素阻碍了他作出成功的决策?

----

① 彭燕、吴雪阳:《弃北大读技校　自定别样人生》,《中国青年报》2014年第11期。

（3）如果由你来为周浩作决策,在这些决策时间点上你会有不同选择吗? 为什么?

3. 生涯决策的相关概念。

教师结合案例与学生的回答讲解生涯决策的相关概念。

（1）生涯决策的概念与重要性。

"生涯决策是个人在多项选择之间权衡利弊,以达成最大价值的历程。"[①]可以说人生就是一个不断选择的过程,重要的生涯决策往往会对日后生活的多个层面产生重大影响,因此作出良好的决策至关重要。由于决策的主体以及决策后果的承担者都是自己,我们需要通过不断练习与实践提升自己的决策能力,提高生活满意度。

（2）制定有效决策的阻碍。

■ 个人因素:缺乏自我知识、职业知识、决策技能等发展性因素,无法应对环境压力等情境性因素,心理与行为障碍等长期性因素。

■ 外界因素:可能来自家长或是重要他人的,或是社会、经济、政治、文化等方面的影响等。

（3）改善生涯发展的决策模型。

教师启发学生可从个人因素入手,提高个人的决策能力,并介绍生涯决策的信息加工金字塔模型(见"相关术语")。

4. 我的决策金字塔。

学生回忆最近一次决策困难的经历,以此为例,评估自己的生涯决策技能水平,记录在学习单上,并进行小组或班级交流。

5. 活动小结。

（1）再次强调生涯决策的重要性。

（2）鼓励学生从自身做起,从影响个人生涯发展的自我知识、职业知识及决策技能入手,提升决策能力,提高生活品质。

建议与提示

1. 介绍案例时,教师可根据当时的新闻热点,选择其他案例,以贴近生活,贴近学生,容易引起反思的案例为佳。

2. 在评析周浩的生涯决策时,不强调唯一答案,而关注学生如何思考这个问题。例

---

① 沈之菲编著:《生涯心理辅导》,上海教育出版社,2000 年版,第 183 页。

如,学生可以认为转院失败就直接休学是成功的,因为社会实践帮助他认清了自己的兴趣、能力与需求;也可以认为是失败的,因为还可以通过其他方式帮助自己,例如尝试再次转院、出国留学等。教师要引导学生多方面思考影响决策的因素,同时加深对于自我决策标准的觉察。

3. 在进行概念讲解时,可结合案例加以展开,帮助学生进一步明晰概念,拓宽思路。以决策模型中的职业信息部分为例:可提示学生思考当周浩遇到入校不适应的问题时,他通过哪些渠道获得了哪些信息,除了文中提及的渠道外,还有没有其他可能的信息渠道。而在讲到决策技能时,可请学生分析周浩当时的预期与现实情况有怎样的差距,他可以有哪些选择方案,除了旁听、转系、退学外,还有没有其他选项,等等。

4. 教师可有意识地将步骤4"我的决策金字塔"中的决策困难记录在案,为之后的活动"决策的烦恼"提供素材。在该部分教师宜侧重引导学生促进对于自我决策水平的觉察,在鼓励学生分享的过程中可采用一般化技术,提示很多青少年在决策过程中都会有自己的局限,找到自己的局限并有意识地加以提高,就能在此基础上改善自己的决策技能。

相关术语

在信息加工金字塔模型中,决策由知识领域、决策技能领域与执行加工领域组成,即良好决策的基础是具备关于自我与外部世界的知识,然后通过一定的决策技能(如CASVE 循环五步法)对这些知识进行信息处理,整个过程需要顶端的执行加工领域进行思考与监控,进一步改善我们的思考与决策能力。中间层的决策技能领域是关键环节,由沟通(Communication)、分析(Analysis)、综合(Synthesis)、评估(Valuing)和执行(Execution)五个环节构成,缩写为 CASVE,构成了决策的循环。

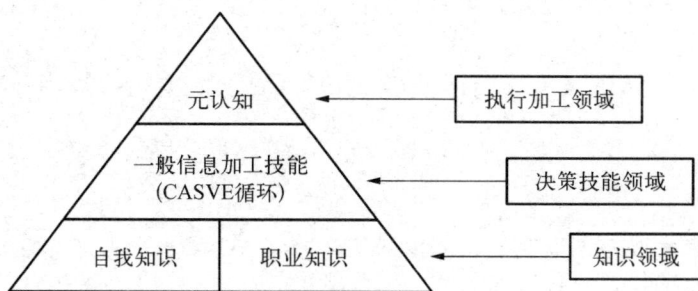

图5.1 信息加工金字塔模型

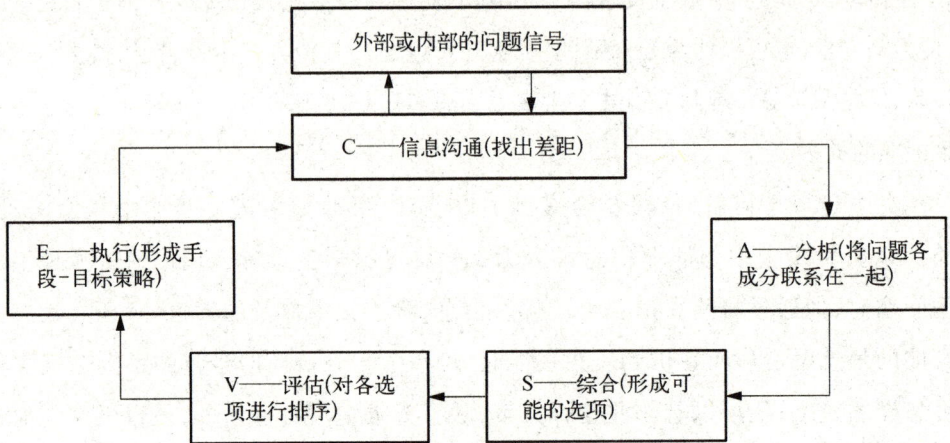

图 5.2　CASVE 循环五步法

罗伯特·C.里尔登,2010

参考文献

1. 罗伯特·C.里尔登等著,侯志瑾等译:《职业生涯发展与规划(第3版)》,人民教育出版社,2010年版。

2. 吴芝仪著:《生涯辅导与谘商理论与实务》,涛石文化事业有限公司,2005年版。

课时 2

选科闯关

教学目标

以选科为例,了解生涯决策的程序和方法,增进对于决策各流程及环节的认识,学习使用决策平衡单等工具。

实施步骤(80分钟,可分两次进行,步骤1、2在第一课时进行,步骤3、4在第二课时进行,如时间有限,步骤2亦可放在课后进行)

1. 第一关:选科指南。

(1)制作。

教师引导学生回顾课时1"生涯决策不简单"中提及的决策模型,然后让学生以小组为单位,通过文字或图表的方式制作一份应对选科的决策指南,要求说明决策制定各阶段的核心任务。

(2)展示。

各小组派代表进行展示,并讲解决策的过程。

(3)点评。

他组点评,每个小组选出除本组外最有参考价值的两份指南,并陈述理由。

(4)小结。

教师作小结,并针对决策过程作拓展介绍。小组整理、优化与修改本组的成果,形成小组的决策指南终稿,并填入学习单2.1。

2. 第二关:自我演练。

每个同学依照小组所制定的"选科决策指南",进行个人的选科演练,填写学习单表格,如在自我演练中遇到困难,亦可将自己的困难记录在学习单中带入课堂进行讨论。

3. 第三关:装备决策工具。

(1)意见分享。

小组内进行交流,选出一份最有参考价值的学习单,以及小组成员普遍存在的3个困难。小组展示最有价值的学习单,提出本组同学存在的困难,并尝试解决上一小组提出的问题。

（2）学用决策平衡单。

教师结合学生的回答,总结选科过程,结合学生在权衡利弊中遇到的困难,介绍决策平衡单的使用方法。

- 界定需要作决定的问题,列出所有可能选择的方案。
- 列出影响自己作决定的可能因素及条件。
- 思考各个选项在各项因素上的影响,分别给各个选项的条件进行打分,依程度给予0—5分（也可以是-5—5分）。
- 确定是否给予候选方案加权处理。如需,可按自己重视的程度,分别给予1—5倍的加权。
- 计算加权后的总分,就可以得出决策平衡单的结果。
- 仔细思考决策平衡单的结果与原来自己主观直觉的结果有无出入,如果出入很大,则需要与他人一起重新进行思考、评估与决定。

（3）现场演练。

学生依据决策平衡单的用法,进行选科的操练。教师可通过以下问题帮助学生进行反思。

- 当你算出总分之后,对于这个结果,你的感受及想法如何?
- 决策过程中哪些地方特别令你感到犹豫或困扰?
- 哪些条件是你加权特别高的?（反映出个人内在比较在乎的部分,如兴趣。）
- 在决策平衡单中,当决定不选择某个类组时,这可能使你因此无法满足哪些本来在乎的条件? 你可以如何弥补呢?

4. 总结通关。

（1）教师总结。

- 没有绝对完美的选择,选择一个方案就需要承担其同时带来的积极与消极影响。
- 行动力可以产生其他的可能性,也可以使决策的结果更令人满意。
- 决定后的结果不是句点,而是一个方向的开始,需要我们不断实践、评估与改善。

（2）学生小结。

每位同学在课余时间完成选科学习单上未完成的部分。如有时间,教师可安排小组之间再次进行学习单的交流、最有参考价值的学习单评选等活动,亦可针对部分集中的困难进行专项辅导。

建议与提示

1. 本活动主题"选科"中的"科"指的是在上海市、浙江省等省市地区开展高考招生综合改革中除语文、数学、英语以外计入高考总分的科目。

2. 学习单表格设计可为三列：第一列为步骤的简要说明，可从决策指南中选择关键语句；第二列是学生针对指南中的要求可当下作出的回答；第三列为困难与对策，如学生当下无法回答这个问题，可先不填写第三列，而在该列写下困难，经过小组讨论，补全对策后，再完成第三列。

3. 涉及关于个人及学科的信息，如之前的单元练习中有所涉及，可请学生先进行自我回顾，再开展练习。

相关术语

在选择生涯决策程序的理论模型时除信息加工模型外，还可供教师参考的有格兰特（Gelatt）的职业决策过程模式，包含资料处理的三个策略系统和决策过程的七个步骤；克朗伯兹（Krumboltz）的社会学习论，含职业生涯决策的七个步骤；泰德曼（Tiedeman）的决策历程理论，分两个阶段七个步骤等。

参考文献

1. 上海市人民政府：《市政府关于印发〈上海市深化高等学校考试招生综合改革实施方案〉的通知》，http://www.shmec.gov.cn/html/xxgk/201409/420032014012.php。

2. 浙江省人民政府：《浙江省人民政府关于印发浙江省深化高校考试招生制度综合改革试点方案的通知》，http://www.zjedu.gov.cn/news/26772.html。

3. ［美］约翰·S.哈蒙德等著，孙涤等译：《决策的艺术》，上海人民出版社，2003年版。

课时 3
我的升学方案

教学目标

了解各种升学方案的利弊与适合条件,应用 SWOT 分析的视角选择适合的方案作为自己的升学目标。

实施步骤(40 分钟)

1. 头脑风暴。

教师引导学生思考各种升学方案,让学生以小组为单位在有限的时间内(1 至 3 分钟)写出,越多越好。

表 5.1　升学方案参考

直接高考	保送	自主招生	高校专项计划	艺术类招生	高水平艺术团
政法招生	民族预科	出国留学	港澳台高校	体育类招生	高水平运动队
军校招生	公安院校	空军招飞	武警部队招生	海军招飞	免费师范生

(注:除直接高考、出国留学以外的升学方案参考教育部阳光高考平台特殊招生专栏①)

2. 升学方案回顾。

分小组总结与回顾各种升学方案的利弊与适合条件,如在之前的多元入学主题中已详细学习过,教师可进行班级提问,在黑板上简单罗列即可。

3. 介绍 SWOT 分析法。

4. 个人练习。

以小组为单位,先完成个人学习单,从各类方案中选择最多三个方案,进行 SWOT 分析。完成后,小组成员以他们对同学的了解发表他们自己的观点,提出他们的建议与缘由。

5. 班级分享。

----

① 教育部阳光高考平台特殊招生专栏: http://gaokao.chsi.com.cn/gkzt/tszs。

对于小组内意见分歧较大的个案可在班级中进行讨论。

建议与提示

1. 可以把征求教师、父母等的意见作为回家作业,拓宽学生思考的视角。

2. 可能会有学生选择高中毕业后直接工作,未来仍有继续求学的方向,例如,进入劳动部门批准的职业技能培训学校,部分资格证书可供上岗证使用;获得安监等部门批准的特殊工种操作证书,如电工、焊工等;教育部门批准的学历教育,如自学考试。

【替代方案】学长学姐的升学方案

实施步骤

1. 教师引导学生在高三年级进行调查,或从教务处获取信息,了解该年级学生选择升学方案的种类及人数和比例,将其做成列表。

2. 选择其中人数最多的若干选项,要求学生以小组为单位,进行采访,并制作小报、PPT 或者视频。

3. 班级小组汇报,或者通过张贴小报、视频展播等方式进行交流。

4. 采访提纲参考:你为什么选择_____

(1) 在你选择升学方式时,你考虑过哪些选项? 为什么?

(2) 最终为何你选择了这种方式? 中间有变化过吗?

(3) 你觉得这种方式较为适合什么样的学生?

(4) 在你选择了这种方式后,你做了哪些准备来帮助自己?

(5) 你对于想要通过这种方式升学的学弟学妹有什么建议?

相关术语

SWOT 分析法最早用于企业战略,分别代表优势(strength)、劣势(weakness)、机会(opportunity)以及威胁(threat)。分析过程中,首先,进行内部强弱分析;其次,进行外部环境分析,找出机会与威胁;再次,进行 SO、WO、ST、WT 四种策略分析;最后,制定阶段性目标与计划[1]。近年来从公司引入个人的自我分析,同样取得了良好的效果。关于SWOT 分析的具体介绍可查阅参考资料。

----

[1] Andrews, K.R., *The Concept of Corporate Strategy*, Homewood, Illinois: Richard D, Irwin, 1971.

参考文献

1. 杨英、龙立荣：《SWOT 分析法在职业生涯决策中的运用》,《华东经济管理》2005 年第 2 期。

2. 陈晓强：《基于 SWOT 分析法的个人职业生涯战略设计》,《中国大学生就业》2007 年第 16 期。

课时 4

志愿填报

教学目标

通过案例导入、小组辩论等方式思考与梳理志愿填报需要考虑的因素及流程,了解志愿填报中需要注意的问题,提升志愿填报过程中的决策技巧。

实施步骤(40分钟)

1. 案例引入。

收集部分志愿填报失误的案例,请学生以一句话总结各个案例中的失误之处,例如缺乏对自我、专业或填报政策的了解。

2. 梳理要素。

梳理与总结填报志愿中需要考虑的因素(在进行这一部分梳理时不求一次性全面,可以在活动开展过程中不断补充),并复习信息搜索的方法(书籍影音资料、网络资源、人际资源等)。

(1)自我认识:性格、兴趣(专业兴趣等)、能力(专业能力与学习成绩等)、对于大学生活的期待(看重大学的哪些方面,如历史、环境与硬件设施、区域、对外联络等)等。

(2)学校信息:历史(成立年份、有无前身等)、类别(综合大学、理工院校、农林院校、医药院校、师范院校、财经院校、语言院校、体育院校、艺术院校、民族院校等)、学校举办者(教育部、省市、国家或省市部委等)、专业设置(特色专业、重点专业、转专业与辅修第二专业政策等)、所处区域与位置、环境与硬件设施、就业情况等。

(3)专业信息:培养目标、学习内容、就业方向、需要的专业素养、适合人群、报考要求(历年分数要求、身体素质等)、学费信息等。

(4)报考政策:录取流程、相关规则(设有几个批次,是否施行平行志愿,是否征求志愿,加分降分投档规则)、学校报考要求(招生计划、录取流程、调剂规则、专业级差等)。

(5)他人意见:父母、教师、专业人士、高校招办教师(高校咨询会)、同学、朋友等人的建议。

3. 开展辩论：好学校 or 好专业。

（1）辩题说明：在填报志愿时，有不少同学遇到这样的情况：成绩高不成低不就，这时究竟是选择好一点的高校中不那么如意的专业，还是稍逊一些的学校中那些相对较好的专业呢？请班级同学分为两个阵营进行辩论。

（2）活动提示：辩题可在课前就给学生，以方便他们在课余时间先进行信息的搜索与观点的整理。在活动过程中，教师可根据情况提示学生在志愿填报中需要考虑的因素有哪些，如何定义所谓好学校与好专业，好学校与好专业分别具有哪些优势等。辩论的目的不在于找出正确的是哪一方，而在于更多地讨论两者的意义，并提供相关的信息。教师在总结辩论时可提示两者各有优势，在可行的情况下，争取两者兼得，无法兼顾时，思考自己在大学学习与生活中最看重的因素。

表5.2 好学校与好专业分别具有的优势

好学校的优势	好专业的优势
● 名校光环，易得尊敬自信 ● 丰富资源，助你增长见识 ● 就业优势，更多成功机会 ● 文化熏陶，人际网络雄厚 ● 留学优先，争取深造机遇 ● 转专业与辅修，力争学校专业双赢 ……	● 学习动力与生活质量，大学的真正乐趣 ● 职业发展，尽早进入事业起跑线 ● 领域内的就业优势 ● 志同道合的大学同学 ● 同专业考研留学，节省精力 ● 转专业不易，同专业亦可报考插班生 ……

4. 介绍填报思路。

从辩论的思路出发，介绍两种填报志愿的思路，一种是从学校出发，一种是从专业出发。教师简单介绍两种填报思路的基本流程，并请学生讨论适合群体与注意事项。在讲解与总结填报流程的过程中，教师宜不断穿插提问，复习相关资料的搜索途径，以帮助学生进一步了解相关流程。

表5.3 从学校出发与从专业出发分别的填报流程

	从学校出发	从专业出发
填报流程	（1）分析所要考虑的因素，搜索相关信息。 （2）根据成绩进行自我定位，初选学校，依照招考情况与自我需求确定排序。	（1）分析所要考虑的因素，搜索相关信息。 （2）从自我兴趣、能力出发，确定专业大类及开设院校，依照招考情况与自我需求确定排序。

	从学校出发	从专业出发
填报流程	（3）将学校优势学科与自我兴趣能力相结合，确定报考专业。 （4）根据自我需求，确定是否接受调剂。	（3）根据成绩自我定位，选择适合的院校和专业范畴，并进行排序。 （4）根据自我需求，确定是否接受调剂。
适合群体	更为看重好学校的优势； 对于自我规划较为宽泛，适应能力较强的同学。	更为看重好专业的优势； 对于职业规划有初步认识，注重兴趣的同学。
注意事项	尽量不选自己明确不喜欢的专业，即使进入不如意的专业依旧有可能去适应或通过转专业、修习第二专业等方式加以调整。	专业分类不宜过细，某一兴趣领域往往可以对应诸多专业，不轻易放弃志愿选项，志愿填报要拉开差距，谨慎选择不调剂选项。
思考问题	（1）如何确定自己的成绩范畴？ （2）如何了解所处成绩范畴可供选择的学校范畴？ （3）如何了解学校的优势专业？ （4）如何确定自我兴趣、能力与专业的匹配程度？	（1）如何确定自我兴趣、能力对应的专业大类？ （2）如何对同一专业类别的大学进行排序？ （3）如何依据自己的成绩情况选择对应的学校范畴？ （4）如何了解调剂政策？

5. 活动总结。

填报志愿是一个复杂而重要的过程，我们要做好准备，谨慎选择，最大限度地扩大高考成绩带来的生涯发展收益。但正如所有的决策一样，志愿填报依旧有风险。我们需要尽量规避风险，但也会有一些风险意料不到。这时，我们需要勇于承担。这只是人生选择中的一步，未来仍有丰富的发展机会。只要我们不断实践与积累，就能在生涯发展上获得成长。

参考文献

1. 果壳网 guokr.com 著：《果壳帮你选专业（2016 版）》，清华大学出版社，2016 年版。

2. 麦可思研究院编著：《看就业 选专业——报好高考志愿（2016 年版）》，清华大学出版社，2016 年版。

3. 吕迎春著：《高考志愿填报技巧：学校、专业这样选》，中国广播电视出版社，2014 年版。

4. 徐晓阳：《案例解析"平行志愿"中的退档风险》，上海教育新闻网，http://www.shedunews.com/zhaokao/gaokaojiayou/gaokaoxinzhen/gaokaorexun/2011/04/11/12977.html。

课时 5

选择的烦恼

教学目标

针对现实中的选择烦恼,寻求问题解决的途径与方式,提升决策能力。

教学准备

装有不同的选择烦恼案例的纸袋。

实施步骤

1. 布置任务。

以小组为单位,分发不同纸袋,每个纸袋中装有不同的选择烦恼案例。例如:

(1) 选择的烦恼 1:我的想法 vs 父母的想法。

导言:如果你发现父母亲希望你将来从事的职业和你自己当下所偏好的职业完全不一样,你会如何选择呢?

案例 1:小 C 的家族世代从医,在他很小的时候,父母就苦心栽培他,希望他能够延续家族中的传统。但小 C 从小穿梭在医院之中,觉得自己并不喜欢医生的生活方式。相反,热爱文学的他梦想着自己能够成为一名作家,想要报考中文系。但他也担心自己的想法不是适合自己的选择。如今,马上就要填报志愿了,小 C 陷入了两难之中。

问题:

① 如果我是小 C,我会如何选择?选择从医会面对什么样的结果?选择从文又如何?

② 如果小 C 选择听从自己的想法,他可以怎样说服父母?

③ 如果小 C 选择听从父母的想法,他该如何调整自我的生涯目标?

(2) 选择的烦恼 2:兴趣 vs 能力。

导言:有的同学在选择的过程中会遇到这样的问题,自己的兴趣方向与能力方向并不完全对应,这时该怎么选择呢?

案例2：小D在进行生涯规划时遇到了麻烦。他认为自己认真细致,对数字有敏感性。经过信息搜索,他发现会计方面的工作挺适合自己。但他并不喜欢重复性的工作。参观过一次广告公司后,他对广告设计产生了浓厚的兴趣。可他发现现在的自己无论是文学、绘画还是与人交往方面的能力都比较弱。他困惑了,不知道自己往哪一个方向去努力更好。

问题:

① 如果我是小D,我会如何选择? 请说明理由。

② 如果小D决定往能力强的方向发展,他今后应该怎么办?

③ 如果小D决定往兴趣浓的方向发展,他今后应该怎么办?

2. 小组讨论。

请学生分析案例,提出解决方案。各个小组的案例可以完全不同,也可以部分相同。教师尽量帮助学生从帮助更多同学解决问题的视角更为发散性地看待和解决问题。在讨论像案例1中所包含的两难问题时,可以提醒学生尝试使用SWOT分析法和决策平衡单来进行分析。

3. 课堂交流。

各小组依次分享各自的案例以及解决方式。如果各小组的案例完全不同,课堂交流时可以请其他小组予以点评及补充。讨论相同案例的小组在交流时则聚焦于各组解决方案的相同及不同之处。

4. 教师点评。

教师点评学生对案例1的分析时,需要引导学生多元化地思考问题,使他们明白: 生涯目标是可以调整的,如弃医从文的作家鲁迅、池莉等;也可以双线并行,如俄国作家契诃夫不仅有脍炙人口的优秀文学作品,同时对生物学、精神病学和医学都有深刻的研究;还可以集两者优势于一身,如英国作家柯南道尔长期行医并写出享誉世界的福尔摩斯系列推理小说,而他自己就是作品里华生医生的原型。

教师点评学生对案例2的分析时,需要提示学生可以增加对外部世界的了解,寻找能够同时满足兴趣与能力的方向,这是发展的最佳方向。如果不能兼顾能力和兴趣,教师则提示学生兴趣和能力都是可持续发展的,是能够改变的。也就是说,兴趣可以培养,能力也可以提高,要看自己更愿意为哪种策略付出努力。在案例2中,教师可以引导学生进一步思考:会计是否就是一种重复性工作,是否还具备其他方面的特点?广告领域涉及很广,能不能体现出小D能力的方向?还有没有第三、第四种选择?如果小D现在是高一,可以怎样培养自己的兴趣与能力?如果是高三,又该如何做?

表 5.4　生涯兴趣与能力双向匹配表

	兴趣强	兴趣弱
能力强	强项	发展兴趣
能力弱	发展能力	不重要

建议与提示

1. 上述案例及点评建议仅作示范,仅供参考。学生在作生涯决定时会遇到多类难题,教师应尽可能从学生现实当中寻找课堂讨论所用的案例。如有可能,教师可事先对学生进行调查,收集反映学生选择烦恼的实例。

2. 教师可以设置决策剧场,让学生通过角色扮演将活动中的小组策略加以演绎。教师可以选择一些生活中常见的决策场景,邀请小组成员设计成情景剧表演出来。如案例1 中的小 C 与父母观点不同,教师可以要求小组成员将策略演绎出来。在演绎的过程中,教师可以应用心理剧的技巧,帮助学生进一步了解父母的观点,以达成彼此之间的理解与共识。教师还可以通过排演多种结局,帮助学生体会实施不同决策策略后可能获得的收益与付出的代价。

课时 6

自荐信分享

教学目标

通过自我经历的总结与整理,根据不同学校的报考要求,撰写个人申请报告。

实施步骤(40 分钟)

1. 任务布置。

教师布置任务,每位学生选择一所学校,结合该校最近一次招考中对于个人申请报告的要求,撰写自荐信。由于撰写自荐信需要的时间较长,教师可将其作为回家作业布置给学生完成。

2. 小组分享。

将选择相同学校的学生分为一组,3 至 5 人一组,学生分享各自的自荐信。每位学生分享后,各个小组成员都需要指出一个亮点及一个修改意见,并且不得重复。如选择同一个学校的学生过多,则拆分成两组;如过少,则多所学校的学生并为一组。

3. 班级分享。

学生在组内评选出最值得分享的自荐信一份,在全班进行分享。分享时,其他各组亦需要进行点评,指出一个亮点及给出一个修改意见。

4. 教师点评。

(1)自荐信的内容:不同学校对于自荐信的内容有不同的要求,学生一定要事先了解以方便组织行文。一般而言,自荐信包含自我介绍、成长经历、个人生涯规划以及对于报考学校与专业的认识等方面。其中,个人生涯规划宜个性化,凸显个人的知识与选择,并且能与报考学校或专业的特点相结合。

(2)自荐信的组织:大致有两种途径,一种是按时间顺序排列,以成长经历为线索,将需要阐述的内容嵌套在其中一一罗列;一种是按功能呈现,即只包含你所有经历中与自荐信要求相关的部分,在每个类别下一一罗列自己的爱好特长、性格特点等内容。

(3)自荐信的模板:在学校图书馆、网络等处都可以找到不少自荐信范文,不要沉溺于寻找"完美"的格式。挑选其中与你个人需要与目标一致的作为参考,撰写时将自己的优势尽量表现出来,创造出属于自己独特的自荐信。

（4）注意事项。

- 阐述具体,用实例或数据说话。介绍自己的爱好特长时,不仅仅是用语言描述,更要拿出实例或者用数据来说明,以使自荐信更鲜活、可信。

- 简明清晰、协调一致、整洁细致。格式清晰,仔细检查,不要有错别字、标点、排版等错误。无论是打印稿还是手写稿,都应注意干净整洁,完好无损。

- 措辞积极。用有积极行为指向的词语来陈述,不要提供任何负面信息。

- 实事求是,不可夸大造假,自荐信是面试的重要依据之一,学生所写内容是能够与面试老师坦然讨论的,如果夸大造假,只会降低对该名学生的评价。

- 自荐信是用"笔"写出来的,更是用"脚"踩出来的。只有在高中阶段做好规划,脚踏实地地努力实践,才能写出一封内容丰富、精彩生动的自荐信。

5. 回家练习:每位同学结合今天所听取的意见,进行内容的修改。

【替代方案】校园简历大赛

在学校中开展校园简历大赛,并邀请高校招办教师或公司人力资源专业人士担任评委,进行评选。该活动也可在年级或班级中展开,邀请学生作为评委进行点评。

参考文献

1. 韩宝:《如何写好高校自主招生自荐信?》,《南方教育时报》2013 年 1 月 6 日第21 版。

2. 苏雅文:《出色闯过自主招生第一关——自荐信写作技巧》,《山西教育(招生考试)》2009 年第 1 期。

表 5.5　2014 年部分高校自主招生个人申请报告要求

学　　校	个人申请报告要求
中国人民大学	全面展示考生本人的申请理由、性格特点、爱好特长、相应专业学习研究经历、学习能力、未来规划等各方面情况。由考生本人手书,字数不超过 1 500 字。
西北大学	蓝黑或黑色笔手写的 1 500 字以内自荐书一份(包括对道德品质、公民素养、学习能力、交流与合作、运动能力与健康状况的自我评价)。

学 校	个人申请报告要求
南京航空航天大学	阐明符合报考条件的申请理由、个性特长、对报考专业的认知、未来规划等方面的情况（不少于 800 字）。
中国地质大学	内容为成长经历、学科特长、对所报考学科专业的认识、自身对于学习该专业的优势以及进入大学的努力方向和设想，以 3 000 字左右为宜。
南京理工大学	个人陈述要求手写，字数不超过 1 000 字，能较全面展示考生符合报名条件的申请理由、爱好特长、意向报考专业（类）及理由等情况。
上海财经大学	自身成长经历及体会、个性特长及取得的成果、进入高校的努力方向及设想等（须由本人亲笔书写，不超过 1 000 字，用 A4 纸）。
上海外国语大学	需结合报考专业，撰写自主招生陈述报告，内容包括自身成长经历及体会、个性特长及取得的成果、进入大学的努力方向及设想等，字数不超过 1 200 字。
上海大学	着重突出本人的学科特长及创新潜质方面的内容，字数在 1 000 字左右（需本人签字）。
华中师范大学	个人自荐信包括个性特长、对所申报学科的认识、自身对于学习该学科的优势以及进校后的学习计划等，以不超过 1 000 字为宜。
江南大学	着重突出本人学科特长及创新潜质方面的内容，从高中阶段写起，字数 800 字以内。
中山大学	阐明申请理由、德智体美各方面发展情况、学科特长、性格特点、学习能力、社会活动、科技创新、未来规划等方面情况，字数 1 000 字左右，要求由考生本人手写。

课时 7

模拟面试

教学目标

通过模拟面试,体验自主招生等升学方式中的面试环节,提升参与面试的能力与表现。

实施步骤(40 分钟,事先须在课外进行准备,如人数较多,则可能需要适当延长)

1. 面试准备。

教师提前 1 至 2 周预告课上将进行模拟面试的活动,根据活动人数将学生分为若干小组。每个小组再依据学生个人意愿及升学方案的不同分为两种角色:参与面试的人员与面试官。面试官准备面试题,而参与面试的学生在不知道面试题的情况下进行面试的准备。

2. 分组模拟。

根据活动人数分组进行模拟面试的活动。

3. 面试总结。

各组面试官进行面试要点的总结,面试的学生进行面试策略的总结。

4. 教师点评。

(1) 考察的范畴(各校有不同的要求,可请学生自主查阅):一般包含个人基本情况、对高校及专业的了解、基础知识和基本技能、基本思想和方法、思维品质与能力、创新精神、对时事政治和社会热点的关注、情感态度和价值观、语言表达能力等。

(2) 面试的模式与流程:

■ 一对一车轮战:以复旦大学为例,一共五轮,5 位教授先后与考生一对一面试。

■ 多对一:以同济大学为例,曾出现 7 位教授同时对考生进行考察;上海交通大学近年来以两轮二对一或三对一的方式进行考察。

■ 无领导小组讨论:采用情景模拟的方式,要求考生以小组为单位,针对相关问题展开讨论,最终形成结论。考生一般有 5 至 10 分钟准备时间,然后进入正式讨论。如清华大学与上海交通大学等校都采取过相关模式。

- 辩论面试：考生被分成若干个人数相等的小组，进行主题辩论，一般现场有 5 至 10 分钟时间准备，然后开始正式辩论，一般进行 30 分钟。如西安交通大学的自主招生曾就"该不该吐槽高考作文"进行过辩论。

- 场景面试：给考生一个具体场景，请考生设计对话。

（3）问题的类别。

- 个人发展类。（你是谁？）

- 知识技能类。（你知道什么？）

- 学校专业类。（你认同自己的选择吗？）

- 时事热点类。（你怎样看待世界？）

- 道德价值类。（你如何为人处世？）

（4）面试技巧。

- 日常积累很重要。

- 为面试做准备：了解自己、了解报考的院校与专业、角色扮演练习。

- 着装得体，遵守礼仪。

建议与提示

1. 可根据不同升学方案（如自主招生、出国组等）、不同的招生学校（如复旦大学组、南京大学组等）、不同的面试方式（如无领导小组、辩论组等）等多种方式进行分组。可以依据之前升学方案练习中较为集中的选项进行选择，也可由学生依据情况自定。

2. 各校每年的自主招生方式都有可能不同，因此需请学生查阅相关资料。有部分学校的面试只有一种形式，如复旦大学的一对一车轮战方式；也有部分学校的面试形式多样，如清华大学包含个人答辩、辩论面试、无领导小组、场景面试等多种方式。

3. 如参与人员较多，无法确保分组活动的效果时，也可以挑几位学生进行班级展示，请其他学生进行观察与总结。

【替代方案】"面经"大集合

学生以小组为单位，可针对不同学校或不同模式的面试方式进行搜索，整理面试要求、考题及学生面试的经验，整理成文，供学生查阅。

参考文献

徐利:《2015,如何赢得自主招生面试》,《中国教育报》2014 年 11 月 5 日。

【学习单】

1.1　生涯决策不简单

（1）关于生涯决策的知识：请把自己认为重要的部分记录在这里。

（2）决策金字塔。

① 决策困难：你曾经在生涯决策中遇到过困难吗？请举例说明,并思考哪些因素曾经阻碍过你作出决策？

② 填涂决策金字塔(可参照图 5.1)：回想整个决策过程,思考一下如下的问题,评估自己在三个层次上的水平,填涂相应的部分。例如自我知识非常丰富,可将"自我知识"部分填满,而职业知识寥寥无几,则可只填涂一小部分。

执行加工领域：元认知技能(对决策过程进行思考)

☺　我能自我鼓励,相信自己能作出良好决策吗？

☺　我能在决策过程中管理好自己的情绪和行为吗？

☺　我能监督和控制好整个决策过程的进程吗？

决策技能领域

☺　我能找出理想与现实的差距吗？

☺　我了解自我知识与职业选择的关联吗？

☺　我能制定出消除差距的行动方案吗？

☺　我能根据需要对各个选项进行排序吗？

☺　我能将选择付诸行动吗？

知识领域

☺　我了解自己的兴趣、能力、价值观、人格特质等方面吗？

☺　我对自己持有积极的态度并且不断增进自我知识吗？

☺　我具备关于职业、教育以及闲暇生活的基本知识吗？

☺　我能够有效地搜索、思考以及使用这些职业知识吗？

从这里开始,从现在开始,提升决策能力,提高生活品质！

2.1 选科闯关

决策步骤	我 的 回 答	困难与对策
C（沟通）：知道自己需要作什么选择。	在下学期前在物理、化学、生物、政治、历史、地理中选择三门学科（以上海学生为例）。	可能会遇到的问题： （1）没有做好选择的准备。 （2）父母已经做好了选择。
A（分析）：了解我自己（如兴趣、能力、价值观、性格等）、我的选择（如职业、专业、科目等相关信息）以及我的决策特点。	喜欢的科目：　　　　讨厌的科目： 容易学会的科目：　　学得困难的科目： 各科学习成绩等第排序： 兴趣测验推荐的科目： 能力测验推荐的科目： 符合理想专业要求的科目： 适于未来职业发展的科目： 学校的优势科目： 考试政策中的优势科目： 他人给出的意见：	可能会遇到的问题： （1）不知需要搜索什么信息，或者不知如何搜索信息。 （2）缺乏自我认识。 （3）缺乏对学科信息的了解。 （4）不知道需要找谁寻求意见或害怕去寻求他人的意见。
S（综合）：尽可能多地找出各项选择，然后缩小范围，最后选出3至5项选择。	地理学得最好，且有先一年考的优势，所以作为第一必选。接下来为了将来能考心理学系需要选择一门理科，物理较差，可选化学与生物中的一门或两门，再搭配一门文科。但由于学校的科目设置中没有地理+生物+政治的选项，删去该方案，所以方案有： 方案1：地理、化学、生物 方案2：地理、化学、政治 方案3：地理、化学、历史	可能会遇到的困难： （1）信息太多，无法从中挑选，故初选方案有十几种之多。 （2）各门学科都学习得较不理想，感觉自己选什么都一样。
V（评估）：权衡利弊，将各方案进行分析与排序，然后作出选择。	个人知识：兴趣、能力、特质、价值观…… 重要他人：父母、教师、朋友…… 环境因素：专业选择、考试政策、学校优势…… 运用决策平衡单对各学科进行分类打分，将选项进行排序。	可能会遇到的困难： （1）兴趣与能力之间的冲突。 （2）个人与父母、教师观点之间的冲突。 （3）个人选择与学校优势或科目设置的冲突。
E（执行）：执行我的选择，做出计划，实践尝试，检验选择。	最终的选项是：＿＿＿＿	可能会遇到的困难：学习了一段时间之后出现学习困难。
C（沟通再循环）：确认所做的是否是好的选择？	反思我的选择：＿＿＿＿	

3.1 我的升学方案

	我的方案一：	我的方案二：	我的方案三：
我的优势(S)			
我的劣势(W)			
外在机会(O)			
外在威胁(T)			
综合评价			

小组建议：

综合来看,我倾向选择方案＿＿＿＿＿＿＿＿

理由＿＿＿＿＿＿＿＿＿＿＿＿＿＿＿＿＿＿＿＿＿＿＿

＿＿＿＿＿＿＿＿＿＿＿＿＿＿＿＿＿＿＿＿＿＿＿＿＿

4.1 志 愿 填 报

	填报志愿需要考虑的因素

好学校	好专业
从学校出发	从专业出发

	从学校出发	从专业出发
填报流程		
适合群体		
注意事项		
思考问题		

专家点评与建议

1. 总体评价

培养生涯选择和决策的意识、态度和能力一直是学生发展指导中的难题,本方案提供了全面的极富创造力的示范性教案。其理论根基强,逻辑清晰,富有创意,教学内容和学习单丰富实用。尤其难得的是,教师没有抽象地教授知识,也不是通过模拟训练,而是通过各种学习单实战性地解决学生选科、专业选择及志愿填报中的困惑。

2. 学术观点

随着时代的快速变迁,青少年面临着选择的高度复杂性与不确定性,这对应变中的决策能力与心灵素质提出了新的挑战。教育者需要意识到认知模型已不足以解释和应对今天的决策,情绪-人格模型往往提供了更为有力的视角(Saka, Gati, & Kelly, 2008),在教学设计和辅导中应予以充分考虑。

认 知 模 型	情绪-人格模型
缺乏准备 （缺乏动机、无法决定、信念不合理）	悲观态度 （决策过程、职业世界、自我掌控）
缺乏信息 （缺乏生涯决策步骤知识、缺乏自我 知识、缺乏职业知识）	决策焦虑 （决策过程、决策不确定性、生涯选择）
信息不一致 （信息不可靠、内心冲突、与他人 意见冲突）	自我与身份 （焦虑特质、自尊、未结晶自我、 冲突性依恋和分离）

3. 具体建议

（1）在教学设计的铺排上，本主题涉及认知学习、策略操作和实战问题，较为复杂，建议新手教师以程序和方法学习、认知分析、能力觉察与提升、困难应对与实际问题为基本流程，更易系统性地完成这一实践性的指导过程。同时，教师在各个课时之间应注重设计上的承上启下，本教案提供了较好的参考。

（2）在学习决策金字塔时，建议以更为开放式的问题来替代封闭式问题，通过以往的决策经验、案例学习和当前实战，来不断反思现有的知识和心态，如何更好地预备和提升。

（3）在 CASVE 循环五步法的学习中，本教案提供了非常宝贵的学习单模板，值得大力推广，尤其是沟通再循环环节极为重要。教师在使用中亦可拓展应用于志愿填报、大学选择、升学路径、家庭决策等相关生涯决策主题。同时，也可应用此学习单将课程教学、团体辅导与个案辅导相结合，区分班主任、心理教师与导师在生涯教育中的不同功能。

（4）教师对生涯决策的阻碍因素给出了很好的分类，并对选科上的决策困难给出了操作性极强的模板，非常值得借鉴。教师除了帮助学生从阻碍/困难的视角理解决策过程外，从动力/资源的视角同样重要。

（5）教师对于学生实际关心的议题和大学信息有着高度的敏感性（如，选大学 vs 选专业），这反映了教师自身的深度思考，做到了真实的学生发展指导，值得学习。其他相似的议题例如，喜欢 vs 擅长、热门专业 vs 适合专业、根据成绩选科 vs 根据专业选科等，需要教师丰富的实践补充。

除了学习单的应用外，可以考虑引入体验式教学活动。"体验和解说"能够成为认知转化为行动的强有力的催化剂，辅助学习单的使用，让学生获得真实的情绪经验和现场观察，即时反思自身的自动化认知加工和行动模式。

模拟人才招聘会

所属单元：生涯指导"生涯行动与实践"

建议课时数：2 小时

建议场地：体育馆等大型活动场地

作者：大连市第十一中学　张向阳、孙秀丽、董梅

设计理念

德国教育家斯普朗格说："教育的最终目的，不是传授已有的东西，而是要把人的创造力量诱导出来，将生命感和价值感唤醒。"

高中是学生在人生中的第一个十字路口，正是在这个阶段，学生要在不断地认识自己、认识社会、认识职业的基础上逐渐完成人生第一次重大抉择，要考虑当下选修什么课程，学文科还是理科，还要进一步考虑毕业后上什么学校，学什么专业，将来从事什么职业等。凡此种种，不仅需要年轻人自己去思考、探索和选择，更需要成年人的帮助和指导。回到育人的原点，加强对"人"的关注，寻找"最适合的教育"，已是学校未来发展中不可推卸的责任。

教学目标

帮助高中生了解社会职业需求，增强就业意识，认清自我的不足与缺憾，使其有目的地培养自己的各方面的能力，从而在今后的学习过程中进行弥补，完善自我，提高综合素质。同时，举办模拟人才招聘会也是为了给学生提供一个展示自我、锻炼能力、增强自信的平台和一个挑战自我的机会。

教学准备

1. 学生准备。

（1）相关测试。

气质类型与职业关系测试、霍兰德职业兴趣测试、MBTI 职业性格测试、职业价值观测试等。

（2）系列校本课程（八节左右）。

- 第一节：暑假职业体验分享。
- 第二节：个人特点与职业对接。
- 第三节：家长及社会相关企业开展的职业讲座。
- 第四节：职业与大学和专业的对接。
- 第五节：学长及社会力量开展的专业讲座。
- 第六节："876 工程"。
- 第七节：模拟填报志愿及模拟高校毕业。
- 第八节：应聘技巧及个人简历书写。

（3）模拟招聘会前资料准备。

- 个人简历。
- 模拟毕业证、学位证、优秀毕业生证。
- 4 次考试汇总成绩条。
- 学生活动、获奖及相关经历证明。

2. 学校准备。

（1）动员宣传。

- 动员家长及社会各单位支持。
- 海报、条幅等印发。

（2）各种资料汇总及培训。

- 汇总职业信息资料,帮助学生了解社会。
- 汇总家长及社会力量提供的各单位信息及要求。
- 自主创业同学的相关培训（商业计划书的写法）。
- 流程培训。
- 简历及应聘培训。

（3）招聘会前录取等准备。

- 下发四次考试成绩条及计算机成绩的成绩条。
- 评审小组对志愿进行评定,根据本次考试成绩确定优秀毕业生。
- 学委填写毕业证书及学位证书并盖章;优秀毕业生证打印盖章。
- 下发关于填报志愿、简历、流程、提示的资料。

（4）招聘会前物品准备。

- 制作单位标牌、宣传展板及平面图。

- 整理会场物品。
- 打印各种会场表格。
- 会场音响准备。

实施步骤

1. 12:30—13:20准备。

- 工作人员到场,做好准备。
- 12:50,招聘单位代表进场,下发招聘评分表、笔、档案袋。

- 告知各招聘单位、岗位、学生投递情况、要求与学生情况对接的方式。
- 对招聘流程及建议进行说明。

2. 13:30—15:00,招聘。

- 13:30前,高二学生拿着自己的简历、相关证明,穿着合适的衣服自行前往体育馆参加招聘。
- 13:30—14:00,第一轮为初始环节。

- 学生投递简历,按照意向,每名学生可以向两个单位投递简历。
- 各单位通过简历和初步沟通确定参加复试名单。
- 各单位将选定的进入复试的学生名单在指定位置进行张贴。
- 14:05—15:00,第二轮为复试环节。

- 学生到各单位查看复试名单,准备参加复试。
- 没有进入复试环节的学生可以领取空白简历继续申报其他没有录满的单位。
- 各单位自行决定复试的方式和问题。
- 各招聘单位根据学生的表现进行打分,填写意见;与学生签订协议书并盖章或者签字。
- 对于不合适的学生各单位可以与其签订人才储备计划,也可以不录用,但应告知对学生的建议。
- 各单位不一定要录满。
- 完成招聘的学生送交就业协议书到指定位置进行登记盖章,后到指定位置写应聘总结。
- 大会主持人统一播报招聘进程,建议,已签约单位、人员和剩余岗位。
- 学生记者、电视台可以进行采访、抓拍等。

3. 15:05—15:40,招聘单位总结、提出建议,学校召开生涯指导讲座。

■ 15：00，各招聘单位、专业人力资源高管对整体招聘职位及其要求和学生情况进行讲解。

● 各单位招聘完毕后，召集来应聘的学生，讲解其在应聘中表现出的不足，提出期望。

● 学校组织所有学生在体育馆坐好，召开生涯指导讲座。

● 各单位根据实际，评出优秀人才1—2名，若没有优秀者，不应以差充好。

● 活动结束，学生自行回到班级。

● 学校将统计各班签约的总人数，计算签约率，评出年级的前三名，并评选出"求职之星"。工作人员提醒学生在签协议时在相应位置注明班级，招聘人也应做好详细记录，填入相应表格。

4. 15：50—16：00，学生个人反思与总结。

■ 各班级组织学生根据表格进行自我总结和反思。

● 一是应聘感受、职业要求、自己的优势及与职业的差距。

● 二是高校专业录取实际分数、高考分数、自己现状和差距、努力方向。

活动解说

1. 活动内容简介。

模拟人才招聘会是我校生涯发展指导中的传统活动，主要是在高二学生对职业、专业以及高校的情况有所了解后，帮助学生进一步了解社会需求，体会到职场竞争的激烈，结合自身实际尽早规划人生方向与目标，增强他们的学习动力，使他们弥补不足，完善自我，提高综合素质。同时这一活动也希望为学生提供一个挑战自我、展示自我、锻炼能力、增强自信的平台。

在学生正式参加模拟人才招聘会前，学校会先组织两场讲座，分别是关于书写简历和面试技巧方面的培训与关于职业选择和人生规划方面的内容。

为了让招聘会能更好地与学生的实际情况相对接，我们将学生在校的几次大考成绩总分，对应成为不同批次的大学及相关专业录取分数线，并且针对不同的专业，对学生的英语、信息技术、物理、化学、生物等学科也提出了相应的要求。除此之外，对学生参加各种校内外活动、社会实践、社区服务等方面，在招聘上也都提出了相应的要求。

迄今为止，模拟人才招聘会已在我校举行了四届，在家长和社会各界的支持和帮助下，活动日趋成熟和完善。去年招聘会上的四十几个用人单位，就完全是由家长与社会人士、校友提供的真实的单位,来负责招聘的人员全都是各单位人力资源方面的专业人士。这样做主要是为了让我校的招聘会更贴近社会的真实需求,对学生的发展进行专业的、具体的、有针对性的指导。

今年,为适应社会发展的形势,我校还将增加自主创业方面的招募和模拟运营培训。

在招聘会全部结束后,我们会邀请部分专业人士对我校学生的表现进行评价,给出建设性的意见,让学生能更好地找到前进的方向,明确未来的人生之路。学校还会针对此次活动召开班会,分享经验、明确不足,要求每位学生都要进行深刻的自我反思,制定下一阶段的行动计划,并切实落实到点滴行动中。

我们希望通过活动的举行去激发、唤醒每一位学生内心的潜能,增进其对自我的清晰认知,树立目标,发挥优势,缩小差距,在高中阶段就能够规划出成功人生的第一步。

2. 学生投递资料内容包括:

- 个人简历。

- 高校录取结果。

- 4 次考试汇总成绩条。

- 学生活动、获奖及相关经历证明。

3. 学生当前成绩与录取相关要求对接。

- 院校批次与学历。

- 研究生学历:总分文科 510 分,理科 544 分;专业单科年级排名理科前 50 名,文科前 30 名。

△ 985、211 重点高校:文科 510 分,理科 544 分。

△ 一般一本高校:文科 476 分,理科 483 分。

△ 二本高校:文科 400 分,理科 370 分。

△ 三本及专科高校:文科 400 分以下,理科 370 分以上。

- 英语。

△ 大学英语四级:90 分以上。

△ 大学英语六级:105 分以上。

△ 大学英语专业八级:120 分以上。

△ 流利的听说读写:参加英语创新能力大赛、模拟联合国、英语节、新东方演讲
　　比赛等。

- 计算机二级等级证。

△ 计算机考试 60 分以上。

△ 对学科的特殊要求。

△ 本学科年级排名理科前 105 名,文科前 70 名。

活动评估

1. 活动的准备工作评估。

■ 校本课程效果较好,使得招聘会整体效果出色。

■ 在学校准备过程中,汇总及时到位,物品准备齐全,特别是在模拟录取的环节中,由原高三班主任协助进行,使得指向性强,专业性强,录取迅速。

■ 各方面培训充分,效果良好,尤其是增加自主创业的培训,由公司专业人员进行相关培训,特别是有模拟商业比赛的基础,使之开展顺利。

2. 活动过程评估。

■ 招聘流程培训不够充分,有个别单位人员未能完全按流程招聘。

■ 所有单位招聘工作人员,均由人力资源专业人士担当,指导性较强。

■ 因强调不足,一些同学仍未着正装参加应聘。

■ 个别单位招聘较慢,拖慢了整体进程。

■ 生涯讲座进行顺利,发言人都做了充分的准备。

3. 活动效果评估。

从往届毕业生的反馈来看,高二的这次大型活动对他们影响巨大,很多学生重新审视自己,规划目标,分析个人优势、劣势,找到前进的方向,并能坚定地执行。

建议与提示

1. 招聘会上的招聘单位应与社会接轨。

2. 教师要提前收集学生的职业目标,以便在确定的招聘单位能与学生对接。

3. 不应所有学生都能应聘上,至少应有四分之一的学生没有应聘成功。这些学生可以签人才储备计划,由负责招聘的人对他们提出改进的方向。

4. 建议对象为高二学生,人数可限 500 人左右。

附录资料

招聘会之前的相关准备。

(1) 学生准备。

a. 对学生的相关测试。

b. 招聘会前的校本课。

第五节：专业讲座

东软信息学院关于职业生涯的讲座

社会教育机构关于专业选择的讲座

第六节：876工程

第七节：模拟填报志愿及模拟毕业

第八节：应聘技巧及个人简历书写

个人简历

c. 模拟高校毕业。

普通高等学校

毕业证书

学生 张琪琪 性别 女，在 天津师范 大学，

会计学 专业本科学习，修完教学计划规定的全部课程，成绩合格，准予毕业。

二〇一四年十二月

学科成绩：

语文	数学	英语	物理/政治	化学/历史	生物/政治	总分
99	136	117	58	75	67	553

计算机成绩：76.8

普通高等学校

毕业证书

学生 何柳州 性别 男，在 长春建筑 大学，

道路桥梁 专业本科学习，修完教学计划规定的全部课程，成绩合格，准予毕业。

二〇一四年十二月

学科成绩：

语文	数学	英语	物理/政治	化学/历史	生物/政治	总分
90.55	62.1	86.0965	39.575	40.025	42.3	371.4485

计算机成绩：78.4

（2）学校准备。

a. 动员宣传。

大连市第十一中学第一届至第三届"职来职往"模拟人才招聘会一览

大连市第十一中学2014"职来职往"模拟人才招聘会部分企业或单位介绍

大连市第十一中学2014"职来职往"模拟人才招聘会企业或单位岗位及人数明细

b. 学生职业意向汇总。

序号	职业意向	人数
1	电气电力	5
2	电子数码	6
3	网络计算机	31
4	贸易销售	13
5	服务业等第三产业	7
6	教育科研培训	22
7	石油化工	3
8	生物制药	20
9	医疗及保健	16
10	广告公关	23
11	交通运输物流	11
12	机械制造	19
13	环境及建筑	26
14	旅游酒店	20
15	专业咨询	1
16	公检法	11
17	电信通讯	6
18	金融经济	56
19	艺术、体育	32
20	农林牧渔	7
21	语言	36
22	房地产	8
23	文化媒体	36
24	地质勘探	11

补充职业	自主创业
动漫设计	模型公司
宠物医生	服装设计
工业设计	资源综合
珠宝设计	自行车自主品牌
	游戏、视频设计与制作

c. 模拟人才招聘会企业、岗位及人数明细。

123

大连市第十一中学2014"职来职往"模拟人才招聘会企业或单位岗位及人数明细

编号	拟招聘单位	招聘岗位及人数明细（本科学历以上）
1	大连东软信息学院	计算机系教师1人 信息技术与商务管理系教师1人 行政管理1人 人力资源管理1人 电子商务专业教师1人
2	大连东软信息学院出国留学培训中心	文案翻译顾问1人 咨询人员1人
3	大连东软教育服务有限公司	行政助理1人 培训专员1人 招生咨询1人 市场专员、销售专员1人
4	学大教育	校长助理2人 初高中教师2人 教育咨询师1人 网络直传1人 学习管理师1人 广告设计师1人 行政文员1人 市场专员2人 人事专员2人 助教或实习生2人
5	化物所	化工机械工程师（1人） 化工实验室研究员（1人）
6	大连东软科技发展有限公司	销售经理1 行政专员1 销售助理1 市场专员1 NET开发高级工程师1 会计、出纳1
7	科睿特客服科技（大连）有限公司	日语医药技术支持1人 韩语医药技术支持1人 中文医药技术支持1人
8	大连蓝德科技有限公司	电气技术员5人 营业员3人 会计师1人
9	IBM公司	项目经理/主管 营运经理2人
10	英特尔公司	1. Finance Analyst 2. SSG-Cloud (OpenStack) Software Engineer 3. IT-Application Software Engineer 4. Finance- Chengdu Site Risk Management Analyst 5. Senior Software Development Engineer - Data Center 6. BHR intern 7. Senior Recruiter 8. Customer Business Analyst
11	埃森哲咨询公司	助理软件工程师（2人） IT技术支持工程师Service Desk Support（1人）
12	大连追光创意传媒有限公司	编剧（2人） 录音师（2人） 后期特效师（2人） 导演/编导（2人） 广告剪辑师（苹果非线剪辑）（2人）
13	大连沈铁港口物流集团	经营部物流操作员（2人）贸易部报关员（2人）财务部会计（2人）开发部土木工程师（2人）
14	大连集龙物流有限公司	客服（2人）会计助理（2人）
15	大连康伟物流公司	进出口操作员（1人） 物流销售员（1人） 报关员（1人）
16	大连船舶重工集团有限公司	船舶电气生产设计工程师（2人）船舶电气调适助理工程师（1人）船舶仪表调适助理工程师（1人）船舶结构生产设计工程师（2人）船舶空调通风生产设计工程师（1人）船舶机械（设备）生产设计工程师（2人）
17	大连三垦电气有限公司	销售人员（5人） 推销员（1人）
18	未来科技信息技术有限公司	互联网软件开发工程（5人）
19	中国石化燃料油销售有限公司	油库计量员实习岗2名 销售外勤实习岗1名 业务部综合管理岗2名 供油代表岗（1人） 油品调合化验岗（1人）
20	大连古建筑园林工程有限公司	景观设计师（1人） 工程造价师、预结算1人 现场施工员1人 档案签证员1人
21	方太集团	市场专员1人 客户营专员1人 店面销售管理专员1人
22	辽宁省有色地质局一〇七队	岩土勘察与施工1 地质测量1 水文地质勘查与找矿1 资源勘查与找矿1 地质勘查与找矿1 工程勘查与施工1 会计1
23	大连中西医诊所	全科医师1 中医医师1 护理1 公共卫生医师1
24	大连昊达建筑工程有限公司	建筑师/实习建筑师1 城市规划项目负责人1 行政助理1 设计总监助理1 土建工程师2 施工员3
25	大连源本科技发展有限公司	营销总监（1人）品牌经理（1人）财务经理（1人）直营店经理（5人）企划经理（1人）商务代表（2人）培训经理（1人）

42. 自主创业

	介绍	是指具备就业条件的人放弃就业机会，依靠自己的力量开展创业活动，为社会经济发展贡献智力、财力的行为。

自主创业 自主创业建议

创业赚钱说难也不难，关键是看你有没有什么思想准备，有没有一个明确的目标，这里就给大家建议几点。

敏锐眼光——识时务者将为俊杰

生意场上，眼光起了决定性作用，很多资金不多的小创业者，都是依靠准确抓住某一不起眼的信息而控到"第一桶金"的。当市场经济刚刚起步时，好像做什么都赚钱，只要你有足够胆量和能力。但如今每个行业每个领域都有人做，靠抓的市场竞争宣言个"暴利时代"已经就要，取而代之的是"微利时代"。因此，创业机会必须靠创业者自己去发掘。

创新精神——创业成功的维生素

万科集团在1988年发行了大地第一份《招商通讯》，目前该公司已成为全国房地产知名企业和中国最具发展潜力的上市公司；上海复兴高科技继续出数十家国有企业合资合作，用民营企业机制同国有企业资产实行有效改组……这些企业的成功，都离不开创业家锐战成绩、自我加压、勇于创新的精神。

合作能力——趋吉避害形成合力

写好商业计划书的8个关键

一般标准的融资分为三个阶段，第一是融资准备阶段（写bp），第二是市场推介阶段（见投资人），第三是尽职调查阶段(投资人给了 n 之后对你和你的合作伙伴进行调查了解)，今天我们先来梳理下如何书写一份投资人喜欢的商业计划书(就是传说中的bp啦)。

商业计划书的几个要点：

1.每一个故事都是不一样的，不要迷信模板！

很多人写bp都是从网上找一个标准的模板，改几个数据就发给投资人了，其实这种不十分推荐这种行为。因为你必须相信你的项目，一个好的故事必须有它自己独特的叙述思路和呈现方法，所以一味的套用并不可取。

124

d. 其他资料。

招聘会现场

招聘单位张贴进入复试学生名单

学生在看自己是否进入复试

电视台学生采访招聘单位代表

老师在安慰招聘失利的学生

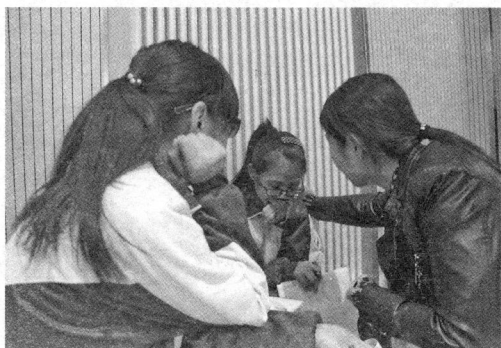

招聘会后的生涯讲座

招聘会协议书

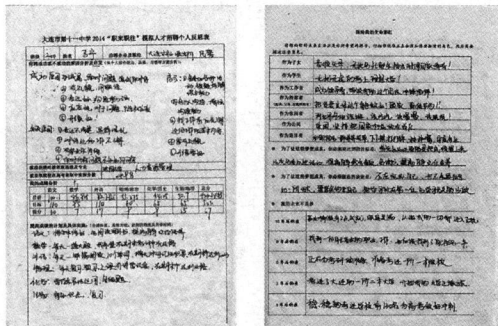

招聘会后的反思总结

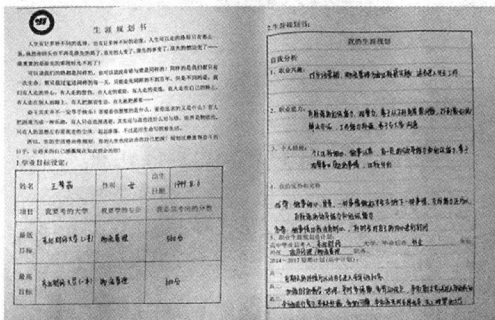

招聘会后的反思总结

招聘会后的反思总结

专家点评与建议

1. 总体评价

"模拟人才招聘会"是学校在生涯教育中常采用的活动形式,而本方案在设计思路和理念、系统性、准备充分度、内容翔实度以及可操作性上显现出难得一见的高度,既具有丰富的创意,又不失细致用心的编排;既符合学生生涯发展需求,又能将综合素质教育目标切实地落地。

2. 学术观点

本指导方案旨在回应学生发展指导中"了解社会和高校"以及"了解职业生活和社会需求"板块的需要,结合个人建构理论(personal construct theory)与无偏见假设检验(unbiased hypothesis testing),方案的目标在内涵上可细化为:

(1)激发动力:意识到社会职业的丰富性,反思自身的多元发展,激发为未来做准备的动力;

(2)识别差距:了解社会职业的需求和用人方的视角,反思自身的不合理认知和

差距;

（3）辨析目标与行动：思考自己的职业生涯目标,在知识和能力准备上自主规划,在行动上积极完善自身;

（4）提升综合素质：在实际操练中,学习如何展示自我的独特性和优势,如何应变,反思自己在综合素质上的表现和改善方向;

（5）进行反思学习：在个人总结中,学习如何进行反思性学习(包括阶段和方式),如何理解成功与挫败的两面性,如何建立自尊自信,并切实提升情绪管理能力和抗逆力。

3. 具体建议

（1）在生涯心理学测量领域,人格、兴趣、能力、价值观等不同的测评维度为学生提供了在生涯方向上的多元选择。而如何对这些结果进行分析和整合,又如何指导实践,如何结合实践结果来作出最符合个人当前发展需求的选择,往往需要生涯教育者给予高度的重视,不应仅停留在信息的输入上,而应将重点放在针对生涯发展目标的信息再加工和深度解析上。

（2）方案针对招聘会前的学生准备和学校准备十分详尽,很值得借鉴和推广。建议将学生参加招聘会的体验与之后的生涯讲座内容建立更紧密的联系,亦可在学生反思后再开展总结会,帮助每个学生庆祝自己有所收获,重拾动力和方向,在未来的高中生活中践行目标。

（3）建议对人才招聘的评审标准进行更详细的说明,帮助学生了解和辨析市场用人方的需要。

（4）建议教师可以通过学生的生涯规划书检验学生是否达成了反思的丰富性与深度。如果发现学生在职业目标上泛泛而谈,规划书中的内容仅停留在提高成绩,那么说明其生涯规划与未来发展存在脱节,需要教师的及时引导和开拓思路。建议教师从学习动力、知识、能力、态度、技巧和策略等方面帮助学生充分思考和制定行动计划。

（5）在活动评估上,建议进行实证性的成效评估设计,与招聘会前中后结合,对成效指标进行分层设计,例如包含个体、互动、资源、教育等指标。

在体验中成长

所属单元：生涯指导"了解职业与社会"

建议课时数：14 天

建议场地：职业体验基地

作者：上海市建平中学　杨振峰、王长俊、张晓冬

设计理念

生涯教育是一种连续不断的历程，也是一种统整的教育构想，它透过生涯认知、生涯安置、生涯进展等步骤，培养学生的生涯能力。而职业体验是生涯认知的重要途径，学生可以获得直接学习经验，其效果远大于传统意义上的间接职业教育。

职业体验是学校积极探索并实施的学生生涯规划特色课程，纳入学分制管理体系，希望帮助学生初步确立生涯（学业、职业）定位，使学生具备初步的人生规划能力和一定的职业发展意识，对未来有更清晰的规划，为人生之旅打下坚实的基础，为未来的职业幸福与个人幸福奠定基础。我们的设计思路是通过生涯指导，学生初次进行职业体验；再次进行生涯指导，学生再次体验……学生从高一到高三三年期间经过五次生涯指导与职业体验的循环，生涯规划的能力呈螺旋式上升，见图 7.1。

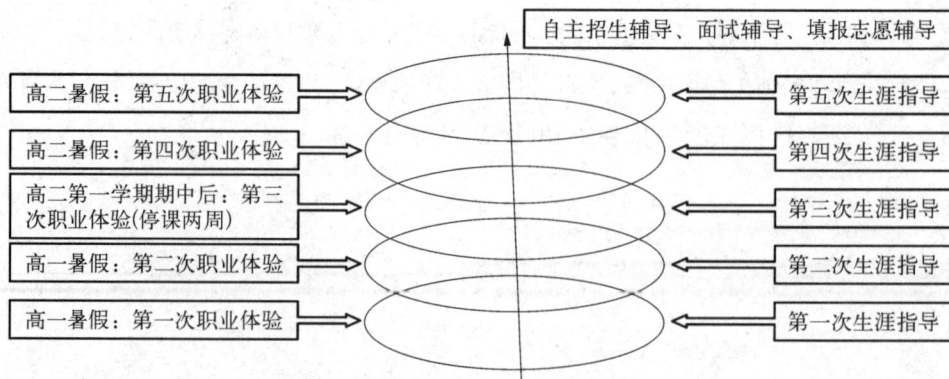

图7.1　生涯规划与职业体验活动设计

高一侧重学业、职业生涯规划的指导,以及学业规划的行动落实,让学生填写《学生个人生涯发展规划之成长记录手册》,利用寒暑假进行"职场初体验";高二侧重职业生涯规划的体验实践,以及后期反思与成长记录,让学生停课两周前往全市各职业体验基地进行职业体验,撰写职业体验日记,通过小组报告、展示进行分享;高三侧重理性生涯选择,让学生利用寒假进行有针对性的职业体验。其中高二年级上学期为期两周的职业体验是五次职业体验中最重要的一次,时间最长,学生的体验最深刻,收获也最大。

　　本方案就是针对五次职业体验课程中高二停课两周的职业体验活动而设计的。

教学目标

　　上海市建平中学以学生可持续发展的长久需求和学校的"自立精神、共生意识、科学态度、人文情怀、领袖气质"五大育人目标为出发点,倡导并实践"生涯教育"理念,开展学生生涯规划指导与职业体验活动,将学生的学术知识学习与本位学习结合起来,在学生学习学术知识的同时,形成丰富多彩的职业认知,发展职业技能、能力与兴趣。通过体验不同的职业形态,学生不断"寻找梦想,实践梦想,坚定梦想",初步确立生涯(学业、职业)定位,关注社会发展,激发潜能,完善自我,规划未来,培养使命感和社会责任感。

适用对象

高二年级所有学生,约 480 人

指导教师:学生发展指导中心学生导师及高二年级所有任课教师

建议时间与场地

建议活动时间:高二年级第一学期期中考试后两周时间(停课)

活动地点:上海市内外签约的职业体验基地

活动准备

1. 思想共识:学生、家长、教师高度认同。

生涯指导对教师而言主要是通过培训达成共识,学习指导方法;针对学生的生涯指导主要是通过专家讲座、学长讲座、年级大会、主题班会、个别辅导、活动交流与分享、成果汇报与展示的方式进行;针对家长的讲座主要是通过家长参与学校的讲座、主题班会,个别指导等方式进行。所有人对职业体验的意义达成共识，高度认同，并且理解、支持和参与，以最大的热情和积极性投入其中。

2. 资源保障：签约职业体验基地。

梳理原有的职业体验基地，通过家长申报、学生联络、学校联系、社会企业主动报名等途径增加新基地，学校对体验单位进行考察、遴选并签约，体验基地设计见习指导方案，明确指导职责与任务。

3. 队伍保障：全员参与，分工明确，培训指导。

校长主持方案论证会；学生发展指导中心和分管年级组长具体策划组织全程活动；学生发展指导中心全员分工到体验基地单位进行前期调研，反复修订体验课程活动方案；对全体班主任及年级全体教师进行专题培训与方法指导，将他们具体分工到各个体验基地全程参与学生体验活动，保证每个学生体验小组都有一名指导教师负责体验课程的日常指导、检查和评估工作。教师明确活动目的、活动安排、活动组织与活动过程，对所负责小组的指导职责与任务。

4. 时间保障：空出两周时间。

高二第一学期期中考试后停课两周，学生按照体验基地的工作时间上下班。课程发展中心与各学科组对这个学期的教学进度和教学内容等做相应调整，保证既空出完整的两周时间，又不影响学生参加学业水平考试。

5. 网络保障：专业管理网站平台的支持。

首先，本活动作为学校特色课程之一，纳入学分制管理平台，在学分计算等方面必须依赖学分管理网络；其次，学生分散在不同的职业体验基地，学校通过职业体验网站对学生上传的日记和小结等进行评价、分享。学校领导、课程管理中心、学生发展指导中心、班主任、指导老师、学生各有自己的账号和权限。

6. 安全保障：购买保险。

学校与体验基地、家长、保险公司共同协商并确定学生高二停课两周期间的食宿与交通安全、职业体验任务、具体指导与实施方案、注意事项等。为所有学生购买保险，防患于未然，保障学生安全。

活动步骤

在前期近一个月充分准备的基础上，整个活动分为任务布置与指导、职业体验与实践、成果总结与展示三个程序。

1. **任务布置与指导：体验活动前一周完成。**

（1）学校层面。

■ 制定系列管理制度：

《学生生涯规划之职业体验具体工作安排表》；

《有规划，有体验，才有更精彩的人生》（职业体验方案）；

《建平中学学生生涯规划之职业体验学生联系函》；

《建平中学学生生涯规划之职业体验协议书》（附分单位协议）；

《建平中学学生生涯规划之职业体验教师任务书》；

《建平中学学生生涯规划之职业体验单位接洽表》（附各单位方案）；

《建平中学学生生涯规划之职业体验指导教师工作记录表》；

《建平中学学生生涯规划之职业体验学生任务书》；

《建平中学学生生涯规划之职业体验日记》；

《建平中学学生生涯规划之职业体验小组记录》；

《建平中学学生生涯规划之职业体验单位鉴定表》（附每位学生鉴定表）；

《建平中学学生生涯规划之职业体验小结写作要求》；

《建平中学学生生涯规划之职业体验告家长书暨保险单》；

《建平中学学生生涯规划之职业体验学生报到证》；

《建平中学学生生涯规划之职业体验指导教师名单》；

《建平中学学生生涯规划之职业体验各单位信息表》；

《建平中学学生生涯规划之职业体验优秀小组申报表》；

《建平中学学生生涯规划之职业体验基地推荐表》；

《建平中学学生职业体验基地意向表》；

《学生职业体验后续工作安排表》；

《建平中学学生生涯规划之职业体验主题班会记录集》；

《建平中学学生生涯规划之职业体验优秀小组汇报材料集》；

《建平中学学生生涯规划之职业体验学生日记精选》；

《建平中学学生生涯规划之职业体验学生座谈会记录》；

《建平中学学生生涯规划之职业体验指导教师座谈会记录》；

《建平中学学生生涯规划之职业体验指导教师小结汇总》；

《建平中学学生生涯规划之职业体验活动报道资料汇总》。

■ 与已签约体验基地商讨，确定体验基地的具体指导方案。

（2）学校指导教师层面。

- 明确自己的指导任务。
- 熟悉指导小组成员及基地。
- 联络基地指导负责人。

（3）学生层面。

- 报名体验单位。
- 组成体验小组。
- 讨论职业体验期间的课题研究方案。
- 熟悉体验单位（包括行业性质、发展历史、文化、上下班线路等）。

2. 职业体验与实践：11月中下旬，期中考试后两周。

（1）学生职业体验活动。

- 组长负责小组签到与协调。
- 学生按照职业体验任务书完成职业概况、职业发展、职业体验、访谈等职业体验任务以及需要合作进行的课题研究任务。
- 学生每天在职业体验网站上上传体验日记。

（2）职业体验基地带教指导。

- 按照单位指导方案专人负责带教指导。
- 包含对单位整体情况、岗位设置、人才要求等的介绍，也包括具体体验岗位职责和任务的指导。
- 体验结束后给予学生评价并填写职业体验评语。

（3）学校指导老师跟踪指导。

- 每天去体验基地单位巡视自己所负责的体验小组。
- 与单位进行沟通协调。
- 指导学生适应环境、熟悉工作、发展个性、有效沟通、加强合作。
- 每日批阅学生的体验日记。

（4）学校领导与学生发展指导中心全程管理与监督。

- 协调指导老师的工作并巡视看望各体验基地学生。
- 抽查学生的职业体验日记及教师的指导批阅情况。
- 及时通过网站和微信公众号进行体验通讯宣传报道，学生互相借鉴学习。

3. 成果总结与展示（体验活动结束后一周内）。

（1）学生总结反思。

- 每个学生递交个人职业体验小结。

- 职业体验小组递交小组总结、PPT、视频。

（2）班级主题班会分享体验收获。

- 选定分享主题。
- 设计职业体验主题班会方案。
- 学生以小组为单位汇报分享。
- 邀请体验基地单位代表参与并点评。
- 邀请家长代表参与并点评。

（3）学校总结、展示、宣传。

- 年级优秀体验小组汇报分享及评比。
- 在全校范围内用 KT 板及橱窗宣传职业体验过程及成果。
- 评选优秀职业体验基地并挂牌一批新基地。
- 职业体验成果汇编成册。

活动解说

高二职业体验活动是生涯规划与职业体验特色课程中的一次重要活动,学校通过精心策划,充分准备,调动丰富的社会资源,为学生提供社会常见行业的职业岗位。学生根据自己的个性、兴趣与未来规划进行自主选择。选择同一基地岗位的学生组成职业体验小组,在学校指导老师和体验单位指导人员共同指导下,进行为期两周的实地体验和访谈,完成学校要求的职业体验任务,深入了解所体验的职业岗位所在行业的概况、职业现状与发展、岗位人才要求等。通过前期动员、实践体验、后期互动分享交流,学生不仅对自己所体验的职业有了直观深入的认识,对其他同学所体验的社会职业也有了高度认知。该活动有助于学生认识自我、认识社会,有助于学生对书本知识的转化与拓展,有助于提高学生的个人素养,完善个性品质,有助于学生在思考与实践中培养责任意识,学会感恩,学会担当,进而提高自我生涯规划与发展能力。

活动评估

生涯辅导和职业体验无论是对学生来说,还是对教师和学校来说,都是很重要的实践,也收获了意想不到的成果,在海内外产生了巨大反响,《文汇报》、《新闻晚报》、《东方教育时报》、《上海画报》、《中学生报》、《浦东时报》、《上海中学生英文报》、上海电视台等多家媒体多次跟踪报道,创造了一种培养学生的新思路。

1. 学生认识职业,提升了综合素质和能力,更理性地进行生涯规划与选择。

通过职业体验,学生亲身感受各种职业,并在体验和实践的过程中锻炼自己的各种能力——查找资讯、分析问题、解决问题、与人沟通交往、团队合作、适应社会规则、应急事件处置能力,等等。学以致用,用以促学,职业体验为学生们提供了应用所学知识的机会。职业生涯体验活动为学生提供了走出校园、贴近生活工作的机会,很多学生开始进行开发设计,甚至申报专利项目,如朱灏龙同学代表中国参加了在阿联酋举行的"国际科学世博会",张子立同学荣获上海市"明日科技之星"的称号,朱梦丹、曹阳等同学的两个项目获得上海市"智多星"比赛一、二等奖,刘唯一、朱梦丹同学在第十四届上海市"壳牌美境行动"方案设计评比中获一、二等奖……越来越多的学生成功开启了人生梦想。

生涯规划与职业体验活动看起来是花费了学生本应在教室里进行学科学习的时间,但是职业体验在他们的人生历程上留下了深深的痕迹。有65%的学生认为职业体验促进了自己的学习,并且他们在学校的日常生活中更注重自己多方面能力的培养,这也是一种自我意识与学习动机的激发,学生意识到社会职业中不仅需要相关学历与专业背景,也注重个性、人际关系、组织协调能力、沟通表达能力。不同的行业与职业、岗位需要的能力是有差别的,学生利用学校创建的各种舞台,如社团、项目设计活动、社会实践等,自发自愿自觉地培养自己的多种能力,越来越多的学生有了更明确的努力方向。

2. 教师改变教育观念,促进教育教学。

经过培训后,教师树立了新的学生教育与指导观,与国内其他同类学校相比,我校教师在指导意愿和指导效能感方面的得分都非常高。

此外,教师评价观转变,更加多元化。过去,教师,尤其是普通任课教师,接触学生比较多的是在课堂,所以难免对学生的评价更多以学习成绩为主,但是,所有教师分组带队指导学生进行职业体验活动后,他们发现过去在课堂中很普通的学生,在职场中却展现了完全不同的特点,他们的沟通与表达、创新、协调与组织等能力可能非常强,以前在教师眼中的优秀学生可能这些方面反而不一定强。

职业体验也让长期生活在象牙塔中的教师有机会接触现实社会,接触到完全不了解的职业岗位与职场人物,他们对于社会有了全新的认识,对于职场中所需的人才素养也有了更多的了解,而这些对他们的教育教学产生巨大的冲击。很多教师开始反思自己今后的教育教学到底该教给学生什么知识,什么能力,到底该采用怎样的方式才能让学生更能接受。

3. 学校积累了管理经验,完善了管理制度。

在生涯辅导与职业体验的实践中,学校形成了一套目标明确、内容科学、结构合理、操作方便的管理模式,设计和制定了一系列操作流程,形成了一套科学完整的工作手册,开展了一系列的子课题专题研讨活动,促进了学生的综合素质的培养。学校与企业建立了良好的关系,每年与150多家职业体验单位签约,为培养更符合社会发展需要的人才奠定了基础。

相关术语

职业体验:所谓职业体验是指学生到社会各种行业的企事业单位内,跟岗见习,亲身体验不同的职业形态,深入了解不同职业的岗位设置、工作职责、工作内容、人才要求等生涯信息。

职业体验课程:上海市建平中学将学生在三年间必须参加五次职业体验作为课程系列进行设计,纳入学分制课程管理中,有指导,有活动实施,有反馈和分享,有总结和评估。

建议与提示

建议活动组织准备充分,全员合作,并事先对学生进行职业兴趣、职业概况等生涯辅导,对学生参与情况进行过程评估,以促进学生参与的积极性,加强学生在参与中的行为指导。

例如,为了在学分制管理中对高二职业体验活动进行课程的过程性管理与评估,指导学生更好地参与职业体验活动,针对学生表现性评价制定表 7.1 和表 7.2,配合其他评估项目一起使用。

表 7.1 "职业生涯体验"课程评价方法

内容	基础学分	绩效学分	
分值	3	2	
说明	参加活动者即可获得基础学分	获优秀组织奖的班级每个成员计0.4,组织奖计0.2	学生个人表现具体评价见表7.2
评价者	班主任	课程教学中心	班主任、指导老师

表7.2 学生职业体验活动表现评价表

评价项目	评价标准				教师评价
	优 （5分）	良 （4分）	中 （3分）	差 （2分）	
出勤情况	两周全勤	迟到或早退1次	迟到或早退2次	迟到或早退3次及以上	
职业体验资料记录情况	提交活动中的辅助材料：照片、视频、音频，清晰反映职业体验过程并有优秀创新成果的资料	提交活动中的辅助材料：照片、视频、音频，清晰反映职业体验过程但无创新成果	提交活动中的部分辅助材料	没有提交活动中的辅助材料	
职业体验展示情况	担任组长	上台汇报	课题汇报PPT制作者	汇报材料提供者，如文字稿、照片等	
职业体验汇报总结奖项	所在小组荣获"优秀课题奖"一等奖	所在小组荣获"优秀课题奖"二等奖	所在小组荣获"优秀课题奖"三等奖	所在小组只在班级汇报	
总和					

备注：满分20分，以班级为单位，由班主任评价后按分值高低排序。

参考文献

1. 杨振峰著：《从学生立场出发》，新华出版社，2014年版。

2. 杨术林、边辉：《激发潜能 设计未来——高中学生职业规划指导和职业体验活动的实践与反思》，《浦东教育》2014年第6期。

3. 张永华：《职业生涯体验课程》，《未来教育家》2016年第5期，第16—17页。

【学习单】

1.1 职业体验活动记录单

班级：＿＿＿＿ 姓名：＿＿＿＿ 学号：＿＿＿＿

体验单位：＿＿＿＿ 时间：＿＿＿＿

1. 职业概况。

职业岗位工作职责及范围	
所在岗位的当前就业背景及求职者要达到的基本要求（即专业、学历、工作能力等）	
所在岗位的职员构成年龄、性别大致比例	

2. 职业发展。

所在岗位的行业领域内最有影响力的企业（至少一个）	
所在岗位的行业领域内最有影响力的个人（至少一人）	
所在岗位的行业领域需要职员具备的相关学术、研究、实践能力等	
所在岗位的发展需求（从你与单位员工的交流或观察来分析，这些员工还欠缺哪些硬性或软性条件）	

3. 职业体验。

所在岗位日常的工作流程	
具体案例：记录在职业体验过程中令你印象最深刻的一件事	
感触体悟：在这件事中，最让你有感触的一点或几点	

4. 采访纪实。

姓名		性别		年龄	
学历		职称		岗位	
采访记录（问答形式）		采访感悟			

附录资料

在幼儿园体验幼儿教师的不易

在职业体验中涌现出的科技之星

在电视台体验主持人职业

学生在职业体验活动中的发明创造

专家点评与建议

1. 总体评价

本指导方案设计新颖、系统性强、目标清晰,充分体现了当代学生发展指导的教育理念和发展方向,高度融合了教育性与体验性,将理想与创意结合,堪称职业体验活动设计的典范。设计者对职业体验和生涯能力成长的循环式设计,将体验落实于教学活动中,不但为学生提供了实际走出校园、直接体验现场工作的机会,更激发了学生发展生涯意识和学习动机,使他们自觉自愿地培养自身的综合素质和多元能力。同时,学校充分重视教师的指导与协助,解决了指导效能这个难点,并促进了教师对真实社会的认知和作为教育者的深刻反思。指导方案在学校层面亦建立了学生发展指导的品牌特色与科学化管理机制,引进了丰富的外部资源,一个方案具备三重效果。

2. 学术观点

根据 Super 的生涯发展理论,"现实检验"是青少年生涯成熟的关键环节,结合 Crites 兴趣能力落差的阐释,需要重视在实践体验中可能产生的生涯选择和行动问题(见下图):

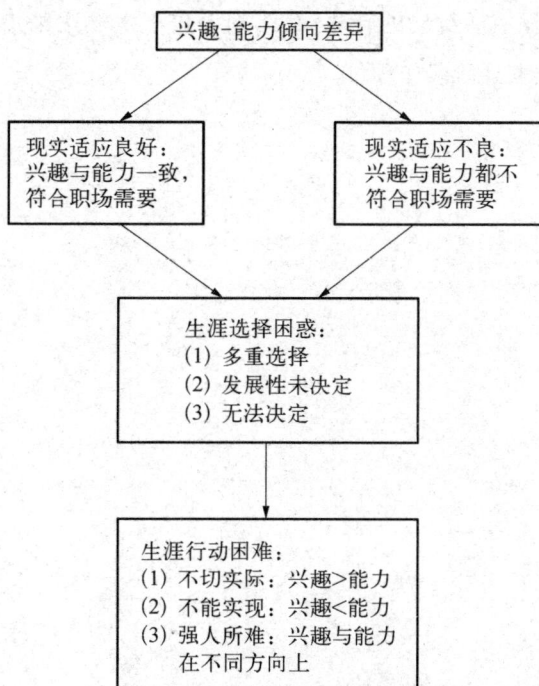

3. 具体建议

(1)高二集体停课 2 周进行活动,且学校事先做了各方面的沟通与协调以及组织运作,是非常不容易的事,可以看到学校的用心。本指导方案在资源、人员队伍、时间、信息化平台、学分制管理和安全性上都进行了细致而重要的落地保障,尤其是细化到协议书、教师任务书、学生任务书、小结写作要求、单位鉴定表、优秀小组申报表等各种针对学生、教师、企业资源的工具表单,非常值得广大学校进行借鉴和推广。

(2)如果在学习单的设计中再加入更深层的反思,如:"这些感触或体悟对你的意义是什么?""对职业体验的反思如何影响你目前的升学选择?""你怎样将这些感触或体悟运用在未来的学习生活/生涯能力准备上?"更可以让学生省思此体验活动对他们生命经验的影响。

（3）建议可在学生的职业体验中引入生涯过程性指导（如，以小组辅导的形式），发挥生涯导师的价值和功能，带领学生对当天或某阶段性的体验由感受向认知和行动进行转化，实现增进元认知和行动指导的目标，落实体验教育中解说环节的真正意义。

（4）设计者要重视年级的实际需求，进行职业体验的分层设计：从核心指标而言，建议高一着重于动力启发与高中整体规划启蒙；高二注重个性化生涯发展的目标设定，以及职业体验向高中实际生活行动的转化；高三则聚焦于生涯决策指导与生涯应变力培养，为即将进入的生涯变迁阶段作预备。

激发学习动机和兴趣

所属单元: 学业指导"激发学习动机和兴趣"

建议课时数: 3—4课时(每课时40分钟)

建议场地: 普通教室或团体辅导室

作者: 广东实验中学　蓝敏

设计理念

通过对学习动机的探讨,让学生了解自己的学习动机;通过对学习动机影响因素的分析,让学生掌握激发学习动机的方法;通过感受学习乐趣,找到战胜学习困难、创造成功的方法,使学生能够保持学习动力和学习兴趣。

教学总目标

一、了解自己的学习动机。

二、懂得激发学习动机的方法。

三、善于创造成功体验,保持学习兴趣。

课时安排

教 学 内 容	学 习 单
1. 了解学习动机	1.1　我的学习动机探索
2. 激发学习动机	2.1　我的学习动机提升方案
3. 保持学习动力	3.1　学习困难大作战 3.2　记录我的成功历程

课时 1

了解学习动机

教学目标

1. 了解什么是学习动机。

2. 懂得学习动机的重要性。

3. 探索自己的学习动机。

教学准备

复印好学习单,每位学生一份。

实施步骤

1. 导入:一个导致动机消失的故事。

(1) 故事内容。

曾经有一位聪明的教授,退休以后最喜欢欣赏古典作曲家舒缓的音乐。他的房子旁边是一个安静的公园,他每天在家听音乐,观赏自然,自在而安静地生活。一天,正当教授在家欣赏音乐时,一群年轻人出现在公园里,他们整个上午都在说笑,同时还用扬声器播放着摇滚歌手刺耳的歌曲。

一连几天,都是如此,教授深受其扰,他想让这群年轻人停止吵闹。他想到了四种方案:

- 他直接要求年轻人去其他地方;

- 他将自家的音乐音量调到最大;

- 他去训斥这群年轻人,并威胁他们报警处理;

- 他付费给这群年轻人,让他们不再回来。

(2) 讨论:如果你是教授,你会怎么处理?你想知道教授是怎么处理的吗?

(3) 教授的处理方式。

聪明的教授清楚,以上四种处理方式都有问题:要求他们离开可能遭到拒绝;调大自家音乐的音量打乱了自己的平静;训斥和威胁只会让关系变得紧张;付费可能导致年轻人提出得寸进尺的要求。

于是,他采取了第五种方式。第二天,当年轻人又在吵闹的时候,教授来到公园,告诉他们,他很喜欢听他们的音乐和笑声。他说,如果明天他们再来,他会付给每人十元钱。这伙年轻人欣然同意,并于第三天准时出现在公园,也领走了教授给他们的"报酬"。第四天,教授只愿意付每人五元,年轻人勉强同意了。第五天,教授只付给每人两元,年轻人感到比较失望。到了第六天,教授说没有钱支付给他们了,年轻人们怒气冲冲地走了,而且再也没有回来。

(4) 以上故事中的年轻人为什么不愿意继续到公园里玩了?

参考答案:教授运用心理学的方法,使年轻人在公园里听摇滚乐的内在动机转变成了外在动机,即从真正喜欢变成为了获得钱。教授的金钱奖励逐步减少,使得年轻人在公园玩乐的外在动机下降甚至消失了,所以他们就不在公园里播放摇滚音乐了。

2. 教师讲解:什么是动机,什么是学习动机?

动机是引起和维持个体的活动,并使活动朝向某一目标的内在心理过程或内部动力。学习动机是推动学生进行学习活动的内在原因,是激励、指引学生学习的强大动力。学习动机指的是学习活动的推动力,又称学习的动力。

比如,一个学生非常想学好物理,他/她上课认真听讲,认真做物理作业,主动向老师和同学请教,课余时间也做很多物理习题。由于他/她的这些努力,物理成绩逐渐提高了,他/她非常高兴,继续努力学习。这个例子中,学生对于学习物理有很强的学习动机。

3. 分析讨论:学习动机对我们的学习有何影响?

为什么有的人可以夜以继日,努力学习,有的人却对学习毫无兴趣,早早放弃呢? 这就是因为每个人的学习动机是不同的。就像一辆车的动力系统好坏直接决定它的车速和持久性,我们的学习也受动力系统影响。学习动机为我们的学习提供动力,动力的强弱直接影响我们对学习的态度,也影响着我们的学业成绩。

具体来说,学习动机对学习的影响表现在如下几方面。

第一,唤醒学习的情绪状态。学习动机可使学生产生如好奇、疑惑、喜欢、兴奋、紧张或焦急乃至冲动等情绪。

第二,增强学习的准备状态。学习动机易于使学生激活相关背景知识,降低在学习过程中对事物的知觉和反应阈限,缩短反应时间,从而提高学习效率。

第三,集中注意力。学习动机使学生将学习活动指向认知内容和目标,克服分心刺激的影响。

第四,提高努力程度和意志力。学习动机使学生延长学习时间,增强认真程度,遇到困难甚至失败时坚持不懈,直到达到学习目的。

4. 自我探索:我的学习动机是什么?

教师指导语:刚才同学们了解了学习动机对学习的影响,现在就让我们来了解一下我们自己的学习动机吧!目前的学习对我们来说意味着什么?我们的学习动力来源于什么呢?请同学们思考这两个问题,完成学习单。

5. 活动总结。

教师收齐填写好的学习单,将全体学生的学习动机汇总并分类,教师可从如下两方面进行分类。

(1) 外在的动机。比如在活动开头的故事中,年轻人希望获得金钱就是外在的动机。外在动机包括社会的要求,考试的压力,父母的奖励,教师的赞许,伙伴的认可,评优秀学生,获得荣誉称号和奖学金,报考理想的学校,求得理想的职业,追求令人向往和称羡的社会地位,等等。

(2) 内在的动机。如对学习的需要、兴趣、愿望、好奇心、求知欲、理想、信念、人生观、价值观,以及自尊心、自信心、责任感、义务感、成就感和荣誉感,等等。

以上分别是外在学习动机和内在学习动机,它们对学生学习行为的影响,我们会在下一个活动中深入探讨。

建议与提示

1. 学习动机的研究,是学习科学中非常重要的一个内容。作为一名指导教师,对学习动机的了解和关注,非常必要。建议指导教师多阅读与学习动机相关的书籍,做好知识储备。

2. 老师在指导过程中,要注重结合学生的实际,重视学生的真情实感,不要强制灌输"要努力学习"的观点。

3. 指导教师要尊重学生不同的学习动机。

【学习单】

1.1　我的学习动机探索

(1) 运用自由联想的方式,说说目前的学习对你来说就像是什么,为什么。

目前的学习,对我来说就像是＿＿＿＿＿＿＿＿＿＿＿＿＿＿＿＿＿＿＿＿＿

我这么想是因为_____

_____

_____。

（2）我之所以在这里学习，有如下原因（按重要性依次排列）。

课时 2

激发学习动机

教学目标

1. 引导学生通过学习和探索,掌握提高学习动机水平的方法。

2. 针对学生个人实际,找出影响学习动机的因素。

3. 通过自我探索,寻求提升个人学习动机的方法。

教学准备

1. 复印好学习单,每位学生一份。

2. 全班分成几个 6—8 人小组。

实施步骤

1. 材料分析:钱梦龙的转变。

我从小智力平平,生性顽皮,不爱学习,到小学五年级的时候已创下了三次留级的"纪录"。但在我五年级留级后,遇到了一位终生难忘的好老师武钟英老师,这是我一生的幸运。

武老师教我们国语课兼级任教师,上课的第一天他就把我叫到办公室,拿出一本四角号码小字典,对我说:"现在我教你四角号码查字法,如果你能学会,就可以证明你不是什么'聪明面孔笨肚肠'。你想证明一下自己吗?"我当然很想知道自己究竟是笨还是不笨。结果在武老师的指点下我很快学会了这种查字法,这使我的自信心大增。接着武老师又给我布置了一项任务:在他每教新课之前,由我把课文里的生字从字典里查出来抄在黑板上,供同学们学习。一个长期被同学们看不起的"老留级生",居然还能承担如此光荣的任务,我自然感到从未有过的自豪!我由于爱武老师,也爱上他的课,所以对他布置的作业都能认认真真、一丝不苟地完成,于是又不断在国语课上受到表扬。到六年级时,武老师又把我的一篇作文推荐给县里的一份报纸,居然发表了。当我看到自己的名字变成了铅字,清清楚楚地印在报纸上时,真比登台领奖还要风光十倍!

最难忘的是领小学毕业证书和成绩单的那一天。我记得武老师在把成绩单发到我手里的时候,亲切地拍着我的肩膀说:"钱梦龙,看看我给你写的评语吧。"我至今对打开评语栏时看到的第一句话仍然保持着强烈的印象,这句话是:"该生天资聪颖。"我知道,这是武老师两年来帮助我一步步克服自卑、自弃心理的最后一步。当我进入初中的时候,已经是一个酷爱读书的少年郎了。(摘自:钱梦龙《路是这样走出来的》)

2. 思考:是什么原因使得钱梦龙的学习态度发生如此大的转变?

参考答案:语文老师运用了各种方法,使得钱梦龙找回了学习的快乐与自信,激发了钱梦龙学习的内在动机。这说明内在的动机可以让一个人产生主动学习、持续学习的强大动力,从而促使学习态度、行为以及结果的改变。

3. 分组讨论:哪些因素会影响我们的学习动机?

学生自由讨论并发言。

4. 教师总结:影响学习动机的因素。

(1) 学习者对学习的态度和认识:认为学习有用、有乐趣,情绪积极的人,动机强;

(2) 学习者的身心情况:身体健康、心态阳光的人,动机强;

(3) 学习环境:在让人愉快舒适的学习环境中,动机强;

(4) 学习的内容:学习具有趣味性和适度挑战性的内容,动机强;

(5) 学习的方式:互动、参与式的学习方式,动机强;

(6) 学习的过程:知识的讲解与呈现能够激起学习好奇心和乐趣的,动机强;

(7) 师生、生生关系:融洽、友爱的师生、生生关系,动机强。

5. 分析内在、外在动机的特点。

教师展示在上一个活动中收集到的学习动机汇总情况,分析内在动机和外在动机的特点,以及它们对学习行为的影响。

内部动机指学习活动本身的意义和价值所引起的动机。例如,许多学生愿意学习物理或做物理实验,即使不一定得到学分或高分,也会持之以恒地钻研。

外部动机是指学习活动的外部后果引起的动机,从事学习活动是达到某一结果的手段。例如,学生努力学习是想在考试中获得好成绩、得到奖励、取悦老师或家长,学习成了获得表扬的一种手段。

有效地激发内部动机更加能够保持自主和持久学习。因为当学生的学习是以内部动机为主时,他/她是真正对学习产生了兴趣,是对学习活动的热爱,内部动机使学生能更为有效地进行和坚持学习活动。

6. 自我探索：如何激发我的学习动机？

（1）教师念出指导语，请学生思考影响自己学习动机的因素，想想有什么办法可以改变这个影响，并写出改变的行动计划。参照例子完成学习单。

教师指导语建议：同学们，长久以来，你也许不太满意自己在学习上的表现。你考虑过这些表现有可能是学习动力不足导致的吗？你想改善这种情况吗？接下来，我们将进行个人学习动机上的自我探索。希望你认真而真诚地思考，有哪些因素在影响着你的学习动力，并考虑如何改变这些因素的影响，做出下一步的行动计划。老师不会打扰你的思考，但如果你需要老师的协助，我随时可以和你一起探讨。现在请大家一边思考，一边完成今天的学习单。

（2）小组交流完成的学习单，互相学习大家提出的改变动机的办法。

（3）各组将组内提到的办法汇总，在全班分享。

建议与提示

1. 本活动不仅要让学生了解影响学习动机的因素，更重要的是让学生通过自我探索，了解自己的学习动机水平，并能够有效地培养和激发自己的学习动机。所以本活动的难点是如何引导学生做好自我探索。

2. 自我探索是隐私性很强的活动，有些学生不愿意让老师和同学知道他们的探索过程和结果，所以教师不能强制要求查看学习单。指导教师要相信学生，耐心地给予学生探索和变化的时间。如果学生乐于让教师指导，教师要针对学生的不同情况进行个别化指导。完成学习单的具体思路可参考学习单中的举例。

3. 如果遇到指导教师和学生都无法解决的动机问题，不必急于一时解决。有时候，等待也是一种解决方式。

4. 教师在总结和点评全班学生的学习动机时，要注意保护学生的个人隐私。可以说出全班收集到的动机内容，但不要说出学生的名字。

5. 在自我探索时，如果学生找不到改变方法，教师也遇到困难，可在征得学生本人同意的情况下，借助学生学习小组的力量一起为学生提供个性化指导和帮助。

2.1　我的学习动机提升方案

影响我的学习 动机的原因	改变办法	下一步行动计划
例1：我认为"读书无用"	改变想法：读书不仅仅是为了工作，是为了提升自己各方面的修养。	在生活中多多运用自己学到的知识，感受知识的价值和学习的意义。
例2：我不喜欢某某老师	人无完人，也许这位老师也有可爱的地方，我要去发现。	和老师多一些接触，多方面了解老师，发现老师的魅力之处。

【替代方案】

可用以下活动替换实施步骤1、2"钱梦龙的转变"材料分析与思考。

活动：我喜欢的魅力老师

全班分为几个6—8人小组，组内交流自己最喜欢的一位老师，说说最喜欢他/她的哪些特质，也谈谈自己学习他/她任教的学科的情况。组内交流之后，每组派一名同学将本组交流情况向全班汇报，教师负责记录关键词。

本活动安排的目的：无论学生分享的是现在还是以前任教的老师，讲述老师的故事，都可以让学生感受老师的魅力，增强师生之间的正向情感。通过此活动让学生感受到，良好的师生关系有助于提升学习动机。

教师指导建议：指导教师记录"魅力"教师的关键特征，既可以引导学生关注身边还有哪些和学生提到的"魅力"教师同样的教师，也可以作为学校教师培训课程的材料依据。

参考文献

1. 何东涛著：《学习问道》，浙江大学出版社，2009年版，第5页。

2.贾晓波、李慧生主编:《高中生心理适应能力训练教程》,天津教育出版社,2004 年版,第 11 页。

推荐资料

1. Donna Walker Tileston 著,宋玲译:《让学生都爱学习——激发学习动机的策略》,中国轻工业出版社,2012 年版。

2. 王林发、陈秀凤编著:《向名师借智慧丛书:学习动机的激发与培养》,教育科学出版社,2013 年版。

课时 3

保持学习动力

教学目标

1. 回顾与分享学习生涯中最高兴的事情,体验学习的乐趣,唤起对学习的正面情绪。

2. 通过指导,使学生懂得如何主动激发学习兴趣,勇于面对学习困难,善于在学习过程中体验成功感,从而能够持续、主动地学习。

教学准备

1. 学生每人一张记录"幸福瞬间"的小贴纸。

2. 复印学习单 3.1 和 3.2,每人一份。

3. 教师准备一张大白纸,用于粘贴学生的贴纸。

实施步骤

1. 材料分析:感受学习中的"幸福瞬间"。

(1)教师播放舒缓的音乐,让学生多做几次深呼吸,身体放松,专心专注。

(2)教师念指导语,请学生回忆自己学习生涯中最开心、最幸福的一个瞬间。

同学们,让我们在放松的状态下,来回顾一下自己的学习历程。从幼儿园到小学,到初中,到现在,这么多年的学习生涯里,一定有让你特别快乐、特别幸福、特别难忘的瞬间吧?无论它发生在很多年前,还是最近;无论它是一个巨大的幸福,还是一个小小的快乐,只要你还记得,就请你好好地回顾一下这个瞬间吧!那是什么时候?发生了什么样的事情?你的感受是怎么样的?现在的你,是不是又有了那时的感觉?让我们把这个"幸福的瞬间"记录下来吧!

(3)学生在贴纸上写下自己的"幸福瞬间",内容包括:什么时候?发生了什么事情?当时感受如何?

(4)教师组织学生和身边的同学分享自己的幸福瞬间。

(5)教师组织学生将所有的贴纸粘贴在大白纸上,在全班展示。

（6）教师总结。

■ 兴趣是最好的老师，对学习的兴趣会带领我们主动、坚持学习。

■ 但不是所有的人都对学习有兴趣，也不是所有的学习内容都那么有趣。在这样的状况下，善于发现学习过程中的乐趣，就显得非常重要。在学习的过程中不断发现乐趣，有助于学习动机的保持。

■ 学习的乐趣体现在很多方面，有解决问题的快乐、取得成功的自豪，也有团队合作的温暖、个人成长的喜悦。我们要有一双善于发现学习乐趣的眼睛。

2. 学习困难大作战。

（1）教师念指导语，从上一个环节"幸福瞬间"过渡到本环节主题——学习困难。

刚刚我们回顾了学习生涯中的"幸福瞬间"，现在我们要转换频道，来回顾一下学习中的困难了。我们在学习过程中，一定遇到过诸如上课听不懂，作业不会做，无论如何努力都没有进步，考试考不好等各种各样的烦恼吧？让我们在《蜗牛》这首歌的陪伴中一起来回顾一下，你在学习中遇到的学习困难有哪些，你是如何应对学习困难的。

（2）播放轻音乐，让学生回忆遇到的学习困难有哪些，一般是怎么应对的。完成学习单3.1。

（3）教师和学生一起总结正确应对学习困难的方法。

■ 提前做好知识积累。比如预习，查阅相关资料，做好相关知识储备等。

■ 比别人花更多的时间学习。

■ 善于把握学习的一般规律。阅读学习科学、脑科学相关书籍或资料，了解学习和认知规律，掌握如观察、注意、记忆、理解、应用知识的一般方法。

■ 主动求助。向老师、同学等寻求学业帮助。

■ 学会运用各种学习资源。运用图书馆、网络、社会实践等各种渠道，提升自己学习知识、理解和运用知识的能力。

3. 体验学习的成功感，保持学习动力。

（1）游戏"解开千千结"。

场地要求：需要一个比较开阔的空地，保证全班同学能够站起来活动。

所需时间：10分钟。

游戏规则：将全班分成两组，每组同学拉起手围成一个圈，每个同学记住自己的左右手拉的是谁的手，然后松手在圈内自由走动，指挥者喊"停"，全体同学站立不动，再拉起原来的左右手，打成结。

在大家都不松手的情况下（要求成员设法解决问题，或钻，或跨，或绕……）恢复到原来的样子。哪个组完成的时间短则为获胜。

如果第一次完成情况不理想，可以进行两次。

（2）分享：当我们费尽心思，最终成功解开"千千结"时，心情如何？

（3）教师引导：在学习中经常体验成功感，是保持学习兴趣的有效方法。我们要学会创造成功的机会。

- 保持积极心态，坚持有效的行动，一定能创造很多成功。

- 微小的成功也是成功。比如，做对了一道之前不会做的题，考试超过了一位很想超过的同学，被老师表扬了等，都是成功的体验。

- 过程比结果更重要。要学会在学习的过程中体验到进步与突破，这种成功感更让人产生自信。

- 要学会多元评价。成功的标准不仅仅是学业进步，要多方面评价自己的成功。如学习心态积极了，行为更努力了等，这些都是成功。

（4）组内交流分享：我在学习中创造过的成功体验。

（5）全班交流分享。每组推选一个最打动人的"成功体验故事"在全班分享。

（6）课后作业：记录成功历程，体验成功感受。完成学习单3.2。

设计课后作业的目的是能够用量化的方式，动态地记录学生完成某个学习任务的进步过程，让学生能够清晰地看到自己创造的成功，这样可以极大地提升学生的自尊自信水平，对学生保持学习动力有非常明显的促进作用。具体做法为：

➤ 选择一个想改善的学习状况，记录下目前的实际情况，设定一个理想情况，并写出改善方法。

➤ 记录一段时间内学习状况的改善情况。

可参考学习单3.2中的举例。

建议与提示

1. 放松时播放的音乐最好是纯音乐，不要有歌词，节奏舒缓，能够让人迅速放松。教师让学生用最舒适的姿势坐好，放下手中的物品，摘下眼镜，闭目凝神，做几次深呼吸。指导学生放松时，教师可根据自己喜欢和擅长的方式进行，文中提供的指导语仅供参考。教师在学生放松状态下念指导语时，发音要清晰，声音要轻柔、缓慢、平稳。

2. 为了增强趣味性，全班贴纸集合可以粘贴成可爱的形状，如树形、心形，或其他大家喜欢的形状。

3. 安排"学习困难大作战"环节的原因是,学生能否积极应对学习困难,对维持学习动力有很大的影响。学生学习动力下降,很大程度上是因为面对学习中的困难和挫折时,缺乏应对的方法。所以对学生进行积极面对学习困难的方法指导,非常重要。

4. 影响学生的学习动机因素非常多,要有效地激发和培养学生的学习动机,更重要的还在于教师。要想达到更好的效果,还需要所有教师在观念、态度、行为、技巧等方面有所转变。

【学习单】

3.1　学习困难大作战

我遇到过的学习困难	我当时是怎么应对的	应对困难过程中我的感受
例:做题太慢,考试时题目做不完。	查找原因,发现阅读和理解题目花的时间太多,做了很多阅读训练。	我觉得找到自己学习困难的真正原因很重要,这样才能有的放矢地解决问题。

3.2　记录我的成功历程

例:某位学生想改善他/她"专注力不够"的状况,他/她的记录单如下。

(1)现状、目标与行动。

想改善的状况	目前实际情况	理想情况	改 善 方 法
专注力不够	注意力集中时间最长 20 分钟	注意力集中时间稳定在 40—60 分钟	注意力训练 排除各种干扰 向老师请教提高专注力的方法

（2）记录我的成功历程。

日期	第一天	第二天	第三天	第四天	第八天	第十五天	第三十天
成绩记录	20分钟	18分钟	25分钟	22分钟	30分钟	30分钟	55分钟
感受	没有变化	退步了，找原因	有点进步，要坚持	有所反复，看来不容易	进步很大，很开心	突破很难，还要努力	目标达成，感觉非常棒

我 的 记 录 单

（1）现状、目标与行动。

想改善的状况	目前实际情况	理想情况	改 善 方 法

（2）记录我的成功历程。

日期							
成绩记录							
感受							

专家点评与建议

1. 总体评价

"激发学习动机与兴趣"是学业正向发展的前提要素，亦是学业指导中颇为关键的难点。本指导方案教学目标明确，构思完整，逻辑清晰，教学设计层层递进；运用了多元的活动形式，以激发学生的深刻感受、自省和反思为关键，充分重视发展指导的理念和原则，在方法和行动指导上提供了宝贵的经验，实属难得的示范性教案。

2. 学术观点

在学习动机的学理基础上，有多种动机理论和学说可作为教师学业指导的理念及设计框架,例如 J.W. Atkinson 的成就动机理论、E.L. Deci 和 R.M. Ryan 的自我决定理论、A. Bandura 的自我效能感理论、B. Weiner 的归因理论以及 M.Seligman 的习得性无助理论。其中,成就需要、成功的主观期望概率、对失败预估的可能性、取得成就的积极诱因/导致失败的消极诱因、习得性无助、适度挑战性目标的设定、及时反馈的获得、不合理归因(对成功外归因,对失败内归因)等都是能够激发深度反思的知识点,可用于教学活动和学习单设计。

3. 具体建议

(1)教师的建议与提示部分充分展示了学生发展指导的原则,例如尊重学生真实的感受和观点,不灌输不强制;对学生有信心有耐心,给予探索和改变的空间,教师要学习等待的功课;保护学生隐私和分享的意愿等值得广大教师学习。

(2)课时 1"学习动机对学习的影响"示范了清晰的概念解释,并为辨析内外动机的教学目标选取了很好的导入材料,针对性强,难度适宜,有趣味性,便于提问拓展,能激发学生的兴趣和深化理解,值得借鉴。

(3)课时 2 激发学习动机活动的解说重点不要放在影响因素的改变,而要着眼于如何观察自身内在动力的程度,发掘和培养自身动力,如何运用有效的积极的影响因素来促发自己的动力改变。

(4)建议学习单 2.1 中对行动设计更为具体化,例如想出一个新的想法来反驳"读书无用",发现老师的 1—2 个优点,对老师对我的态度做出一个新的解释等。学习单 3.1 可以增加一栏"未来的行动改进";学习单 3.2 可以增加"原因分析"和"对自己明天的行动建议"。

(5)建议课时 3 中实施步骤 2 和步骤 3 调换顺序,可以增加制作"我的学习成长曲线"的活动,帮助学生看到自己的成功,反思自己的成功是如何做到的,也观察自己的困难是如何出现的,思考如何应对和改善当前的状况。

优化学习策略与方法指导

所属单元：学业指导"优化学习策略与方法"

建议课时数：4—6课时（每课时40分钟）

建议场地：普通教室

作者：西安市长安区第一中学　赵思俊

设计理念

本主题选择了阅读、预习、听课和笔记策略与方法，旨在指导学生有效地优化学习策略与方法，促进学生形成合理的学习风格，尤其帮助还没有形成良好学习习惯的高中生解决学习中的问题与困惑，提高学业成就。

教学总目标

一、明确阅读的目的和意义，懂得阅读的选择性，掌握粗读、精读和速读的方法。

二、归纳预习常见的问题，懂得预习的作用，掌握预习的基本步骤和方法。

三、了解听课存在的问题和听课的水平，掌握听课的要点及方法。

四、懂得笔记的作用，掌握笔记的记录、整理和应用方法，设计适合自己的笔记模板。

课时安排

教 学 内 容	学 习 单
1. 阅读方法	1.1　阅读方法
2. 预习方法	2.1　有效预习
3. 听课方法	3.1　听课方法
4. 笔记方法	4.1　笔记方法

课时 1

阅读方法

教学目标

1. 明确阅读的目的和意义。

2. 懂得阅读的选择性。

3. 掌握粗读、精读和速读的方法。

教学准备

课前批阅学习单 1.1,选定部分学生作为交流分享阅读经验的主力。

实施步骤

1. 交流活动：阅读的目的和意义。

（1）学生交流：课内、课外阅读的目的和意义。

（2）教师指导。

■ 课内阅读：学业发展。阅读课本是学生学习学科知识和技能,掌握学科思想和方法,夯实专业发展基础的必然选择。阅读是学习的主要途径,然而,有些学生不重视课本,不会阅读课本,越学越吃力,学习的效果和效率并不高。相比之下,高中生中有良好的阅读习惯和阅读能力的往往是学优生。

■ 课外阅读：学业发展的补充和拓展;职业准备;发展兴趣、情趣、美趣等素养;丰富生活常识;消遣娱乐等。

■ 阅读,获取知识,培植智慧,启迪人生。

■ 阅读是最基本的学习方式,阅读能力是基本的学习能力。

■ 阅读课本和课外书籍是高中生的重要任务。

2. 分享交流：有选择地进行阅读。

（1）学生分享交流：选择阅读内容或读物的理由,以及选择的方法。

（2）教师指导。

■ 从中外名言中感悟阅读需要选择的缘由。例如,中国道家庄子说:"吾生也有涯,而知也无涯,以有涯之生逐无涯之知,殆已。"

■ 书海浩瀚,生命有限。把知识划定在一定的范围和领域内,用有限的时间去探索特定领域的知识才容易学有所成。

■ 读物的选择应符合自己成长发展的目标,围绕目标选择有用的、兼顾其他的书籍,放弃有害的书籍。

■ 课内阅读的选择方法:必修课本全面阅读,选修课本定向阅读,围绕课本阅读相关参考书、课外书。

■ 课外阅读的选择方法:处理好博览与专精的关系。

3. 阅读方法交流:粗读。

(1)学生分享交流:粗读的步骤、方法和需要注意的要点;粗读比较适合哪些类型的阅读材料。

(2)教师指导。

■ 书籍或课本的粗读步骤:第一步推敲书名文题看目录;第二步通读序言、前言、后记;第三步阅读提要;第四步了解书籍内容的整体结构,提取主要内容、观点、结论。

■ 文章或课文的粗读步骤:第一步推敲文章标题看一级标题;第二步浏览文章内容;第三步提取主要观点、结论。

■ 粗读应注意四点:一是要集中注意力获得必要的信息。否则,阅读后印象模糊没有所得,阅读就没有效果。二是要善于抓住关键,有理解、有记忆地快速阅读。三是要总结自己的阅读所得。这是必须要记住的阅读要领,否则阅读效果会大打折扣。四是粗读往往成为精读的前奏,帮助判断是否需要精读,精读哪些内容,为精读做好准备。

■ 粗读比较适合新闻报道、消遣娱乐、科普宣传等阅读材料,同时用于为选择精读材料而进行的博览群书。

4. 阅读方法交流:精读。

(1)学生分享交流:精读的步骤、方法和需要注意的要点;精读比较适合阅读哪些类型的阅读材料。

(2)教师指导。

■ 精读的步骤:第一步粗读概览内容,第二步细读澄清内容,第三步及时总结构建知识网。

- SQ3R 精读方法简介:浏览、提问、阅读、复述、复习。

- 近年,国外流行一种 SQ3R 读书法[①]。所谓 SQ3R,就是 SURVEY(浏览),QUESTION(提问),READ(阅读),RECITE(复述),REVIEW(复习)。如果我们要精读一本书,可以依照顺序,进行以下步骤:

第一步,浏览。要明确阅读的目的和要求,就要先让自己对全书有个总体印象。快速浏览全书,注意材料的结构和重点,不仅能使自己大体了解全书的框架,还能把自己原先掌握的有关知识与经验调动起来,为进一步阅读打下基础。

第二步,提问。根据阅读要求,就阅读材料的标题等重要标示提出一些问题。这种提问能使自己的阅读有所准备,有批判的主动性,有利于我们集中注意力,增强进一步阅读的兴趣,对加深理解和记忆重点知识都有好处。

第三步,阅读。带着问题深入阅读,逐字逐段,边读边思,理解透彻。掌握各章节的主要观点和内容实质以及各章节之间的相互联系,了解作者的写作目的和作品的意义、价值。对难度大的段落要反复阅读,以便熟练掌握。

第四步,复述。重新反复阅读,达到熟练程度,在理解的基础上用自己的语言复述重点内容,以检验学习和记忆的效果。发现没有掌握好的难点,还要反复阅读,力求熟练掌握。

第五步,复习。在复习的时候要抓重点,并按照遗忘规律,及时、有计划地组织复习。最好在学习后一两天内进行复习,隔一段时间重复复习。

- 精读应注意四点:一是集中注意力,提高效率;二是勤于思考,善于提问,理解内容,理清思路;三是整理总结,梳理知识结构网;四是记好笔记,加深理解,巩固记忆,积累资料。

- 精读适合阅读课本、重要的参考资料和与自己生涯发展密切相关的书籍。

5. 阅读方法交流:速读。

(1)学生交流:了解自己的阅读速度,找找影响阅读速度的原因。

(2)教师指导:影响快速阅读的因素。

- 一是个人掌握语言文字知识、自然知识、社会科学知识的程度。

- 二是阅读方法和习惯。

(3)比较传统阅读模式与现代阅读模式:

- 传统阅读模式:眼睛——视觉中枢——语言中枢——听觉中枢——理解记忆。

---

① 曾晓洁主编:《优秀中学生的学习方法与能力》,线装书局,2003 年版,第 176—177 页。

- 现代阅读模式：眼睛——视觉中枢——理解记忆。

- 两者相比较,传统的阅读模式有五个环节,费时费力;现代的阅读模式省去了两个环节,只有三个环节,省时省力。

- 传统阅读模式实际上是在"读书",而不是在真正"看书",是一个自己读给自己听的过程。传统阅读模式下有些人粗读快,精读也快,是因为这些人长期阅读并有良好的阅读习惯。一般而言,在理解的前提下阅读速度越快越好,但若要进一步提高阅读速度,就需要采用现代阅读模式。

（4）现代速读方法与自主训练指导。

- 现代速读是眼脑直映式阅读,适用于粗读、泛读、略读,甚至精读。

- 速读需要注意的问题。

- 速读自主训练指导。

建议与提示

1. 知识点提示。

（1）交流活动：阅读的目的和意义。

学生通过交流促进了对阅读目的和意义的感悟和理解,树立起需要读书、喜欢读书、主动读书的思想认识,激发其阅读的兴趣和动机。同时,学生通过阅读方法的交流,取长补短,发挥优势,提高阅读能力。

（2）分享交流：有选择地进行阅读。

在知识和信息越来越丰富的社会里,个人不可能全部继承前人的知识,也不可能阅读所有书籍。在浩瀚的知识海洋里,个人为了获得对自己有用的知识,只能变无限为有限,把知识划定在一定的范围和领域内,用有限的时间去探索有限的知识才容易学有所成。因此我们每个人的学习和阅读都应该具有高度的选择性。

学生选择书籍和文章的标准：精读教材;根据自己学习和学业发展中的实际问题进行选择;选择名家名著;选择学科史上的经典著作;选择核心期刊;掌握图书馆的必要知识;了解一些书目介绍、书评、书刊文摘方面的文章;从通俗性的、介绍性的入门读物逐渐向专业性的书籍过渡;把兴趣发展与学业发展、综合素养提高相结合,兼顾不同的阅读目的之间的平衡。

（3）阅读方法交流：粗读。

粗读,又称为略读、泛读等。它是对阅读材料进行取舍,完成以检索、查阅、获得信息、了解情况为目的的阅读。

（4）阅读方法交流：精读。

精读是深入细致地研读。精读要做到的四件事[1]：一懂，就是对书的基本内容要达到理解的程度；二记，就是要记住所理解的内容；三会，就是会运用这些理解了的知识；四熟，就是能熟练地将从书本中学到的知识表达出来或运用它分析问题和解决问题。

精读应注意的方面[2]：一是阅读时注意力要高度集中，快速思考，提高阅读效果和效率。二是细读，从字里行间、段落章节中获取材料的内涵。同时利用阅读符号与批注等帮助自己对材料进行理解。三是阅读时要做到边读边思考，多思善问，反复琢磨研究，边分析边评价。例如对难题可以打上记号，另作处理，或翻阅参考资料，或请教他人。给自己必要的时间进行想象和联想，以便能够充分理解阅读材料，并对材料加深记忆。四是及时总结，有效地清点自己掌握的内容，以便理解、把握、记忆知识，帮助我们解决实际问题。因此，读完一段、一节、一章、一本材料内容时，都需要及时进行总结。厘清、明了材料的关键内容、知识要点、知识层次、中心思想，逐步构建具有系统性、条理性、整体性，多而不乱，用起来很方便的知识网。

（5）阅读方法交流：速读。

a. 学生交流与教师指导。教师需要组织学生在课前完成学习单中的两项任务，即"了解自己的阅读速度"和"找找影响阅读速度的原因"，并批阅学生的学习单。这样，学生在课堂上交流的效果会更好。

b. 现代速读方法与自主训练指导。

速读即快速阅读，是眼脑直映式阅读，也叫全脑速读或眼脑直映速读。全脑速读方法适用于粗读、泛读、略读，甚至精读，掌握了这种阅读方法可以大幅度提高阅读效率。速读需要注意的问题：一是要保持注意力的集中，使眼睛和大脑配合，协调一致；二是提高整体识读的能力；三是正确处理好阅读速度与理解、记忆的关系。"在练习操作中，不可片面追求速度快，而要重视对内容的理解和记忆。开始时可以先慢后快，由慢到快，层层递进，不断升级，才能正确牢固地掌握速读技术。"

通过速读训练就能提高阅读效率。速读自主训练指导可以采用以下途径：一是购买相关书籍自己参照训练，如胡雅茹的《神奇的眼脑直映快读法》（新世界出版社）；二是利用假期参加各地相关机构开展的培训班；三是下载有关中文训练的电脑软件辅助训练；四是教师安排合适的时间开展学生之间的交流分享活动。

----

[1] 龚正行著：《中学生学习方法指导（修订版）》，华夏出版社，2013年版，第159页。
[2] 曾晓洁主编：《优秀中学生的学习方法与能力》，线装书局，2003年版，第173—176页。

2. 教学提示。

本次活动强调了阅读的意义和粗读、精读及速读的方法,教师在指导的过程中,还需要关注一些阅读习惯、策略和方法的指导。

（1）养成良好的阅读习惯。

a. 减少娱乐性、消遣性、快餐性阅读,读经典、读名著,提高阅读品味;

b. 学会利用图书馆,掌握必要的文献查阅、文献介绍和工具书使用方面的知识;

c. 向教师、专业人士、家长等求助,寻求指点和帮助;

d. 制定课内外的阅读计划,合理安排时间,严格执行;

e. 积极参与一些书籍介绍、讲座、集体阅读等讨论活动。

（2）掌握必要的阅读策略与方法。

a. 处理好阅读和思考的关系,掌握批判性、反思性阅读方法;

b. 勤做读书笔记,以及学习如何做读书笔记;

c. 掌握网络化阅读的方法和工具。

【学习单】

1.1　阅　读　方　法

（1）4月23日是世界读书日,你认为阅读有什么价值和意义?

（2）"书籍是人类思想的宝库"（乌申斯基）,它承载文化;"书是人类进步的阶梯"（高尔基）,它传递文明。阅读书籍是人们汲取科学文化知识的主要手段和认识世界的重要途径,"书籍是培植智慧的工具"（夸美纽斯）。作为学生,你除了阅读课本还阅读课外书籍吗?你每年能阅读几本课外书籍?你对课外书籍有选择吗?你有哪些阅读课外书籍的方法或经验?

（3）学生阅读课本是经常要做的事情,然而学生之间在阅读课文的快与慢、理解的多与少、概括的深与浅、把握重点与理清脉络等方面的表现大不相同,导致学生之间出现不同的学习效率。请反思自己的阅读经验,总结一下自己有没有能够促进学习的阅读方法,这些阅读方法是怎样提高学习效率的,如果自己没有良好的阅读方法,面对学习该怎么办。

（4）通过填表回答,了解自己的阅读速度和影响阅读速度的因素。

表 9.1　阅读速度比较表

理解前提下的阅读速度	课　本	文学书籍	科技书籍
自测自己的阅读速度	字/分	字/分，　本/年	字/分，　本/年
同学中最快的阅读速度	字/分	字/分，　本/年	字/分，　本/年
文献或网络查询最快的阅读速度	字/分	字/分，　本/年	字/分，　本/年

表 9.2　影响阅读速度的原因

现　　象	你有没有这种现象（用"√"选择）		
	有	没有	有时候有
A. 有些字词不认识，看不懂句子的意思。			
B. 边指字边阅读。			
C. 默读，即边看文字边轻微读出字音。			
D. 逐字逐句地阅读。			
E. 频繁回视，即不断地回看已经看过的内容。			
F. 看书越慢，越怕阅读，越不爱阅读。			
G. 看书时不自觉的闻闻手，转转笔，看看周围。			

　　上表中属于语言文字知识或自然、社会知识欠缺的是_____,属于阅读方法的是_____,属于阅读习惯的是_____。

　　你阅读速度慢的原因主要是_____

_____

_____。

课时 2

预习方法

教学目标

1. 归纳预习常见的问题。

2. 懂得预习的作用,掌握预习的基本步骤和方法。

教学准备

发放、批阅学习单 2.1,统计学习单中问卷调查数据。

实施步骤

1. 高中生预习常见的问题与困惑。

(1) 预习常见的问题。

展示学习单问卷调查情况:为什么没有坚持预习? 高一(16)班 42 名同学填写的问卷调查统计结果:有 13 人坚持预习,其余 29 人均没有坚持预习,6 名认为预习没有用的同学,在是否坚持预习这个问题上都选择了否。

为什么我们认为预习对学习有用却没有坚持? 在 29 位没有坚持预习的学生当中:

A. 没时间 52%(15 人次);

B. 预习没有用 10%(3 人次);

C. 不预习也能听懂 17%(7 人次);

D. 预习了上课觉得没意思,容易走神 24%(8 人次);

E. 其他 28%(8 人次),包括预习没有成就感,忘了,不知道怎么预习。

选择最多的 A 选项:没时间。不少学生在学习时间分配中,除去上课时间,其他的自习和课余时间绝大部分都用于做题。做题是应该的、必要的学习过程,但因为要做题而放弃预习,必然影响学习的质量,不利于培养良好的学习习惯。况且,一天的时间虽然有限但可以管理,安排预习时间进行有效的预习,并体验预习带来的收获,没有时间预习的状况是可以改变的。

C选项：不预习也能听懂。如果不预习也能听懂，我们可以不预习，但是要注意判断自己是否真的能听懂。如果只是觉得自己能听懂，但是在课后复习和做题时问题又比较多，很多地方不会，成绩也不理想，那可能我们上课并未真的听懂，存在一知半解不能融会贯通的问题，这就需要认真对待预习了。

B、D、E选项集中反映了预习的方法有问题。下面几个案例给了我们哪些启示？

案例一：A同学很重视预习，尤其是数学，他每天都要用一个小时的时间去看数学书，做书上的习题，能做出习题，他就心满意足，以为自己对书上的知识都掌握了。于是，上课时他嫌老师课讲得慢，经常与周围的同学讲话，做小动作。有时，上数学课他还做其他科的作业。但每次考试，他的数学成绩都不高。

问：A同学的预习存在什么问题？

答：预习过细降低了学习的积极性。

案例二：B同学从前没有预习习惯，后来听老师说预习能提高学习成绩，他就想试验一下。一次，他拿起物理课本阅读第二天将要上的内容。他看了一遍书，没有弄懂书上的原理和公式，但他把这些原理和公式抄了下来。接着，他开始做书上的练习题。可这些练习题，他一道也做不出来。他在心里嘀咕着，看了一遍书，一道题目也做不出来，那预习还有什么意义呢？他决定以后不再预习了。

问：B同学的预习存在什么问题？

答：预习过粗，达不到预习的目的。

问：预习过粗和过细都达不到理想的预习效果，我们在预习时要把握好预习的度，怎样才能把握好预习的程度？

引导学生回答。

适度预习的标准：重温有关的旧知识，扫清听课障碍；初步理解新教材的基本问题和思路；找出不明白和需要深入学习的问题。

案例三：上高中那会儿，学习紧张，对于我来说，每天用于预习的时间并不是太多。可是当我翻开身边同学的书本时，却发现他们用方框圈起来的新词，用曲线划的好句，用问号划的问题，多音字、近义词、反义词，密密麻麻的一大片。我在想，他们是怎么抽出这么多时间预习的呢？不过，后来的答案令我很意外。每次当老师要求我们读课文时，好多已经预习过的同学不是这个字读错，就是那个词不认识，或是句子读破，对于预习的内容很生疏。所以我得出这样的结论：预习一定要讲究效率，哪怕在时间紧张的时候也不要仅仅流于形式。

案例四：预习时，教材内容一定要反复地读，而且在读的过程中要有意地去发现文章的美丽之处。必要时,还可以做一些标记,比如,将一些精彩的或触动你的语句划出来,还可以写几句鉴赏性的批语。我在预习鲁迅先生的《祝福》时,对祥林嫂一次次外貌变化的印象特别深。当时我在每一次对她的描写后都写了几句简单的话,来描述此时我想象中的祥林嫂的心情。她的绝望、痛苦、悲惨,还有在麻木中仍然表现出的善良本性等,在记录的那一刻我仿佛都看到了。

教师小结:预习要抓住课本内容,不能流于形式。课前预习要抓住课本内容这个关键,不要在还没读课本的情况下去看大量的参考书。

（2）学习中产生的困惑。

学生或多或少在一些学科上出现了听课跟不上的现象,在学习上陷入了一种"学困旋涡":基础差/不适应→听课跟不上→课后复习困难→做题慢/不会做→没有时间预习→听课越来越跟不上。

在"学习调查问卷"中有一道问题是:"你是否存在某些科目听课跟不上或者成绩提升困难的现象?"高一（16）班仅有 4 人选择"否",其他 38 人均选择"是",也就是说有90%的学生可能处于这个学习的旋涡当中。

问:当你在学习中出现了这种问题时,你一般采用哪些方法改变这种状态?

答:更加认真地听课,做更多题,课后多复习、预习、补课。

问:为什么这么做? 效果如何?

引导学生分析:如果我们因为基础差或者听课不适应导致一些知识没掌握,当我们听新课时,即使我们已经很认真地听了,但是因为有旧知识没掌握,所以仍然听不懂;我们课后做了很多习题,认真复习了,把本节课的知识掌握了,但是下节新课遇到没有掌握的旧知识,又会听不懂。

那么如何打破这个"学困旋涡"呢? 我们来看这样一个案例:

科技大学有一个博士生,他在求学期间不幸患病,因此而休学达九个月之久,病好后回到学校,已经落下了很多功课,一大堆旧课要补。不补旧课新课就衔接不上,可是不等补上旧课,新课又跑到了前头,老师和同学都为他是否能赶上学习进度而担心。可是他采用了一种学习方法,只用了两三个月的时间,不仅学好了新课,还把缺的课全部补上了。

请学生思考博士生采用了什么方法在短时间内赶上了学习进度?

博士生确实面临着较大的困难,当时的关键在于首先要解决课程的衔接问题,在上新课之前,他先预习一下,大概了解接受新课所缺的知识,缺什么,补什么,以保证新课都能听懂,然后腾出时间,把落下的课一一补上。

（3）小结。

高中生常见的预习问题，主要表现在没有时间预习，没有坚持预习，预习流于形式，预习方法不当。这些问题发生在学习过程的预习环节，它会影响后续的听课、复习等学习效果。如果不断地解决预习中存在的问题，就有利于学生养成良好的学习习惯，有利于学生跳出"学困旋涡"，大幅度提升学习效率。

2. 预习的作用。

（1）预习可以改变学生学习的被动局面，提高听课质量。

预习是变被动学习为主动学习，促成学生以积极的心态迎接课堂学习。尤其是学习基础薄弱、学习"欠债"多、不善于学习的学生，预习可以改变他们学习的被动局面。

有一位学生，学习非常努力，整天有做不完的作业，一天到晚忙忙碌碌，总是觉得时间不够用。事实上，这位学生的学习成绩从来没有进入过班里的前二十名。这位学生是个典型的被动学习者，老是被学习牵着鼻子走。预习作为主动学习的主要方法之一，往往是这类学生所经常忽略的。

（2）预习是课堂学习的知识准备。预习既能为学生在课堂中的学习清理知识障碍，还能使他们有重点、有疑惑地听课，有针对性地记笔记，从而提高课堂学习的质量。

一个湖北省的高考状元曾就预习的重要性这样说过："以前，我没有预习的习惯。老师强调记笔记，但我也不知道该记哪些东西，总想把老师的板书一字不落地记下来。结果，经常是我还没有记完，老师就又讲新的内容了。刚要听，老师又去写新的板书了。这样，既没有记好笔记，也没听好老师所讲的内容，听课效果就可想而知了。后来上课之前，我开始注重课前预习，情况就不同了。现在，我也记一些笔记，不过记得简单多了。我把老师提到的重点记下来，而其他次要的、书上有的，我认为听听或者划在书上就可以了。这样记笔记，既抓住了重点，又赢得了听课的时间。"①

（3）长期坚持预习可以提高自学能力。预习是对新知识的初次学习，而且预习是自主管理、独立阅读、独立思考的自学，自学能力的强弱影响一个人一生的学习水平。

有一位高三毕业生认为课前预习、课堂学习、课后复习，犹如三部曲。如果说课堂学习是主体的话，那么课前预习和课后复习堪称序幕和尾声。正如红花也需绿叶映衬一样，课前预习和课后复习同样是不容忽视的。课前预习主要是指学生对即将学习的知识先进行自学，从中发现或多或少的困惑与问题。那些不懂的地方，学生可以标上记号，然后在听课过程中扫除这些障碍。学生对这些知识有一个大致的了解后，可以做一些简单

---

① 曾晓洁主编：《优秀中学生的学习方法与能力》，线装书局，2003 年版，第 36—38 页。

的习题,会做更好,不会做也无大碍。对一些新的定义、原理、法则等,学生不仅要了解它们的内容,更要理解它们的内涵和外延,弄清它们的适用范围,做到了这些才算真正地进行了预习,锻炼了自学能力。

3. 预习方法。

根据预习涉及的知识范围,预习分为单元或专题预习、整册课本预习等。按时间分为课前预习、周末预习、学期预习等。

(1) 预习方法的基本步骤。

预习的方法有很多,例如四步预习法、三读预习法、问题预习法、提纲预习法、快速阅读预习法等。这些预习方法基本上都包含以下几个基本步骤:阅读、摘记、质疑、求解。

■ 阅读是将课本内容先看一遍,对课本有一个大体的了解。学生对新教材有个初步的了解,就可以集中精力学习新课的重点和自己弄不懂的难点。

■ 摘记是将预习内容的中心思想或要点摘录在预习笔记上,或者在课文中的重要地方划线,做标记。

■ 质疑是通过再次的阅读和思考,对课文中自己不理解或含糊不清之处提问,疑问之处可以用"?"写在书上,也可以记在预习笔记上。

■ 求解是通过阅读注释或其他的参考资料,对质疑过程中提出的问题试图进行解决。

(2) 预习策略:由浅入深的预习层次。

一般来讲,预习可以分以下三个层次[1]:

粗读:这一层次的预习,要求学生对即将要学习的课文阅读一遍,大体了解新课主要讲什么问题,重点内容是什么,需要联系哪些旧知识,并对不懂或想不通的地方做上记号,准备课上重点听老师讲解,向老师提问或参加课堂讨论。

精读:这一层次的预习,要求学生对预习的内容有一个比较深入的了解。为此,在预习过程中,学生要逐字逐句地读,尤其是标题、中心句子或以黑体字印刷的定义、定律、定理、法则和重要的公式,更要仔细阅读,以求初步理解。在此基础上,学生要找出课文的中心大意或要点,理清思路,重温旧知识,提出应该进一步学习和讨论的问题,并适当做些预习笔记。

解决疑难:这是一个较高层次的预习,它是在精读的基础上,通过查阅一些参考资

----

[1] 蒯超英著:《学习策略》,湖北教育出版社,1999 年版,第 286—287 页。

料和阅读例题,自行探索解决问题的途径,寻找问题的正确答案。同时,学生要进行少量的练习,试着运用新知识去解决一些具体问题,最后在这个基础上写出学习的收获和体会。这样,学生就可以逐步过渡到完全独立的自学。

4. 预习训练。

(1)课前预习方法训练。

■ 明确课前预习任务:初步了解新课的内容和框架;对新课所涉及的旧知识、旧概念等进行复习;抓住新课的重点和难点;适当做一些预习笔记和习题。

■ 课前预习训练环节:第一,用某一学科的新课知识,最好是学生将要学习的学科新课知识进行训练;第二,让学生在限定时间内,按照预习方法进行实际操作;第三,组织学生交流,分享预习成果和经验;第四,指导学生坚持训练至少 21 天,掌握预习方法,并继续完善优化使之转化为良好的习惯。

(2)阶段预习方法训练。

■ 明确阶段预习的任务:了解本单元或者本学期课本的知识体系;找出本单元(学期)和上单元(前学期)之间的知识联系;找出新知识的重点和难点。

■ 阶段预习训练环节:第一,用某一学科课本中的一个单元内容进行单元预习训练;第二,按照预习方法进行实际操作;第三,择期组织学生交流,分享预习成果和经验;第四,坚持训练掌握阶段预习方法,不断完善优化使之转化为良好的习惯。

5. 预习注意事项。

第一,要逐步养成预习习惯。学生良好的预习习惯的养成并不是一朝一夕的努力就行的,需要坚持每天预习。

第二,预习要看、做、思结合,做到眼到、手到、心到。学生不能把预习仅当作一项任务,而要将它作为学习知识的一个重要环节来看待。

第三,各门课的预习要有侧重点,难度大的科目多预习一些时间,难度小的就可以少预习一些时间。学生对那些自己学起来吃力,又轮到讲新课的科目要进行重点预习。

第四,学生的预习应在当天作业做完之后再进行,切不可每天学习任务还未完成就忙着预习而打乱正常的学习秩序。

第五,单元预习一般安排在周末自主学习时间,学期预习一般安排在假期。

【学习单】

2.1 有效预习

(1)预习是在老师讲授知识之前,学生独立概览新知识,初步了解、掌握新知识内容,为学习新知识做好知识准备的学习过程。有些学生几乎不预习,有些学生总能安排出适当的时间进行预习,学生之间对预习的思想认识和体验感悟有很大的不同。简要地写出你的观点和感悟。

(2)阅读"A、B、C、D四位学生的预习",结合自己的预习经验,你认为这四位学生的预习是否合理并简述理由。你可以借鉴他们的哪些预习方法?简要地写出自己认为最有效的预习方法。

A、B、C、D四位学生的预习

A 同学很重视预习,尤其是数学,他每天都要用一个小时的时间去看数学书,做书上的习题,能做出习题,他就心满意足,以为自己对书上的知识都掌握了。于是,上课时他嫌老师课讲得慢,经常与周围的同学讲话,做小动作。有时,上数学课他还做其他科的作业。但每次考试,他的数学成绩都不高。

B 同学从前没有预习习惯,后来听老师说预习能提高学习成绩,他就想试验一下。一次,他拿起物理课本阅读第二天将要上的内容。他看了一遍书,没有弄懂书上的原理和公式,但他把这些原理和公式抄了下来。接着,他开始做书上的练习题。可这些练习题,他一道也做不出来。他在心里嘀咕着,看了一遍书,一道题目也做不出来,那预习还有什么意义呢? 他决定以后不再预习了。

C 同学认为课前预习、课堂学习、课后复习,犹如三部曲。如果说课堂学习是主体的话,那么课前预习和课后复习堪称序幕和尾声。正如红花也需绿叶映衬一样,课前预习和课后复习同样是不容忽视的。课前预习主要是指对即将学习的知识先进行自学,从中发现问题。一般来说,预习过程不可能一帆风顺,或多或少都会出现问题。那些不懂的地方,C 同学会标上记号,然后在听课过程中扫除这些障碍。对这些知识有一个大致的了解后,C 同学就会做一些简单的习题。对一些新的定义、原理、定则等,C 同学不仅试图了解它们的内容,更试图理解它们的内涵和外延,弄清它们的适用范围。

D 同学认为课前预习一般要先熟知一下课本的内容,做到心中有数,并对较难理解的地方反复琢磨,力争形成自己对这个问题的见解,然后大概看看课后的练习题,使思想贯通即可。在每个假期中,D 同学都要将新学年要学的内容自学一遍,就如阅读一部科技说明文集,重在理解,做到提纲挈领统观全局。D 同学认为站在全局的高度上来思考和学习,便会有前后贯通、游刃有余的感觉。通过这样的预习,D 同学认为不仅自己的自学能力得到不断锻炼与提高,而且可以更好地补充学习新的知识。

学生	预习是否合理并简述理由	可借鉴的预习方法
A		
B		
C		
D		
简要地写出自己认为最有效的预习方法:		

（3）阶段预习方法训练记录。

阶段预习是利用周末、假期时间,进行学科单元、专题、整册课本知识的预习。阶段预习的任务是了解本单元或者本学期课本的知识体系;找出本单元(学期)和上单元(前学期)之间的知识联系;找出新知识的重点和难点。

选择某一学科中的某一个单元,尝试老师指导的预习方法,记录自我训练的过程。

训 练 项 目	过 程 记 录	备 注
选择的单元名称		
预习时间安排计划		
阅读单元内容的方法		
了解单元知识体系的情况		
找出单元之间联系的情况		
找出重点、难点的情况		
查阅参考书的情况		
反思总结训练的经验		
准备与同学交流的预习经验		

课时 3
听课方法

教学目标

1. 了解听课存在的问题和听课的水平。

2. 掌握听课的要点及方法。

教学准备

按学生人数复印学习单 3.1。

实施步骤

1. 听课存在的问题及原因。

（1）学生填写学习单：听课存在的问题的调查问卷。

在学校,学生的大部分学习时间是在课堂上度过的,课堂听课的效率直接影响学习的效率。学生只有了解自己的听课状况,找到自己听课效率不高的主要原因,采取有效的应对办法,才能有助于提高听课效率。

（2）学生交流：听课中存在的主要问题及原因。

学生甲：……

学生乙：……

学生丙：……

在学生交流时,教师可以安排其他学生给甲、乙、丙同学提出建议或看法。同时,教师的点评要引导学生找出听课中存在的问题或困惑,帮助学生分析存在的主要问题和原因,以指导学生有针对性地解决听课问题。

2. 听课水平调查。

（1）学生填写学习单：听课水平自测表。

学生之间的听课水平是有差异的,让学生了解自己的听课水平,有助于发现问题,进一步改进听课方法,提高听课水平。

（2）教师提问：你对自己的听课水平满意吗？如果满意,你该如何保持？如果不满意,你该如何改变？

学生丁：……

同学的建议：……

（3）教师指导：影响听课质量和效率的原因分析。

影响听课质量和效率的主要原因有三个：

一是课前准备情况。除了课本、学习工具和身体调适的准备外,对知识的准备即复习和预习不可小视。不复习、不预习,或者不会复习、不会预习将影响听课效率。

二是心理状态。渴望学习的积极情绪与厌学的消极情绪对听课效率的影响大不一样。

三是听课方法的掌握与应用水平。它关乎上课时听、思、记的协调统一,以及听课的针对性和有效性的程度。

学生在听课过程中或多或少地存在着一些问题,这影响了他们的听课质量和效率。教师指导学生从听课的六大要点出发,查找自己在听课中存在的主要问题并分析原因,努力改变听课方法,提高听课的质量和效率。

表9.3　听课存在的主要问题及原因分析

听课的六大要点	听课存在的问题	主 要 原 因
做好课前的准备工作	忘记带课本、笔记本、学习工具等	课前没有准备书本、用具的习惯,随意性太强
	不预习或不会预习,不复习或不会复习	没有养成良好的学习习惯
	身体总感到疲惫	身体欠佳,或者睡眠质量不高,缺乏良好的生活习惯
	缺乏上课的热情	学习目标缺失,或者缺乏情绪调控的心理技能
调控注意的集中与分配	听课与记笔记顾此失彼	处理不好听课与记笔记的关系
	听课容易走神、开小差、发呆、瞌睡	对科目不感兴趣,或者不喜欢任课老师,或者瞌睡、饥饿
	上课有时玩游戏或玩手机、聊天	内容听不懂或者有厌学心态

听课的六大要点	听课存在的问题	主　要　原　因
适应老师的讲课思路	大多数情况下跟不上老师讲课的速度	基本不适应老师的讲课方法和讲课思路
	只能听懂老师讲课内容的一部分	没有做好预习和复习
	有时不能预知老师下一步要讲的内容	缺乏积极思维、勤于质疑的学习素养
做到听课要有针对性	提不出自己的疑问	知识准备不足,或者没有积极思考
	抓不住知识的重点、难点	及时总结、概括能力不足
	理不出知识结构或解题思路	不善于积极思考
	不参与课堂互动,懒于进行实验或实践活动	没有明白或者没有体验到实践活动对自己学习的促进作用
勇于大胆发言和质疑	对老师讲解的知识不能多问几个为什么	没有课堂质疑的习惯,不善于跟进甚至超前于老师的思维
	不主动表达自己的观点或看法	缺乏勇气,怕伤自尊,不善于增加思维活动量,语言表达能力有待提高
	课堂互动让自己紧张	缺乏参与意识,习惯于被动听课,知识准备不充分
善于利用两个三分钟	上课三分钟还不明确学习目标和任务	还没有养成善于探索、总结、概括的学习习惯或能力
	下课前三分钟没有复述当堂的主要内容	

3. 听课的要点及方法。

（1）做好课前的准备工作。

温故知新,有准备地听课,强调复习和预习对听课的有力促进作用。学生要从思想上高度重视复习和预习,从行动上认真掌握复习和预习的方法,长期坚持形成良好的学习习惯,必能提高听课效率,提高学习成绩。同时,学生要注重培养良好的生活习惯,掌握一些调控情绪的方法,以积极的心态和良好的身体状况听课。

（2）调控注意的集中与分配。

注意力贯穿学习的整个过程,听课中注意力集中表现为专注地听课。集中注意力可

175

以采取的方法有:

一是,在上课之前就做好听课的准备,带着学习任务和问题听课,有意识地让自己的注意力集中指向课堂上要完成的学习任务和要解决的问题。

二是,在听课过程中,自己既要有意识地减少周围环境的干扰,又要善于排除内心的干扰,提高自己的抗干扰能力,保持平静自然的心态,顺应老师讲课的步骤和自己学习的进程。

三是,变被动为主动听课,对老师的讲解和提问进行积极思考,主动发表自己的看法,认真参与讨论,发挥学习的主动性。

四是,通过记笔记强制自己跟着老师的思路,增强自制能力,将注意力集中到老师所讲的内容上来。

五是,利用好课间休息时间。学生在集中精力学习一节课的内容后会感到疲劳,可以利用课间适当休息或进行一些低强度的活动,如轻松散步,到户外做深呼吸,再做一些前后屈体和转体等轻微运动;站在室外向远处树木或者建筑物眺望;利用眼保健操等放松眼部肌肉,或在室外闭目养神等。

听课中注意力的分配主要表现在处理听、思、记的关系上。

讨论:听课与思考、记笔记怎样协调更有效果?

学生乙:……

同学的建议:……

教师指导:要处理好边听、边想、边记的关系,指导学生领会及时思考总结和记好笔记的作用。处理听、思、记的关系要做到:主次有序、听思为主、笔记跟进,边听、边想、边记一气呵成,即边听、边看、边思考,然后再做笔记,不间断地完成听、思、记,不能颠倒主次顺序。

(3)适应老师的讲课思路。

老师讲课的思路是按照传授知识过程中提出问题、明确问题、分析问题、解决问题的思维逻辑系统。学生适应老师的动作和思路的方法有:

一是,跟着老师富于变化的动作不容易走神,同时专心听讲,尽量听懂老师讲课的内容,掌握知识与技能。

二是,开动脑筋积极思考,与老师有所沟通,懂得老师用什么方法、什么技巧对知识或习题进行分析、推理,理清自己的思路。

三是,将自己的想法和老师的思路进行对照和比较,发现其中的差异,加深理解。

四是,课堂笔记要记录重点、难点、疑点,要知道记笔记不仅能集中注意力,活跃思维,克服大脑记忆和储存的局限性,而且还能防止遗忘,积累资料,便于以后的复习巩固。

（4）做到听课要有针对性。

一是，针对自己的疑点和困惑。预习时自己不懂的、逻辑关系没有理清的，或者上课时发现自己没听懂的和有疑惑的知识以及例题等都是重点要听的内容。

二是，针对知识结构体系中的重点概念、规律、原理、定理等。在听课中积极思考，善于梳理学习内容并从中甄选重点知识或解题规律。

三是，针对课堂活动的主题。课堂活动中的实验操作，以及需要参与其中的实践活动都是有主题的，明确主题就容易明白活动的目的和要求，有针对性的参与活动，才会有更好的学习效果。

四是，针对学科特点听课。例如，物理、化学、生物等实验学科，学生在课上经常要做演示实验、验证实验，要看实物、模型、标本和挂图等。因此学生在上物理、化学和生物课时，就要善于观察，善于动手，否则就很难学好这些学科；语文和外语的学习与实验学科的学习不同，主要学字、词、句、段、篇章等方面，学生在听、说、读、写的活动中掌握语言和文字。知道了这些特点，学生在外语和语文课上就会认真听，大胆说，就不会为了应付考试而只重读、写，轻视听、说了[①]。

五是，针对不同课型听课。教师经常使用新授课、练习课、复习课、讲评课等课型达成不同的教学目的和任务。学生就需要针对不同的课型，采用有所侧重的听课方法。如新授课侧重于对新知识和新技能的理解，练习课侧重于知识和技能的运用能力，复习课侧重于知识的条理化、层次性和系统性，讲评课侧重于查漏补缺、归纳总结知识系统和解题方法与规律。

（5）勇于大胆发言和质疑。

积极回答，善于提问，解决疑难，锻炼思维。课堂上老师的提问，往往是知识的重点、难点或学生容易出错的地方，学生积极地回答老师提出的问题，正是锻炼自己思考的好时机，回答正确说明正确领会了知识，回答错误更利于及时纠正错误，这样既可以检验自己的学习结果，还可以锻炼自己的语言组织和表达能力。在课堂上善于提出自己的学习问题，既利于解决疑难问题，也可以增加思维活动量，同时也会促进语言的组织和表达能力。

（6）善于利用两个三分钟。

上课后大约三分钟时间，教师会通过提问强调上节课的重点内容，引起本节课的教学内容；或者直接讲述本节课的教学目标和任务；或者会建立某种情境引入本节课的教学内容。如果学生能了解每一个授课教师导课的特点，并从中明确本节课的学习目标和

① 龚正行著：《中学生学习方法指导（修订版）》，华夏出版社，2013年版，第51页。

任务,那么他们在整节课的学习中就能有的放矢,并能集中注意力掌控重点。

下课前大约三分钟的时间,教师一般都会画龙点睛地小结本节课的教学内容并布置作业。学生可以利用这点时间迅速回忆,并默默复述本节课的知识点及其逻辑层次关系,以及做练习、做实验等的要点、思路。虽然仅仅几分钟,但却非常重要,这样的复述回忆将会产生极好的记忆效果,并为课后复习奠定良好的基础。

建议与提示

1. 本节学习单的目的是让教师了解学生在听课中存在的问题。建议教师安排学生在课前完成学习单内容的填写,并抽阅部分学生的学习单。这样既可以使教师了解学生听课时存在的普遍问题和个别问题,提高指导的针对性和有效性,节省课堂指导的时间,还能使学生对自己的听课情况有一个比较充分、准确的反思。

2. 听课,泛指课堂学习。听课不仅仅涉及学生听教师讲课,还包含学生的思考、观察、想象、操作和记笔记等隐性与显性的学习活动。

3. 教师要把握好指导的时机,最好在学生交流或讨论进入恰当氛围,即学生之间产生共鸣和认同时给予点评指导。否则,以讲为主的教学指导,很难达到活动目标。

【学习单】

3.1　听　课　方　法

(1) 我们每天大部分的学习时间是在课堂上度过的,听课的质量直接影响学习的效率。为了提高听课效率,查找一下自己听课中存在的问题及其程度。

表9.4　听课存在的问题的调查问卷

序号	听课存在的问题	问题的程度(用"√"选一项)		
		经常	有时	从不
1	忘记带课本、笔记本、学习工具等			
2	不预习或不会预习,不复习或不会复习			
3	身体总感到疲惫			
4	缺乏上课的热情			
5	听课与记笔记顾此失彼			
6	听课容易走神、开小差、发呆、瞌睡			
7	上课有时玩游戏或玩手机、聊天			

序号	听课存在的问题	问题的程度（用"√"选一项）		
		经常	有时	从不
8	大多数情况下跟不上老师讲课的速度			
9	只能听懂老师讲课内容的一部分			
10	有时不能预知老师下一步要讲的内容			
11	提不出自己的疑问			
12	抓不住知识的重点、难点			
13	理不出知识结构或解题思路			
14	不参与课堂互动，懒于进行实验或实践活动			
15	对老师讲解的知识不能多问几个为什么			
16	不主动表达自己的观点或看法			
17	课堂互动让自己紧张			
18	上课三分钟还不明确学习目标和任务			
19	下课前三分钟没有复述当堂的主要内容			

你认为自己听课存在的最主要问题是什么？分析产生这些问题的原因，谈谈你解决这些问题的办法。

（2）学生之间听课水平是有差异的，你认为自己的听课水平能达到或者基本达到哪一个等级，请在下表中选择。说明：第Ⅲ等级包含第Ⅱ等级，第Ⅳ等级包含第Ⅲ等级，也就是说听课水平用等级表示，从Ⅰ到Ⅳ表示听课水平由低到高。

表9.5　听课水平自测表

听 课 水 平 描 述	等级	（用"√"选一个等级）
课前无准备，能听老师讲课，很少记笔记，被动做练习	Ⅰ	
课前有准备，课尾能复述主要内容；能处理好听、思、记、练的关系；能理清当堂课的知识结构或解题思路	Ⅱ	
积极思维、展开联想、举一反三，对重点知识和习题能主动积累学习经验；积极参与活动，主动表达观点或看法	Ⅲ	
注重方法，勤于思考，有较好的概括能力，能将新旧知识相互联系，掌握知识体系；能总结解题方法，解一题通一类	Ⅳ	

（3）你认为有效听课的方法有哪些？你是怎么做的？

课时 4

笔记方法

教学目标

1. 懂得笔记的作用,掌握笔记的记录、整理和应用方法。

2. 设计适合自己的笔记模板。

教学准备

制作学习单 4.1。翻阅学生的笔记本,选择不同学生的笔记格式和内容。

实施步骤

1. 怎样的笔记最实用。

(1) 比较两类六位同学的笔记,哪位同学的笔记更有利于提高学习效率?

第一类同学在课本上的笔记:

A. 在课本内容旁有符号	B. 在课本空白处有批注	C. 在课本空白处有提纲

第二类同学在笔记本上的笔记:

D. 笔记本上有记录内容	E. 笔记本上有主栏、副栏	F. 笔记本上整理的学习内容

（2）学生点评。

学生点评并交流笔记的记录方法。

（3）教师指导。

俗话说好记性不如烂笔头，也有人说笔记是捡回来的财富。从笔记的作用而言，笔记是预习、听课、复习等学习过程留下的提供回忆、罗列要点、展现思想的文字图表材料。

最实用的笔记一定是经过自己思考的，用自己习惯的语言文字符号简明表述的，呈现知识主干以及重点、难点和疑点的，记录着分析思路或解题思路的笔记。它的特点在于梳理了知识点、知识面、知识网，留存着思考知识生成和拓展的路径、关键词、关键语、提示句。这样的笔记定能帮助学生提高学习效率，从容地应对考试，提高成绩。如果笔记只是对课上老师板书的复制，学生课后又没有整理，没有自己思考的过程，没有留下自己的思路、感想、判断，这样的笔记就没有使用价值。

笔记一般需要通过记录、整理、应用三个环节来完成。在预习和听课时，笔记主要记录学习内容；复习时，学生首先要整理笔记，然后要利用笔记不断地优化和提高学习效果。

2. 笔记的记录方法。

（1）预习或听课时，你是用什么方法做记录的？效果如何？

学生甲：陈述记录的手段和方法，说明自己记录后的效果。

学生乙：展示记录的笔记，陈述方法和效果。

教师：预习或听课过程中的学习内容，可以用批注和纲要等手段做记录。

（2）用批注记录。

批注是对学习内容的概括、注释和心得等，用符号或文字写在课本、笔记本、参考书页面原文的旁边或边角空白处。批注可以是赋予意义的符号，也可以是注释、提要、批语和警句等形式的短词短句，起到圈圈点点、画龙点睛的作用。

用批注记录的方法要点：

■ 符号，如直线、双线、黑点、圆圈、曲线、箭头、三角、方框、着重号、惊叹号、问号等，代表的意思因人而异，自己最好形成一套赋予意义的比较稳定的符号系统。例如，"——"黑色直线代表要着重领会、加深记忆、理解的语句，"····"黑点代表关键词，"～～～"曲线代表精辟和重要的语句，"○○○○"圈代表难词。

■ 符号或文字批注宜精不宜繁。例如，每一页的关键字一般控制在四五个左右，数量过多就失去了简化概括的意义；印象最深的地方或最感兴趣的地方一般只有一个，用符号标示引起关注；结论有时出现在课文开头，有时在结尾，用符号标示出结论，有助于快速理解。

（3）用纲要记录。

纲要是对课本内容和教师讲课内容进行思考后提炼出来的层次和要点。纲要可以列成提纲写在笔记本上或课本页面空白处,也可以画成关联图记录在笔记本上等。

用纲要记录的方法要点:

预习时,有了批注记录和对课文的初步理解之后,就需要进一步把知识的层次和要点梳理出来,并用提纲式的纲要写在笔记本或者课本空白处。毕竟梳理知识和书写纲要都需要大脑思维活动,书写的过程就是一连串的资料整理与思考延伸,更是脑力活化锻炼。这样,既可以增强预习效果,又可以成为预习笔记,还能让学生听课有了明确的学习目标和任务。

预习笔记主要是记录框架式的知识主干层次,以及学生自己认为的重点、难点和疑惑点,因此学生需要对学习内容进行梳理、概括,形成纲要笔记。

在听课过程中,学生在预习笔记的基础上对比教师的板书和讲解,或增加、或删除、或修正知识层次框架和知识点,并将听课时的感悟、想法、观点批注在笔记本上,以完善和优化笔记内容。这样,学生在听课中记录笔记就有基础,有针对性,有目标,比较从容不迫。否则,没有预习笔记,学生听课时就显得比较匆忙,也会降低听课效果。

听课笔记主要是记录重点、难点、疑点,以及教师补充的知识点和典型例题,关注重点、难点的理解、记忆和提取。一般听课笔记的重点在于:教师在分析问题的过程中在黑板上画的图形表格以及写的一些关键性文字;教师在分析问题时的主要实例、例题以及反复提示的关键性问题;自己在听课过程中的一些想法;在数理化课堂上,主要记教师的解题思路,补充的定义、定理、公式和例题;在历史、政治等课堂上,主要记下教师对某一问题的综合阐述;英语、语文需要记一些新词和短语的用法、新的句型等①。

3. 笔记的整理方法。

（1）为了巩固学习成果,复习时需要对听课记录的笔记进行有效的整理。

整理笔记是开动脑筋、强化记忆、加深理解和完善学习内容的复习过程。复习笔记要层次清晰、结构完善、要点明确、感悟良多、使用方便,成为进一步学习的宝贵资料。

（2）整理笔记的方法:修补、编排、简化、抄写。

修补:仔细审阅笔记,修改不够确切的记录;补充必要的缺漏、跳跃、省略之处。

编排:用统一的序号梳理笔记的先后顺序,要抓住知识之间的联系,理清知识层次条理,编出纲目,体现知识的内在逻辑关系。

---

① 曾晓洁主编:《优秀中学生的学习方法与能力》,线装书局,2003 年版,第 57 页。

简化：根据复习的时间和对知识记忆、理解的程度,对笔记进行由初级到高级的简化。

■ 初级简化:适合课后及时复习时的笔记整理。初级简化是指修补、编排以及删除无关紧要的记录,使笔记层次清楚、重点突出、批注恰当、简明扼要。一般采用纲要、归类、比较、列表等方法进行简化,如下图所示。

G. 纲要式笔记	H. 归类式笔记	I. 列表式笔记

■ 高级简化:适合周末复习或系统复习时的笔记整理。学生可以根据学习内容的多与少、自己的特长、思维习惯选择用画关联图、画思维导图、画知识树、画画等多种方式对笔记进行整理,如下图所示。

J. 关联图笔记	K. 思维导图笔记	L. 画画笔记

抄写:把经过整理的笔记抄写在笔记本上,成为以后复习的学习资料。

4. 笔记的应用方法。

（1）笔记是用来复习的宝贵资料。

学生只有不断应用笔记,才能体会到记录的有效性、整理的必要性和使用的针对性。学生要在应用中改进和熟练掌握适合自己的笔记方法,在平时不断"加工",使笔记变成复习时真正有用的宝贵资料。

（2）笔记应用方法的要点。

第一,选择笔记本并设置好页面格式。

选择笔记本,建议选用活页笔记本,这种笔记本内芯可以更换、增加或删减,相对适合整理笔记的需要。笔记本的页面最好有主栏、副栏和总结栏,主栏记录预习或听课笔记,副栏和总结栏记录提供复习的线索和要点。由于各学科特点不同,笔记本页面也可以设置成适合理科类、文科类、阅读类等不同的格式。

第二,用笔记分散复习,浏览笔记并用自己的语言重述知识。

学生每天花几分钟的时间浏览笔记,先看副栏,适当看主栏,快速复习新学习的内容。以笔记中自己写的关键词、摘记、提示、知识联系为线索,用自己的语言重述学习过的知识,激活、加深、拓展对知识的记忆和理解,如果有遗漏和遗忘再看记录的其他学习内容,这样用笔记巩固学习成果事半功倍。

第三,用笔记集中复习,阅读笔记并再加工整理。

周末复习和阶段复习时,相对集中一段时间阅读笔记,首先要看自己写的知识结构、关键词、提示、感想、总结等,加深记忆和理解知识,使所学知识深化和条理化。如果有遗忘和遗漏再看记录的其他学习内容和课本、参考资料书。对典型例题、错题进行分析整理,发现学习中存在的问题并予以解决。

第四,反思笔记,总结经验,承前启后。

在用笔记复习的过程中,反思自己的随感、观点、意见、体会等内容的有效性和针对性。学生一方面要巩固学习的知识和技能,提示自己应该如何承前启后地运用知识;另一方面要总结和改进笔记方法,提高笔记的质量。

5. 动手设计个性化的笔记模板。

(1) 学生参考学习单中提供的笔记模板,设计适合自己学习的个性化笔记模板。

(2) 教师选择部分学生的笔记模板进行交流,并予以点评指导。

笔记的模板与学习习惯以及知识背景密切相关,让学生在参考他人模板的基础上,结合学科特点以及自身学习的特点,设计个性化的笔记模板。

建议与提示

1. 在初用笔记方法时,可以以一科为例进行训练,在这一科不断熟练的基础上,然后再用于其他科目。

2. 按照学习过程,笔记包括预习笔记、听课笔记和复习笔记。本节活动主要指导笔记的记录、整理和应用方法,其他记笔记的方法需要指导学生自主练习掌握。

【学习单】

4.1 笔 记 方 法

1. 你认为课堂上什么时间是记笔记的最佳时机? 怎样的笔记最实用? 记笔记常用

的方法有哪些?

2. 动手设计符合自己需求的笔记模板。

例:

笔 记 模 板

主　　栏	副　　栏

我的笔记模板

设计提示:清楚页面划分的依据,明确主栏、副栏、总结栏等页面区域要写的内容,兼顾文科类、理科类、阅读类等学科特点。

专家点评与建议

1. 总体评价

"优化学习策略与方法"是学业指导中极其重要却常缺乏系统指导的板块,而本指导方案填补了这一空缺。教师能抓住学习过程中阅读、预习、听课、笔记等关键要素,也能对学生常见的问题给予针对性的辅导。方案系统性强,指导内容细致翔实,方法操作性强,有助于学生培养良好的学习习惯,切实提高学习能力。

2. 学术观点

学业指导课程区别于学科课程,它并非以知识体系或高分的获得为教学的目标,而是以激励学生的正向成长和自我教育为目标。以下提供指导课程需要注重的元素,供教师参照。

	发展指导课程元素	其他课程元素
学习目标	建构知识、行为改变和态度反省	获得知识
学习本质	包括动机、认知、情感、能力与技巧、行动、元认知	集中于知识的记忆、理解和背诵
教学方式	情景模拟、教育活动和解说、案例分析、知识讲解、小组讨论、分享交流、反思性学习、同伴辅导	知识讲解
教学特色	体验、感悟、反思、行动	理解、思考
学习责任	学生	教师
学习者角色	投入、主动、互动、反思	被动地听、记、理解、考试
教师角色	激发动力、有效促进、引导思考、给予支持、提供资源、合理指导	讲解、评价
学习环境	平等尊重、双向沟通、鼓励发言、给予空间、轻松有趣	倾向于单向、封闭、由上至下

3. 具体建议

（1）教师根据教学目标，在不同环节设置了兼具学理性和实用性的学习单，并注重个性化，值得推广。

（2）教学导入材料有较强的针对性，不乏趣味性，贴近学生实际问题，例如课时 2 中"学困旋涡"案例与课时 4 中的笔记示例，值得参考借鉴。

（3）教师运用学习单作为重要的教学辅助，并对各个学习策略问题给出了翔实的解说和总结，呈现了体验感悟与行为指导并重的指导思想。在实际操作中，要注意不要过早将知识性的总结灌输给学生，可参考遵循以下基本指导流程：建立与主题相关的经验（通过各种教学材料或个人经验回顾）→观察、理解和思考个人化的感受/想法→分析原因，师生共同建构认知理解、目标和行动策略→形成行动计划和执行→获得过程性反馈、督管和支持。

健康生活方式

所属单元：生活指导"健康生活方式"

建议课时数：5课时（每课时40分钟）

建议场地：普通教室、采访地

作者：深圳市龙岗区布吉高级中学 陈坚

设计理念

指导学生运用案例分析、开展调查、撰写小报告、制定活动方案等方式，保持乐观向上的生活态度，自觉抵制不良诱惑，懂得自我保健和防护，养成健康的生活方式。

教学总目标

一、指导学生培养乐观向上的生活态度和技能，学会直面困难，永不放弃。

二、指导学生了解体育锻炼、科学饮食和健康睡眠的意义，养成健康的生活方式。

三、让学生认识酗酒、吸烟、赌博、吸毒等不良行为的危害，珍爱生命，学会抵制各种诱惑和纠正不良行为的方法，增强自制力。

课时安排

教 学 内 容	学 习 单
1. 乐观向上，心灵健身	1.1 心理小测试
2. 科学锻炼	2.1 _____运动训练计划
3. 科学饮食	3.1 科学饮食小测试
4. 养成健康的睡眠习惯	4.1 我的睡眠充足吗？ 4.2 让自己养成健康的睡眠习惯
5. 珍爱生命，抵制不良诱惑	

课时 1

乐观向上,心灵健身

教学目标

1. 指导学生培养乐观向上的生活态度和技能。

2. 学会直面困难,永不放弃。

教学准备

1. 按学生人数复印学习单 1.1① 并让学生进行课前测试。

2. 学生分别收集姚明、麦蒂和周杰伦等名人成长的故事。

实施步骤

1. 苦恼与快乐取决于心态。

(1) 讨论分享。

两个皮鞋推销员②

两个欧洲人到非洲去推销皮鞋,第一个推销员看到非洲人都打赤脚,立刻失望地说:"这些人都习惯打赤脚,怎么能买我们的皮鞋呢!"于是沮丧而回。另一个推销员看到非洲人打赤脚惊喜万分,"这些人都没有鞋穿,看来皮鞋市场很大啊",于是想方设法,向非洲人推销自己的皮鞋,最后发了大财。

(2) 教师点评。

■ 面对同样的事情,如果我们拥有乐观积极的心态,从事情好的一面出发,就可以看到希望,而消极心态则使我们沮丧、失望,使我们对生活和人生充满了抱怨。

■ 引导学生回归到自己身上,结合课前的心理测试(见学习单 1.1),看看自己属于哪一种人,悲观的,还是乐观的?

■ 每个人都有不同的生活轨迹,有的人成为学生中的佼佼者,有的人一直默默无

----

① 廖秋梅:《大学生心理健康状况及教育对策研究——以湖南省部分高校 2012 级新生为例》,湖南农业大学,2013 年。

② 《积极心态的故事》,三亿文库网,http://3y.uu456.com/bp-027114e384868762caaeds76-1.html,2015 年 8 月 9 日。

闻,有的人牢骚满腹,总以为与众不同,而到头来仍一无所有……除了少数天才,大多数人的禀赋相差无几。那么,是什么在造就我们,决定我们呢?

2. 直面困难,永不放弃。

(1)了解名人成长故事:学生代表分别介绍 NBA 球星姚明和麦蒂的成长故事。

播放《姚明年》视频①。

《姚明年》视频概要:以纪实的方式介绍姚明在 NBA 从"菜鸟"到巨星的全过程。

(2)讨论分享:姚明和麦蒂在火箭队共同创造了姚麦时代的辉煌战绩,他们也一样遭受重伤病的困扰。但两人却遭遇不一样的评价,姚明从未受过批评,而麦蒂却饱受人们的诟病。那么,姚明和麦蒂职业生涯不同的原因在哪里呢? 结合自己的实际,说说应该如何面对生活中的挫折和困境。

(3)教师点评。

对于 NBA 球场上的球员来说,姚明和麦蒂的球技绝对高超,可是,不是每一个人都能一帆风顺,能不能在挫折、失落中重新站起来,取决于这个人有没有一种乐观向上的心态,能不能直面困难,永不放弃。姚明积极乐观的心态赢得人们的赞赏。而麦蒂,他从一开始就输掉了心态,即使他是一个很有禀赋的球员,但最终只能带着遗憾离开。无论你是天赋异禀的球星,还是一个平凡的人,只有保持一份乐观积极的心态,不放弃,成功才会变得有可能。

教师指导建议:

■ 在"直面困难,永不放弃"活动中,教师可以建议学生回想自己生活中的挫折和困境,并用日记、信件等方式写下来;鼓励学生在自己信心不足时,可以与同学、朋友、老师和家长多交流,把心里话、苦衷都倾诉出来。他人的安慰、鼓励和支持,有助于改变个体信心不足的状态,使心理压力得到释放。教师也可以向学生提供专业心理机构等社会支持系统方式。

■ 在"直面困难,永不放弃"活动中,姚明和麦蒂的成长故事可以用以下故事替代。

周杰伦成长的故事概要②:怀有音乐梦想的周杰伦从一名餐厅服务员,不断克服困难,在一次次的挫折中不放弃梦想,勤奋创作,最终成为家喻户晓的当红小天王。

学生讨论与分享:如何看待周杰伦的成长过程? 我们应该如何面对成长中所遇到的每一个困惑?

---

① 《姚明年》,酷6网,http://baidu.ku6.com/watch/04066844934998561.html?page=videoMultiNeed,2007年7月25日。

② 孟彩:《微笑,为学生的成长奠基》,《教学与管理》2014年第20期,第19页。

3. 培养乐观向上的心态和技能。

（1）方法指导：培养积极思考的模式，使学生更好地应对压力，从而降低压力对身体健康的危害。例如：

■ 赶不上公交车上学时，不要懊恼："为何我会这么倒霉？""公交车为何开这么快？"可以这样想："那现在该找出租车了。""我要告诉老师自己会晚点到。"

■ 快要迟到了，但我的校服裤子却找不到，妈妈在门口催促，爸爸在楼下不停地按车喇叭，每个人都很烦躁。但我还是要心存感恩，因为我有一个家，而不是孤寂一人。

（2）情景体验：尝试使用积极、肯定的暗示，避免使用否定和消极的词语来处理以下情景。

■ 实例：这次考试没考好。

a. 积极、肯定的暗示：看来我还有没掌握好的地方，幸亏发现得早。

b. 消极、否定的暗示：看来我就是不行啊，回家爸妈又会说我了。

■ 学生分组练习。

情景 1：大考前晚上失眠。

a. 积极、肯定的暗示：_____。

b. 消极、否定的暗示：今晚不能失眠呀，失眠就考不好了。

情景 2：面试紧张。

a. 积极、肯定的暗示：_____。

b. 消极、否定的暗示：不能紧张，不要紧张，紧张就发挥不出来了。

情景 3：记了差不多一学期的错题本丢失了。

a. 积极、肯定的暗示：_____。

b. 消极、否定的暗示：怎么会这么倒霉！我这次期末考肯定考不好了！！

4. 活动总结。

积极的人在每一次忧患中都能看到一个机会，而消极的人则在每个机会中都能看到某种忧患。生活到底是糟糕的，还是美好的？其实全在于我们怎么去看待它，快乐的钥匙一定要放在自己手里。乐观向上、自信而主动的人，将会健康、快乐地生活每一天。

推荐资料

1. 美国的罗斯福总统常怀感恩之心的故事。（《常怀感恩之心》，励志一生网，http://www.lz13.cn/ganenlizhi/8344.html，2015 年 8 月 10 日）

2. 10 个经科学证明能使人变得快乐的方法。（东方财富网，http://blog.eastmoney.com/

gaojun73/blog_120407704.html,2011 年 4 月 10 日)

3. 周杰伦歌声的背后。（孟彩:《微笑,为学生的成长奠基》,《教学与管理》2014 年第 20 期,第 19 页)

【学习单】

1.1 心理小测试

班级:　　　姓名:

下面有 25 个问题,请根据你的实际情况如实回答。回答从否定到肯定分为 5 个等级: 0 表示完全否定,1 表示基本否定,2 表示说不准,3 表示基本肯定,4 表示完全肯定。请把每题的得分记下来。

（1）你现在对自己抱有信心吗?

（2）当你情绪不好时,你会进行调节吗?

（3）你有明确的人生目标吗?

（4）你有业余爱好吗?

（5）对于生活中出现的问题,你能往积极乐观方面想吗?

（6）你经常进行体育锻炼吗?

（7）当事情没做好时,你也不因此否定自己吗?

（8）你能以幽默的态度对待生活中的许多事情吗?

（9）你已不过多关注自己的心理问题或症状,而去做你该做的事?

（10）你的惧怕心理越来越少,胆量越来越大吗?

（11）你只关注自己的进步,而不和别人盲目比较吗?

（12）你能把学到的理论运用于自己的生活实践吗?

（13）你是否认为你应该对自己的人生负责,而不应依赖父母?

（14）你有可以相互交流、相互帮助的朋友吗?

（15）当别人提出你不愿意接受的要求时,你是否敢加以拒绝?

（16）你是否能理解别人和关心别人?

（17）你是否能安下心来专心地做事?

（18）你对生活充满热情而不是无聊消沉吗?

（19）你已明确了自己的长处和短处并能辩证地看待吗?

（20）你能保持着对外界的关注,而不是盯着自己的心理症状吗?

（21）你对自己出现退步或反复能加以宽容吗?

（22）你能把生活安排得井井有条吗？

（23）你是否已经不十分在意别人的看法？

（24）你是否已经不拿一些无关的事情来否定和考验自己？

（25）你的情绪基本上处于稳定和良好的状态吗？

测试结果：

总分低于65分就要引起高度警惕，马上进行调整！总分达到65分，为及格；总分为66分至80分为基本合格；总分为81分至95分为良好；总分为96分以上为优等。

课时 2
科学锻炼

教学目标

1. 指导学生了解体育锻炼的意义,养成体育锻炼的习惯。

2. 指导学生科学锻炼并培养一项适合自己的运动项目。

教学准备

1. 学生代表查找目前关于中国人的健康状况的信息并形成调查小报告。

2. 学生计算自己的身体质量指数 BMI。

身体质量指数 BMI[①]:

BMI = 体重(kg)/〔身高(m)×身高(m)〕

BMI 在 18.5 以下说明体重过轻,18.5—24.9 为正常,25.0—29.9 是超重,30.0 及以上为肥胖。避免肥胖能降低患慢性病的风险。

3. 按学生人数复印学习单 2.1。

实施步骤

1. **体育运动与身心健康。**

(1) 讨论分享。

■ 各地的学校积极开展阳光体育运动,全面落实一小时体育锻炼时间,你积极参与了吗?开展体育锻炼后你感觉身心有什么变化?

■ 你喜欢哪些体育运动?说说你喜欢的理由和收获。

(2) 师生归纳。

■ 有规律的体育运动是指在一周 7 天进行 4—5 次体育活动,最好每天能保证至少一小时的体育运动。

---
① 〔美〕琳达·米克斯等著,俞国良,雷雳等译:《健康与幸福(高中中册)》,浙江教育出版社,2014 年版,第 367 页。

■ 定期做适量的运动可以使你精力旺盛、心情愉快,减少抑郁和焦虑的发生;可以使你减轻压力、控制体重以及保持现在和未来很多年的健康,例如可以有效降低身患心血管疾病、高血压、上结肠癌等疾病的风险,还可以使你和家人的关系更融洽,让你结识更多的朋友。

2. 掌握科学、安全锻炼身体的方法。

(1)讨论分享。

■ 你制定了一个跑步计划并打算购买一双跑鞋,你知道要考虑哪些因素吗?

■ 在打羽毛球时你不小心扭伤了脚踝,怎么才能减轻脚踝肿胀带来的伤害?

■ 一个同学带你去参加瑜伽锻炼,她已经锻炼一年了,她说你也能做一样的动作,但是你们的性别和体重都一样,你认为她这样说对吗?

■ 有人说,运动时要不断地喝大量的水,这种说法对吗?

(2)教师点评。

■ 过量、剧烈的运动并不能帮助你实现保持身体健康的目标,要按照自己的身体状况来选择适合自己的运动项目。

■ 运动时应该选择适合的衣服、鞋子,例如跑步要穿跑步鞋,踢足球和打羽毛球就分别要穿足球鞋和羽毛球鞋;要做好必要的热身运动、伸展运动和放松运动,以防运动损伤;应随身带水以防脱水后中暑。有伤的时候尽量不要参加运动或比赛;在寒冷或炎热等恶劣天气环境条件下要做好安全防护措施;空气污染严重时最好不要出门锻炼……

■ 水分摄入过量:在运动中或者其他时候喝水过多可能会引起一种叫做低钠血症的疾病。这是因为人体内太多的水会降低血浆中钠的含量,并导致头痛、头晕和肌肉酸痛。在严重的情况下,低钠血症还会导致大脑肿胀、昏迷甚至死亡[1]。

(3)运动损伤的预防和治疗。

案例分析:学校近期要举行班级篮球赛,小东被同学们推选为班级球队队员。个头高大的他平时很少运动,为了打好比赛,小东昨天开始参加篮球训练,今天一早起床时发现自己全身肌肉酸痛难忍,但后天就开始班级篮球赛了,怎么办呢? 怎么会这样? 怎么才能预防类似的运动损伤?

师生归纳安全锻炼身体、预防运动损伤的方法:

■ 运动中的自我保护。

高速跑需要急停时不能急刹停顿,应减速缓停,避免关节严重受挫;人体从高处下落

---

① [美]琳达·米克斯等著,俞国良,雷雳等译:《健康与幸福(高中中册)》,浙江教育出版社,2014年版,第397页。

着地时,必须注意双腿屈膝并拢缓冲后站起;在进行对抗性较强的运动时,如篮球等运动,要注意上肢一定程度的外展,以防外来的突然性暴力动作;对于习惯性易伤部位,如脚背外侧、拇指的根部等,除要充分做好准备活动外,还要注意正确使用保护带,如护踝、护指、绷带等。

■ 运动负荷的把握。

一般运动以后,经过适当的休息,就没有疲劳之感,这是运动适量的表现。如果第二天醒来,你仍然感到疲劳沉重,那就是运动过度的征兆。因运动量过度产生的酸疼,可以通过减量、休息、按摩、热敷等方法来帮助机体积极恢复。

在运动过程中,肌肉产生一种叫做乳酸的物质,刺激你的机体,从而使你有酸疼之感。只要坚持锻炼,这种现象就会逐渐消失,你的体能也在这种机体反应的循环中得以提高。如果你因为肌肉酸疼就停止锻炼,等到肌肉酸疼消失后再进行锻炼,则会削弱体育活动的健身之效。

■ 运动损伤的治疗措施。

出现内伤,如挫伤、肌肉拉伤、关节扭伤、滑囊炎、腱鞘炎等 24 小时内,一般用冷敷、加压包扎、抬高伤肢等方法,尽可能减少受伤部位的出血,避免损伤加重;48 小时后,一旦局部的出血和肿胀停止,此刻可以进行按摩、理疗或敷药治疗,逐步恢复受伤部位的功能。出现肌肉痉挛(抽筋),常见的缓解法是拉长痉挛的肌肉。在剧烈的赛跑后可能出现腿酸软、脸色苍白、眼前发黑、耳鸣等现象,严重的可能会出现昏厥等现象,可通过慢走、活动关节、牵拉、抖动和按摩等放松方法缓解。

(4)运动训练的原则[①]。

■ 热身运动原则:开始锻炼前,可以选择散步或者慢跑,进行 5—10 分钟的热身运动。

■ 放松运动原则:锻炼结束后,可以选择散步或静态拉伸,进行 5—10 分钟的放松运动。

■ 专门性原则:应该选择一个适合自己的特定类型的运动项目来进行锻炼。

■ 超负荷原则:体育锻炼应该超过一个人通常的运动量,以获得额外的健康益处。

■ 循序渐进原则:体育锻炼的次数和强度应该逐渐增加。

■ 体能可逆原则:一旦体育训练停止了,相应的健康益处也会消失。

3. 选择适合自己的运动项目。

---

① [美] 琳达·米克斯等著,俞国良,雷雳等译:《健康与幸福(高中中册)》,浙江教育出版社,2014 年版,第 393 页。

生活中我们经常会看见以下现象：一些学生显得比较"懒"，例如，他们坐一整天玩游戏也不愿意出去走走，上二楼都希望坐电梯而不是走楼梯；肥胖的青少年越来越多……学生很少参加体育锻炼，有些想运动却坚持不了，有些不知道自己该进行什么运动。

下面的体能训练计划有助于激励和引导你选择适合自己的运动项目并养成运动的良好习惯。

填写"_____运动训练计划"学习单。（见学习单2.1）

教师指导建议：学生填写训练计划时，教师要强调相关注意点，要求学生与家人或同学商议后制定，学生在执行计划时要获得必要的运动帮助和监督，不断调整计划以至完善。一个月后比较成绩的变化。

4. 活动总结。

体育运动是骨骼肌收缩产生的能量的任何身体运动，它可以给人们带来很多情绪和身体方面的益处。我们一定要养成体育锻炼的习惯，培养一项适合自己的运动技能，促进身心健康，幸福生活。

推荐资料

1. 可以避免的体育运动损伤。（屈强，郭晓光：《对我院体育系学生运动损伤情况的调查分析》，《赤峰学院学报》（自然科学版）2007年第3期）

2. 安全运动的预防与措施。（冯晓玲：《我国青少年身体素质下降的成因分析与对策研究》，北京体育大学，2012年版）

【学习单】

2.1 _____运动训练计划

班级：　　姓名：

	内　容	填　写　指　导
运动项目确定及训练目标		从自己的身体实际出发决定你要参加的运动项目和相应的体能训练。
具体的行动方案		确定你运动的地点、时间、频率、强度、类型；要安排一定的热身运动和放松运动，降低运动受伤的风险。

	内　　容	填　写　指　导
可能影响的障碍		找出可能影响运动训练的障碍。
训练中每一个时间点		如有氧运动、力量训练、热身运动、中途休息等的时间点。
训练进度记录		用日记或记录表记录你的训练进度；及时改进你的方案，记录自己每一次的进步。
我的支持系统		建立一个支持系统；争取与你的家人或同学、朋友一起锻炼，以获得必要的运动帮助和监督。
一个月后的变化对比		

课时 3
科学饮食

教学目标

指导学生养成健康的饮食习惯,吃健康和安全的食物。

教学准备

1. 对学生的不健康的饮食习惯及危害进行调查并形成小报告。

2. 按学生人数复印学习单 3.1①。

实施步骤

1. 养成健康的饮食习惯。

饮食是人的最基本的生存需要,当感觉饿的时候就应该吃东西。为了身体健康,人需要吃东西以获取必需的营养物质。每个人都应该计划好吃早餐、午餐、晚餐以及零食的时间,这样有助于养成健康的饮食习惯。

那么,哪些饮食习惯是健康的,哪些是不健康的? 为什么?

(1)案例分析。

小杰是高二年级的一名学生,喜欢运动的他周一下午打完篮球,晚餐时向饭堂师傅多要了一些蔬菜。他发现同班同学小曼打饭时只要了蔬菜。一问好友小明,他才知道小曼为了保持身材苗条,每餐只吃很少的蔬菜,还偷偷吃减肥药。周二,小杰选择了全麦汉堡包做午餐,没有选他以前喜欢吃的放了蛋黄酱和腌肉的汉堡包。周三下午期中考试成绩出来了,小杰觉得这次成绩特别糟糕,郁闷之下,他和小明一起吃了一盒很大的冰淇淋。周四那天,小杰得知班上有很多学生被邀请去参加小丽将在周末举办的生日派对,自己却没被邀请,他感觉自己被人拒绝了,于是喝了很多可乐,还吃了一大堆薯条。周六,小杰和同学约好去网吧玩游戏,为了方便和节省时间,他们饿了就在网吧吃方便面,

----

① 叶翠云:《高校学生食堂食品安全问题研究——以常州轻工职业技术学院为例》,苏州大学,2014 年。

渴了就随手拿起有水的杯子喝,也不管杯子是谁的。

（2）师生归纳。

- 出现郁闷、无聊、焦虑、孤独等情绪时,人容易通过吃东西或者挨饿应对这些感受。这样容易导致饮食失调,养成不健康的饮食习惯。

- 案例中的小杰因运动量加大需要吃多一点食物以获取必需的营养物质,这是好的饮食习惯。全麦汉堡包比放了蛋黄酱和腌肉的汉堡包所含的卡路里要少得多,这样的选择更健康。

- 案例中的其他饮食选择是不健康的:通过吃东西来应对不良的心理感受是不可取的;为了节省时间吃方便面,为了减肥只吃青菜和吃减肥药,这些行为会打破饮食规律,导致营养失衡、身心失调;随意与别人共用喝水杯子或餐具,也容易造成细菌交叉感染。

（3）中学生不健康的饮食习惯及危害。

学生代表展示课前调查的"中学生不健康的饮食习惯及危害"小报告。不健康的饮食习惯包括不吃早餐,随意吃街边小吃,用方便面、油炸食品、火腿等垃圾食品代替正餐,用饮料代替水等。学生代表要指出,如果长期不吃早餐容易导致抵抗力下降,加速衰老,发胖等问题。

教师指导建议:要引导学生对照自己的饮食习惯,及时改正不健康的饮食习惯。

（4）培养健康的饮食习惯:适度节食,少吃脂肪,少吃糖,少吃盐,多吃水果、蔬菜,多吃鱼、肉,多吃豆类制品,一定要吃早餐,注意补充维生素,加强锻炼等。

2. 如何保护自己不受食源性疾病的影响。

（1）科学饮食小测试:学习单3.1。教师引导学生通过小测试了解如何保护自己不受食源性疾病的影响。

（2）讨论分享:是否有过吃完东西就觉得肠胃不舒服的经历? 吃什么样的东西容易引起不舒服?

（3）师生归纳食源性疾病的成因及危害。

食源性疾病是一种由食用某种食物或饮料引发的疾病,一般会在半小时或数天内发作。常见的症状有肌肉痉挛、恶心、腹泻、呕吐和发烧。主要有沙门氏菌病、肉毒中毒和大肠杆菌病这三种严重的食源性疾病。其中沙门氏菌病是一种由沙门氏菌污染水源、厨房台面、肉类及海鲜等引发的食源性疾病。肉毒中毒是一种由肉毒杆菌产生的毒素污染处理不当的罐装食品引发的食源性疾病。这种毒素会攻击患者的中枢神经系统,因此这种疾病发作快,患者要迅速接受治疗。大肠杆菌是一种特殊的细菌,它能污染未煮熟的肉食,尤其是汉堡包、三明治,导致严重的食物中毒。[①]

3. 制定个性化的健康饮食计划。

(1) 学生代表分享他/她认为比较健康的早餐、午餐、晚餐和零食的食物单,并简单说明这样安排的理由。

教师指导建议:可以有意识地请爱运动的、不爱运动的等不同类型的学生进行分享。

(2) 学生给自己制定一份健康饮食的行为合约:写下打算达到的健康目标和为之实践的健康行为。同时,建立一个支持系统,争取家人或同学的帮助来实现健康目标。

教师指导建议:

■ 选择的食物应该是健康食品,尽量不要选择含糖量高、脂肪高、盐量高和油炸的食品;要了解清楚不同食品所含的热量;在计划饮食时要经常变换食品;一餐当中如果可以选择的话就不要太单一。

■ 要注意时间的安排。如要保证有时间吃早餐;晚上睡前不能吃东西;做作业的时候不能吃东西;情绪不好或太高兴的时候不要大量吃东西等。

■ 建议学生每天晚上清点自己一天下来所吃的食物,检查计划执行的情况,在同学或家人的帮助下逐渐养成健康的饮食习惯。

4. 活动总结。

我们应该自觉养成健康的饮食习惯,正确饮食和避免不健康的食物,让自己今后有更好的身体和精神状态迎接更美好的生活和挑战。

推荐资料

1. 几种利于健康的饮食习惯。(玲珑:《几种利于健康的饮食习惯》,《健康向导》2011 年第 6 期)

2. 中学生不健康的饮食习惯及危害。

(1) 不吃早餐。长期不吃早餐容易导致抵抗力下降、加速衰老、发胖等问题。

(2) 随意吃街边小吃。在无牌无证小店吃用地沟油等不卫生食材和调料做成的损害健康的食品。

(3) 用方便面、油炸食品、火腿等垃圾食品代替正餐。垃圾食品是指仅仅提供一些热量,别无其他营养素的食品,或是提供人体不需要成分的食品。

----

① [美] 琳达·米克斯等著,俞国良,雷雳等译:《健康与幸福(高中中册)》,浙江教育出版社,2014 年版,第 320 页。

方便面三大危害：导致肥胖；会造成人体营养不良（头晕、乏力、消瘦、心悸、精神不振等）；导致早衰（因部分含有抗氧化剂）。

油炸食品的危害：卫生问题（材料、油问题）；有毒致癌；含铝超标（明矾）；低营养（导致肥胖、诱发疾病）。

（4）饮料代替水。饮料含过多的糖分、食品添加剂等。

【学习单】

3.1　科学饮食小测试

班级：　　姓名：

指出下列做法是否正确：

1. 在超市里购买食品时，核对食品的有效期，不买过期的、包装有问题的食品。

2. 注意所有食品标签上的"使用日期"，标有"冰箱冷藏"的食品要及时分类进行冷藏。

3. 放学回家，放下书包马上坐下吃饭。

4. 在接触生鸡蛋、生肉后，要清洗手、烹饪器具和厨房台面。

5. 冰箱里生、熟食物放在一起。

6. 用海绵或毛巾擦拭带有生食的厨房台面，再用它洗炊具。

7. 冷冻食品在室温下解冻。

8. 在盆子里装水浸洗蔬菜和水果。

9. 用准备食物时的盘子装煮熟的食品。

10. 吃剩的青菜放在冰箱里储存，第二天再吃。

11. 喝在保鲜柜放了一个星期的鲜牛奶。

12. 和别人共喝一罐饮料。

13. 咬过的食物再给别人。

14. 应选有正规许可证的餐馆就餐。

15. 煮整个鸡蛋煮到八分熟。

課時 4

养成健康的睡眠习惯

教学目标

让学生认识获得充足休息和睡眠的重要性,摒弃不良的作息习惯,学会获得充足的睡眠的方法,养成健康的睡眠习惯。

教学准备

1. 学生提前一周记录每天晚上和白天获得的睡眠时间及第二天的精神状况。

2. 按学生人数复印学习单 4.1[①]、4.2。

实施步骤

1. 认识充足的睡眠对身体健康的重要性。

(1) 讨论分享。

■ 你是否也有这种困惑:同学邀请小云参加心理情景剧的演出,小云觉得心理情景剧表演挺有趣的,挺想参加的。但是,这个学期她已经报名参加很多活动了,她已经牺牲了很多睡眠的时间来学习、参加活动。她总觉得一天的时间太短了,事情都来不及做完,有时在课堂上会不知不觉地打瞌睡。

■ 每次假期回来,在教师眼中学生上课的状况是:早读课没精打采,上课打瞌睡,下课很多学生趴在桌子上休息;宿管老师看到的状况是:学生晚上越晚越精神,不愿意睡觉,早上又不愿意起床……

(2) 师生归纳。

■ 睡眠不足时,人的免疫系统会变得脆弱,人也容易生病。

■ 每个人需要的休息和睡眠时间都不一样,这取决于人的身体活动量。处于青春期的人每天需要约 8 小时的睡眠。

----

① 从欣:《科学睡眠知多少》,《今日科苑》2004 年第 3 期。

■ 一个身体快速成长的青少年需要额外的休息和睡眠。休息和睡眠时释放出的生长激素能使人发育、长高。睡眠能恢复人的身体、情绪和精神能量。

■ 人的身体会受到生物钟的调节,生物钟使人在白天活跃,晚上犯困。那些在晚上熬夜在白天睡觉的人必须经常跟自己的生物钟作斗争,他们会容易感到疲劳,行动迟缓,也可能难以入睡,这会影响他们的身体健康。因此,如果我们在假期中整天玩耍、看电视、上网、熬夜,身体没有得到充分休息,会引起身体和心理的失调,出现"疲劳综合征"、"网络综合征"和"电视综合征",统称为"假日综合征"①。

2. 学会获得充足的休息和睡眠。

(1)自我体验:我的睡眠充足吗?(填写学习单4.1)

(2)情景扮演:

■ 过去的一周,小东非常忙碌,每天晚上他都睡得很晚,感觉很疲惫。今天是周五,同学邀请他晚上去参加一个生日派对,他想去,但又想好好补个觉,因为这周末他还要去参加街舞表演。他该怎么办呢?

■ 高考的日子越来越近了,抓紧一切时间学习的小嘉这几天却频频失眠,身心疲惫的他偷偷地去买安眠药吃。同宿舍的同学知道了,纷纷跟他说……

教师指导建议:

在"小嘉"的情景扮演环节中,学生可能会向因失眠而吃安眠药的小嘉提供一些他们认为有效地治疗失眠的方法或药物,教师可给学生充分表达的机会,从而发现学生平时应对失眠所采取的方法。接下来,教师要指导学生甄别出适合的方法,特别要引导学生了解服用药物的风险。教师要告知学生,偶尔睡不着是正常的,但经常失眠就要引起高度重视,必要时应该看专业的医生,要在医生指导下用药。

(3)常见的睡眠障碍——失眠。失眠是个体在晚上长时间无法入睡,无法保持睡眠状态或醒来后无法重新入睡的一种疾病。失眠会演变为一种模式,并导致个体在白天出现困倦、无精打采、注意力不集中和烦躁等问题。失眠会影响各个年龄段的人。

考试前失眠是许多学生经常遇到的一个普遍性的问题。从生理角度看,人体在紧张和恐惧时,身体内的应激反应会使肾上腺素分泌剧增而高达正常状态下的4—6倍,并出现心率加快、血压升高、烦躁不安、失眠多梦、思维受限、多尿等症状。因此,学生在考试期间更要注重调节好自己的情绪、饮食和睡眠时间。

(4)师生分享获得充足的休息和睡眠的方法。

----

① [美]琳达·米克斯等著,俞国良,雷雳等译:《健康与幸福(高中中册)》,浙江教育出版社,2014年版,第361—362页。

■ 获得好睡眠的小窍门。如设置一个睡眠时间表,不吃影响睡眠的食物,营造一个舒适的睡眠环境等。

■ 放松和休息的方法。如适当调整学习与休息的时间;定好锻炼身体的时间;多听音乐,让优美的乐曲来化解精神的疲惫;有意识地放慢生活节奏;经常找朋友聊天;多参加一些体育活动等。

■ 考前自我调节睡眠的方法。临近考试,很多学生出现的紧张焦虑、盲目自信、过分悲观等不良情绪会影响考生的睡眠,因此,作为考生要科学安排饮食,保持充足的睡眠。考生坚决不能"开夜车",每天晚上最迟学习到十一点,保证每天 6—8 小时的睡眠,每天中午保证半小时午休最好。

教师指导建议:

一到大考(如高考、术科联考、自主招生考试、期末统考等),很多学生会出现考前焦虑、考前失眠等一系列的问题,一些学生甚至有比较明显的不良情绪,如紧张焦虑、盲目自信、过分悲观等。因此,教师可引导学生正视这些问题,让学生了解自己的实际情况并想办法解决这些问题。

3. 养成健康的睡眠习惯。

制定方案让自己养成良好的睡眠习惯:填写学习单 4.2。

教师指导建议:

指导学生从自己的实际出发先定下一个睡眠目标,建议用图标或日记的方式记录进展情况,最好写一些具体的内容,说明是如何改善睡眠的。建议学生先记录两周,再根据实际睡眠状况及时调整自己的行动方案或时间表。

4. 活动总结。

如果没有获得足够的睡眠,个体会行动迟缓,感到急躁或紧张。而充足的睡眠可以帮助个体集中精力,保持身体和情绪健康,快乐地成长。为了身心健康,个体要养成健康的睡眠习惯,摒弃晚睡、"开夜车"、晚上不睡白天睡等不良的作息习惯。

推荐资料

1. 获得好睡眠的小窍门。([美] 琳达·米克斯等著,俞国良,雷雳等译:《健康与幸福(高中中册)》,浙江教育出版社,2014 年版,第 363 页)

2. 考前自我调节情绪的方法。(杨明均,曾英:《谈谈学生的考试焦虑》,《四川教育学院学报》2001 年第 1 期;刘凤华,杨雅清:《中学生考试焦虑倾向及其调节》,《教育实践与研究》2001 年第 4 期)

4.1 我的睡眠充足吗?

班级： 姓名：

如果你对下面问题的回答都是肯定的,就说明你需要更多的休息和睡眠。

（1）总是需要闹钟才能叫醒你吗?

（2）早上起床有困难吗?

（3）在一天中的大多数时间都觉得疲劳和急躁吗?

（4）想在白天再睡一觉吗?

（5）白天是靠咖啡或功能性饮料来保持清醒吗?

（6）在课堂上会打瞌睡吗?

（7）晚上看电视或看书时会打瞌睡吗?

（8）在周末时会想多睡会儿吗?

（9）睡到半夜时会因做梦或吵闹醒来吗?

（10）睡到半夜要经常起来上厕所吗?

4.2 让自己养成健康的睡眠习惯

班级： 姓名：

	内　　容	填 写 指 导
健康睡眠的目标		从自己的实际出发先定下一个目标（如每天睡 8 小时,其中晚上睡 7.5 个小时,午休睡半小时）。
具体的行动记录	1. __月__日：午睡时间__小时,晚上睡觉时间__小时; 原因：_____。 2. __月__日：午睡时间__小时,晚上睡觉时间__小时; 原因：_____。 3. __月__日：午睡时间__小时,晚上睡觉时间__小时; 原因：_____。 4. 5. 6.	用图标或日记的方式记录你的进展。最好写一些具体的内容,说明你是如何改善你的睡眠的。例如可以写这样的话:"今晚睡觉前喝了可乐,睡觉时间就推迟了。""睡前听着放松的音乐,容易入睡。"（建议先记录两周,再根据实际睡眠状况及时调整自己的行动方案或时间表。）

	内　容	填　写　指　导
可能影响的障碍		找出可能影响目标的障碍。
我的支持系统		建立一个支持系统,争取让你的家人或同学帮你一起实现你的目标。

课时 5

珍爱生命,抵制不良诱惑

教学目标

1. 让学生认识酗酒、吸烟、赌博、吸毒等不良行为的危害,珍爱生命,具体以吸烟为例。

2. 学会抵制各种诱惑和纠正不良行为的方法,增强自制力。

教学准备

全班学生分成5组。其中第1组对青少年吸烟的情况进行调查并形成小报告;第2组查阅资料了解吸烟对青少年身心造成的危害;第3组到医院访问医生,重点了解肺癌病人所得的肺癌是否与其吸烟有关(通过数据说明);第4组采访一名青少年时期开始吸烟的肺癌患者,制作包含以下内容的微视频:患者关于吸烟对身心造成影响的感受,劝告青少年自觉抵制吸烟这一不良习惯;第5小组准备情景剧表演。

实施步骤

1. 活动导入:认识青少年的不良行为及其危害。

中学生正处在由青少年向成年人的过渡阶段,对成人的世界表现出强烈的好奇心,较难正确地判断是非,易受外界因素的影响。有些学生错误地认为:抽烟有风度;能提神;喝酒有义气,能解愁;赌钱是有智慧的体现;吸毒能排遣苦闷,忘掉烦恼。因此,中学生要了解不良行为的危害,时刻警惕;要珍爱生命,坚决抵制不良诱惑。今天,我们将以吸烟为例,一起认识不良行为的危害,学会抵制不良诱惑和纠正不良行为的方法,增强自制力。

各小组学生分享课前调查小报告。

(1)青少年吸烟的情况。

内容建议:学生设计问卷对本学校高一、高二、高三年级男女各100名学生进行不记名调查。调查的内容包括:是否吸烟,初次吸烟的年龄,一周吸烟的总量,父母对孩子吸烟的态度等;统计男生和女生吸烟所占的比例、学生总吸烟率。

（2）吸烟对青少年身心造成的危害。

内容建议：列举吸烟对青少年身心造成的危害，青少年与成年人吸烟对身体的危害比较。

（3）吸烟与肺癌的关系。

内容建议：学生到医院访问医生并通过医生给予的第一手数据说明肺癌病人所得肺癌是否与其吸烟有关系，列出关系图；展示不吸烟、吸烟 15 年和吸烟 30 年的人的肺部图片及内窥镜下的肺部影像。

（4）微视频：肺癌患者的切身感受。

视频内容建议：学生采访一名青少年时期开始吸烟的肺癌患者。患者向学生谈及以下内容：吸烟对自己身心造成的影响；劝告青少年珍爱生命，自觉抵制吸烟这一不良习惯。

教师指导建议：

在本环节，教师要让学生通过调查问卷、采访取得第一手资料，这样的做法本身就带有教育性，而且更直接、更真实，比教师单纯的说教更有说服力。

2. 青少年吸烟成瘾探究。

很多小学生知道吸烟不利于身体健康，他们会主动向周围吸烟的成人施加压力，要求他们戒烟。但进入中学后，一些青少年开始尝试吸烟，最终染上烟瘾，不能自拔。为什么会这样？

（1）案例呈现。

■ 近日，上高一的小伟发觉自己累坏了，整天都要忙于学习、篮球队训练和社团的活动。他的一个朋友说吸烟是一个很好的放松方法并怂恿他也试试。小伟试了，也感觉轻松了，从此他学会了吸烟。现在他一个晚上会吸 10—20 支烟。以前他是学校篮球队的主力，现在的他已经很少打篮球了，因为每一次剧烈运动十分钟后他都会觉得全身无力。他曾尝试戒烟，但遭遇"反弹"没成功。

■ 17 岁的明明认为吸烟是一种时髦，不吸烟就会落伍。他高一就开始偷偷吸烟，现在上高二的他已经有了很大的烟瘾，迫于学校的纪律要求，明明只能躲在宿舍厕所里吸烟。没有吸烟的时段，同学们会发现明明经常焦虑不安，很难集中精神上课，动不动就跟同学发生摩擦。后来，大家发现明明学会了说谎，不但没心思上课了，还开始骗低年级同学的钱……

（2）学生讨论。

上述案例中的小伟和明明出现了什么问题？对此你有什么看法？什么原因导致了

这些行为的产生?

（3）教师点评。

小伟和明明吸烟的主要原因分别是好奇心理和时髦心理。造成青少年吸烟的心理还有模仿心理、社交心理、从众心理、反抗心理、侥幸心理等。另外,渴望独立、渴望成熟的心态也使青少年以吸烟的方式证明自己已长大成人。因此,针对青少年吸烟的心理活动特点,"有的放矢"地帮助他们抵制吸烟和戒烟很有必要。

3. 学会向吸烟诱惑说"不"。

目前,很多学生吸烟是因为同伴的压力和成人的诱惑。学生在抵制来自同伴的不良诱惑时会碰到一些困难。他们有时会缺乏自信心,本打算说"不",但是受到同伴持续的压力或诱惑之后很难拒绝。例如,一个宿舍中有人吸烟没有被制止,其他人就很容易也学会吸烟。因此,大家一定要学会拒绝的方法,要本着对自己和对他人负责的态度坚定地对吸烟行为说"不"。下面,我们一起来学习如何向吸烟诱惑说"不"。

（1）角色扮演:常见的吸烟诱惑以及拒绝的方法。

情景剧1:小光上完晚修回到宿舍,对面床的小山正在吸烟,一副很轻松的样子。小山看见小光坐在床上累得不想动了,就跟他说:"很累吗? 试试这个(向着小光很熟手地从一包烟中抖出一支烟),它会让你忘掉所有的劳累的。"小光说:"谢谢! 我不要,我妈妈知道了会骂我的!"小山说:"不怕,就这一次,试试吧! 我们吸烟都没事,放心吧。看你那么累的样子才想帮你的。大家都吸你不吸,是不是不想跟我们做朋友了?"旁边的小益也附和说:"是啊,我们一天才吸一两支烟,没事的。""谢谢你们这么关心我,但是我妈妈不希望我吸烟,我也答应过妈妈我不会吸烟的,我不想她对我失望!"小山看见小光态度很坚决,悻悻地拿回自己的烟。

情景剧2:周六,小剑和父母去舅舅家做客,吃完晚饭,大家坐在一起喝茶聊天。"饭后吸支烟,赛过活神仙",舅舅边说边拿出烟来,给了小剑的外公一支,又给了小剑的爸爸一支。舅舅看着个子已经长成一米七五的小剑说:"小剑,你也来一支啦。"小剑连忙说:"谢谢舅舅,我不吸烟的!"舅舅见小剑的爸爸没有作声,继续说:"没问题的,我们的小剑已经长大了,可以吸烟了。"小剑说:"不行! 学校严禁学生吸烟,我不想被学校处分。"舅舅笑着说:"傻孩子,你在学校不吸烟不就行了,老师哪会知道?""不管在校不在校都不应该吸烟! 吸烟会影响身体健康,我还在长身体,我可不想弄坏身体影响学习。""吸烟哪里会影响身体? 你看你外公、你爸和我不都好好的?""还说没影响啊? 你看你们老是咳嗽呢,我劝你们还是少吸烟,也让妈妈、舅妈、表妹她们少吸一点二手烟。"这时,外公把还没吸完的烟熄灭了,笑着对小剑说:"好,小剑这么懂事,外公支持你!"爸爸、舅舅也不好意思地走到阳台上去吸烟了。

教师指导建议：

■ 在本环节中要创设逼真的情景让学生学会拒绝。特别是在课前,教师要指导扮演诱惑他人的学生要真实到位,扮演拒绝的学生要抬头挺胸直视对方,始终用坚定的语气拒绝,真正让学生在活动中学会拒绝的方法。

■ 教师可提醒学生,学生不良行为的形成有来自同伴的压力,同样,摒弃不良行为也可以借助同伴的力量。要真诚、耐心地帮助和支持同伴改正不良行为。

（2）学生讨论：难以抗拒诱惑的原因。

师生归纳主要原因：精神空虚寻求刺激,好奇心强,分辨是非能力差,盲目追求时髦,满足一时的心理或生理需求等。

（3）提高自制力的方法。

提高自制力是有效预防不良诱惑的方法。请学生分享有效提高自制力的方法。

师生归纳：慎交友、立大志、有主见、敢维权、要坦白等。

4. 纠正不良行为：学会戒烟。

从学生课前的调查可知,学生当中已经有一部分有吸烟行为,而且有部分学生从初一就开始吸烟了。很多学生开始吸烟时知道吸烟不好,例如会出现味蕾变得迟钝、心率和血压升高等症状,烟瘾严重时他们容易烦躁不安,曾逃课躲在厕所里吸烟,还曾为了买烟骗家人的钱……那么,怎样做可以戒烟呢?

（1）学生讨论：戒烟的方法。

教师指导建议：

■ 本环节教师可组织学生谈身边的同学或亲人戒烟的经历和原因、成功戒烟的做法等。

■ 如果班上有希望戒烟的学生,教师可在课前动员学生,让其谈戒烟的想法和经历,特别是心理戒断关难闯的真实感受。让学生能理解戒烟学生,真诚监督、帮助想戒烟的学生。

（2）师生归纳戒烟的具体做法。

首先,下定决心要戒烟。告知家人和老师、同学、朋友要戒烟的决定,争取他们的支持和监督。

接下来,要采取科学的方法：

■ 排出戒烟的时间表,并采取循序渐进的方法,慢慢减少。例如：1包/2天→1包/4天→1包/1周→1包/2周→1包/1月→不再吸烟。

- 转移注意力。通过多运动,多参加健康的文体活动,放松情绪,冲淡烟瘾。

- 切断吸烟环境,防止"反弹"。例如,避免与吸烟的同学和亲朋好友接触,不去烟民集中的场合,不在视线范围内放置香烟、烟灰缸等与吸烟有关的物品。

- 增强忍耐力,意志坚定抵制吸烟诱惑。跟自己说:"要忍住,再吸一支烟,戒烟计划就前功尽弃了!""一定不能让大家对我失望!"实在忍不住,咀嚼一些随身准备的口香糖等代替。

- 烟瘾较大的学生可采用厌恶疗法。即从喜爱吸烟转变为厌烦吸烟。如经常观看与吸烟有关疾病患者的病理图像,或吸烟时播放令人厌烦的声响,把吸烟与可怕、厌烦的现象、声响联络在一起,建立起条件反射,然后讨厌吸烟,戒掉烟瘾。

总之,要想戒烟成功,自己的坚定信念与真正关心你的人的监督,以及科学的戒烟方法,循序渐进的过程,持之以恒才是最有效的。如果你想戒烟,相信自己,你一定能行的。

5. 活动总结。

一个孝敬长辈、对家庭负责的人,不会吸烟;一个关心集体、对集体负责的人,会劝阻别人不要吸烟;一个感恩社会、对社会负责的人,会与他人共创无烟世界。因此,我们不仅自己不要吸烟,还要真诚、耐心地帮助吸烟的同学戒烟,已经有吸烟行为的学生要积极主动戒烟。大家要清醒地知道,吸烟、酗酒、赌博、吸毒等不良行为就像隐藏在黑暗里的恶魔,时刻伺机吞噬对各种新奇的事物都充满了好奇的青少年。今天,我们学习了如何抵制吸烟这种不良行为的方法,大家要用学到的方法去识别和抵御其他不良诱惑,不断增强自制力,珍爱我们的生命,珍爱我们美好的生活,坚定地对不良诱惑说"不"!

相关术语

厌恶疗法:通过惩罚手段抑制或消除患者不良行为的治疗方法。将厌恶刺激(负强化的刺激物)作为惩罚性的无条件刺激,使之与引起不良行为的条件刺激相结合,如让电击与饮酒行为同时出现,从而引起患者对原有条件反应(饮酒)的厌恶、恐惧或回避。经多次应用惩罚性刺激,使患者消除已形成的不良行为。

建议与提示

1. 本活动主要以吸烟为例指导学生认识不良行为的后果,学会拒绝不良诱惑的方法,教师可以根据学生的实际情况将此方法迁移到对酗酒、赌博、吸毒等不良行为的指导中,从而提高指导的针对性。

2. 在完成本活动后,教师还可以继续指导学生将所学到的拒绝方法应用到正确处理生活中一些自己不愿意或不感兴趣的问题上。

推荐资料

1. ［美］琳达·米克斯等著，俞国良，雷雳等译：《健康与幸福（高中中册）》，浙江教育出版社，2014 年版。

2. 杨勇：《浅析如何在班级管理中培养中职生的健康心理》，《教育教学论坛》2013 年第 39 期；赵军魁：《大学生良好道德品质培养途径的心理分析》，《现代妇女（下旬）》2013 年第 1 期。

专家点评与建议

1. 总体评价

"健康生活方式"是学生发展指导的重要内容，对学生身心正向发展非常必要，但现实中却很少受到关注。本方案针对学生健康生活的心态、锻炼、饮食、睡眠、抵制不良诱惑等现实生活中的关键问题展开辅导，尤为可贵。方案内容翔实合理，指导所依据的概念原理准确可靠，条理清晰，方式方法合理妥当，有助于达成全人培养和综合素质提升的教育目标，有较好的示范性。

2. 学术观点

在健康生活方式指导中，心理教育（psychoeducation）是不可或缺的一环，可以帮助学生在行为改变前先建立合理的认知理解，以有效促进行动。因此在学理上，可用大脑可塑性理论（theory of brain plasticity）向学生先阐明运动、饮食、睡眠与心灵成长的关系，即科学的训练能够改变生理状况，继而改变大脑和心理反应（例如，运动改变杏仁核的递质水平，进而改变情绪反应和理性决策能力），更能促进学生的改变意愿和投入度。

3. 具体建议

（1）学生发展指导课与学科课程有所不同，在知识点的传授上既包含事实性和概念性的知识，亦包含程序性知识（技能、经验、方法和行动等）和元认知知识（态度、情感、认知、价值观等），其复杂性很难在一节有限的课时时间内展开，建议更为聚焦。例如，在乐观心态的教学设计上，将对态度感受与行动策略的教学分开不同的课时进行。另外，建议关于乐观心态的内容亦可放在"科学锻炼"、"科学饮食"、"养成健康的睡眠习惯"之后，针对学生在健康生活实践中的具体困难和实际感悟进行心态上的指导，更为有的放矢。

（2）在教学导入材料上，可以请学生提供、收集自己感兴趣的故事和材料，以便于理解和增强学习热情。

（3）在量表的使用和解读上，建议发展指导教师亦要审核量表的专业性，并谨慎使用"及格"等临床诊断类的词汇。同理，在戒烟主题中，注意避免对班内有吸烟行为的学生造成标签化和污名化。

（4）在行为指导上，可以灵活使用课后作业等形式帮助学生将行动计划进行落地、自我监督和反馈。方案中学习单"＿＿＿＿＿运动训练计划"是不错的设计，值得推广。在指导过程中教师的鼓励、监督与陪伴也很重要。

（5）学生发展指导课程的设计，区别于运动护理课程、饮食营养课程、睡眠问题辅导或戒烟指导课，具有自身独特的价值与特色。例如，科学锻炼主题的重点不在于运动护理知识，而是旨在激发每个学生积极运动的意愿和自主性，发现适合自己的运动方式，帮助学生将意愿转化为规划，将规划转化为实际行动，并促进行动发生，及时排解困难。又如，在戒烟主题中，重点不在于指导学生如何戒烟，而是培养学生自主分辨的意识和能力、能够拒绝的能力和策略学习，以及如何增强自制力。

积极的自我概念

所属单元：生活指导"积极的自我概念"

建议课时数：7—9课时（每课时40分钟）

建议场地：普通教室

作者：上海市嘉定区中光高级中学　谢晓敏

设计理念

自我概念是一个人对自身存在的体验,人们通常通过经验、反省和他人的反馈,逐步加深对自身的了解。拥有良好自我概念的人不仅有客观的自我认识,还能悦纳自我,并且积极地完善自我。建立积极的自我概念,是每一个中学生成长阶段的重要任务,积极的自我概念有助于青少年建立自我同一性,获得忠诚、自信的积极品质。

教学总目标

一、学生了解自己的性格特征,增强培养良好性格的意识。

二、整合自我评价和他人评价,形成对自我的客观认识与评价,增进对自我的认识。

三、学生能够发现并欣赏自己的优点,接纳自己的不足,学会客观分析成长的消极作用和积极意义,提升自信心。

四、学生学会正确归因,在认识自我、悦纳自我的基础上,增进自我认同感,增强自我提升的意识,明确完善自我的方向,并积极付诸行动。

课时安排

教 学 内 容	学 习 单
1. 了解"我"的性格	1.1　"我"的性格特征
2. 探寻"我"的答案	2.1　独一无二的我 2.2　他们眼中的我 2.3　我们眼中的你 2.4　我是谁

教 学 内 容	学 习 单
3. 喜欢自己的理由	3.1 _____的闪光点 3.2 100 个喜欢自己的理由（节选） 3.3 喜欢自己的 N 个理由
4. 带着故事旅行	4.1 生命列车（节选） 4.2 我的自传
5. 合理归因要得法	
6. 成为更好的自己	6.1 这就是我 6.2 做最好的自己
7. 写给未来的自己	

课时 1

了解"我"的性格

教学目标

1. 让学生了解自己的性格特征,知道影响性格形成的因素。

2. 让学生增强培养良好性格的意识,学习培养良好性格的方法。

教学准备

按学生人数复印学习单1.1。

实施步骤

1. 独特的性格。

(1)故事呈现:世界上没有两片完全相同的叶子。

故事梗概:300多年前,在普鲁士王宫里,大哲学家莱布尼茨正在滔滔不绝地向王室成员和众多贵族宣传他的宇宙观。话锋一转,他说:"世界上没有两片完全相同的叶子。"听者哗然,不少人摇头不信。于是,好事者就请宫女到王宫花园中去找两片完全相同的叶子。谁知,数十人寻个遍也无法找到。人们惊愕,原来世界是如此丰富多彩。

(2)教师指导建议。

莱布尼茨的这句话也同样适用于描述人的性格——世界上没有两片完全相同的叶子,世界上也没有性格完全相同的人。

2. 我的性格特征。

(1)填写并分享学习单1.1。

(2)讨论分享:学生结合学习单的内容,举例分享影响性格特征形成的因素。

(3)教师指导建议:影响性格形成的因素。

■ 生理因素的影响:性格受遗传的作用较小。性格还受气质、性别等因素的影响。例如,胆汁质的人容易形成勇敢、果断、主动性的性格特征。男性好强,有表现欲;女性温柔体贴。

■ 家庭环境的影响：家庭氛围、生活习惯、家庭教养方式等影响个体性格的发展。在溺爱型家庭成长的孩子，容易形成任性、利己主义等性格特征；在民主型家庭中成长的孩子，容易形成独立、直爽等良好的性格特征。

■ 学校环境的影响：学校教育教学对个体性格的形成起着特殊的作用。校风、师生关系、班级文化、校园活动等，都影响着个体性格的形成。在放任型的团队里，成员容易表现为无集体意识、不合作。

■ 社会环境的影响：社会环境的影响主要通过文化媒介传播产生。

■ 个体自我意识的影响：良好的自我意识会促进性格的发展。

3. 拥有良好的性格。

（1）讨论分享：拥有良好性格的作用。

（2）师生归纳。

■ 良好的性格有助于建立好的人际关系：在陌生的环境中，热情、开朗、活泼、豁达的人能相对主动、大方地与人交流。沟通有助于个体更好地了解自己，认识他人，解决人际交往中的问题。

■ 良好的性格有助于学业和事业的成功：对新鲜事物充满好奇心，喜欢刨根问底，自己钻研问题，具有创新精神等性格特征是成功的关键要素。

■ 良好的性格有益于身心健康，生活幸福：开放和友善有助于建立良好的人际关系；情绪稳定有助于远离高血压、心脏病、抑郁症等身心疾病，因而生活满意度更高。

■ 良好的性格也可能决定命运。

（3）讨论分享：如何完善自己的性格？

案例：杀人犯的两个儿子。

有一个人因杀人进了监狱。这个杀人犯有两个儿子。若干年后，杀人犯的一个儿子也因杀人进了监狱，而另一个儿子却事业有成，成为一个集团公司的总经理。有人分别采访他们，不料他们说了一句共同的话："谁让我有这样的父亲呢？"

（4）教师指导建议。

■ 在学习过程中培养良好的性格品质：在学习中培养勤奋刻苦的性格品质，在学习中培养认真负责的性格品质，在学习中培养独立思考的性格品质，在学习中培养乐于助人的性格品质。

■ 通过读好书、看好的电视节目和电影培养良好的性格品质。

■ 通过交友来培养自己的性格：通过与朋友的交往学到好的性格特征，通过比较发现自己性格中的缺点，有针对性地完善自己的性格。

■ 在业余爱好中培养自己的性格：多培养一些健康有趣的业余爱好，来丰富自己的业余生活，养成良好的性格品质。

4. 活动总结。

性格，是先天和后天的合金，性格是个体在生活过程中形成的，具有一定的可塑性，每个人都是自己性格的设计师和创造师。青少年的人生观、世界观尚处于形成和发展之中，处于性格养成的关键时期，优化自己的性格，才能最大限度地展现生命的亮色。

相关术语

1. 性格：指与社会道德评价相联系的人格特质，即后天形成的品格。如诚实、坚贞、奸诈、乖戾等可作为善恶、好坏、是非等价值评价的心理品质。性格包含于人格之中，是人格结构的主要成分①。

2. 性格的特征。

（1）性格的态度特征，包括对社会、集体、他人的态度特征，如诚实、正直、富于同情心，或相反；对工作和学习的态度特征，如认真、细心，或相反；对自己的态度特征，如严于律己、自信，或相反。

（2）性格的意志特征，表现为意志的自觉性，如主动、独立，或相反；意志的坚定性，如锲而不舍、坚忍不拔，或相反；意志的果断性，如果断、沉着，或相反；意志的自制力，如富贵不能淫、贫贱不能移，或相反。

（3）性格的情绪特征，表现在情绪的速度和强度方面，如一触即发、善于忍耐；情绪的稳定性方面，如情绪稳定、喜怒无常；心境方面，如胸怀宽广、心胸狭窄。

（4）性格的理智特征，表现在观察活动中，如全面、被动、马虎；表现在想象方面，如富于创造性、狭隘；表现在思维上，如灵活机智、死板。

建议与提示

1. 在"性格的特征"分享活动中，教师可通过板书和案例，指导学生了解性格的态度、意志、情绪、理智特征，辅助"'我'的性格特征"活动的开展。

2. 在填写学习单 1.1 的过程中，教师可巡视并个别指导无法用恰当的词语描述性格特征的学生。在分享的过程中，教师可通过替换词语的方式指导学生进一步完善。教师需要关注较多使用消极词语进行自我评价的学生，可通过"其他同学有什么不同的观点"

---

① 林崇德，杨治良，黄希庭主编：《心理学大辞典》，上海教育出版社，2003 年版，第 1461 页。

218

之类的提问,指导学生多写一些积极的描述。同时,教师可指导学生,每个人都有自己独特的性格,性格无绝对的好坏之分。每一种性格都有适合的学习方式、生活方式以及职业,了解自己的性格特点,发挥优势,每个人都可以获得成功。

参考文献

林崇德,杨治良,黄希庭主编:《心理学大辞典》,上海教育出版社,2003 年版,第1461 页。

【学习单】

1.1 "我"的性格特征

班级:　　姓名:

性格的特征	具体表现	我的性格特征
态度特征	对社会、集体、他人	
	对待学习与工作	
	对待自己	
意志特征	意志的自觉性	
	意志的坚定性	
	意志的果断性	
	意志的自制力	
情绪特征	情绪的速度和强度	
	情绪的稳定性	
	心境	
理智特征	观察活动	
	想象活动	
	思维活动	

课时 2
探寻"我"的答案

教学目标

学生通过自省与人际互动增进对于自己的了解与认识,能够综合自己与他人的评价,客观地认识和评价自己,增强自我探索的意识。

教学准备

按学生人数复印学习单 2.1、2.2、2.3、2.4。

实施步骤

1. 斯芬克斯之谜。

故事梗概:这个谜语根据古希腊的一个古老传说而来。

俄狄浦斯是国王拉伊俄斯之子。俄狄浦斯出生后,先知预言国王必被其子俄狄浦斯杀死。国王拉伊俄斯命令奴隶将俄狄浦斯杀死,但奴隶不忍将其置于山中。俄狄浦斯大难不死,被另一个国王波吕玻斯收养,波吕玻斯将他视为自己的孩子。

俄狄浦斯长大后,先知告诉他,他将犯杀父娶母之罪。俄狄浦斯不知道波吕玻斯是他的养父,他非常害怕,因此选择了外出流浪。

在流浪的途中,他与人争夺道路而发生争吵,一怒之下杀死了对方——生父拉伊俄斯,然而他并不知情。他来到生父拉伊俄斯的国家,人首狮身的怪物斯芬克斯正在作乱。斯芬克斯坐在忒拜城附近的悬崖道路上,向过路的行人问一个谜语。过路人必须猜中,猜不中就要被它吃掉,无数人因此丧命。城里人说,谁杀死了斯芬克斯怪物,他将为王,并可以娶寡居的王后为妻。

斯芬克斯的谜面是:什么动物早上四条腿走路,中午两条腿走路,晚上三条腿走路,腿最多时最无能? 俄狄浦斯猜中了谜语,怪物跳崖而死。俄狄浦斯因对全城有功被推举为王,坐上了生父的位置,并娶了自己的母亲。先知的预言实现了,俄狄浦斯努力避免而最终未能避免。古希腊著名悲剧作家索福克勒斯据此传说创作了《俄狄浦斯王》。

（1）学生猜谜：什么动物早晨四条腿走路，中午两条腿走路，晚上三条腿走路，腿最多时最无能？

（2）教师指导建议。

谜底：人。人小时候不会走路，用手和脚在地上爬，长大了用两条腿走路，老了的时候因体力不支而需拄着拐杖。在古希腊奥林匹斯山，有一座特尔菲神殿，神殿里有一块石碑，上面刻着：人，认识你自己。认识自我是人类最高的智慧。

2. 自我评价的三个方面。

（1）接龙：我是谁。

每位学生说一句：我是一个_____的人。

（2）教师指导建议。

教师结合学生分享的内容，举例说明自我评价分为生理、心理以及社会三个方面。生理包括身体、形体等；心理包括性格、思维方式等角度；社会包括在班级、年级、学校中的角色、职务等。

3. 独一无二的我。

（1）填写学习单2.1。

（2）学生总结"我是谁"和"你是谁"两份材料之间的异同，分享收获、感受与想法。

（3）教师指导建议。

教师结合学生的分享，指出在自我认知的过程中，有些方面是自己知道、别人也知道的，有些方面是自己知道但别人不知道的，有些方面是自己不知道、别人也不知道的，还有些方面是大家都不知道的，从而引出"乔哈里窗"的图示。

	自己了解	自己不了解
别人了解	公开区	盲区
别人不了解	隐藏区	封闭区

（4）讨论分享：促进自我认知的途径。

（5）教师指导建议：促进自我认知的途径。

■ 激发自我认知的内驱力：主动、积极地进行自我探索，有意识地记录、评价自己在日常生活中的点滴表现，通过自我反思、专业测评等促进自我认知。

■ 通过认识他人促进自我认知：通过他人的眼神、语言、态度了解自己言行的对错，调整行为表现；把自己与他人进行比较以完善自我。

■ 通过综合他评与自评促进自我认识：定期收集家长、同学、朋友、老师等对自己的评价及理由，综合他评与自评的内容，有助于形成客观的自我认识。

4. 活动总结。

（1）确立"自我同一性"是青少年阶段的心理发展的主要任务。

（2）完成"我是谁"综合评价：学生完成学习单2.2和学习单2.3，综合课堂上的学习单2.1，完成学习单2.4。

相关术语

1. 自我评价指个体对自己的生理、心理和社会特征及行为的某一方面或整体的评价过程。

（1）生理自我：个体对自己生理属性的感知和评价，如对自己的身高、形体、容貌的意识和评价。

（2）心理自我：个体对自己心理属性的意识、情感和评价，心理属性包括感知、记忆、思维、智力、性格、气质、动机、需要、价值观等心理过程。

（3）社会自我：个体对自己社会属性的意识，包括个体对自己在各种社会关系中的角色、地位、权利、义务等的认知、情感和评价，例如学生在班级、年级、学校中的位置和作用。社会自我的形成受社会变迁、现实的他人或群体、非现实的他人或群体（如小说中的人物）的影响。

2. 乔哈里窗：公开区、盲区、隐藏区、封闭区。

公开区：指自己和别人都了解的信息区间。

盲区：指自己不了解，但是别人了解的信息区间。

隐藏区：指自己了解，但别人不了解的信息区间。

封闭区：指自己与他人都不了解的全新的神秘领域，它具有一定的潜能，对其他区域具有潜在的影响。

3. 埃里克森人格发展八段论：美国精神分析学家埃里克森提出人格的心理社会发展理论，把心理的发展划分为八个阶段：婴儿期（0—1.5岁）、儿童期（1.5—3岁）、学龄初期（3—6岁）、学龄期（6—12岁）、青春期（12—18岁）、成年早期（18—25岁）、成年期（25—65岁），以及成熟期（65岁以后）。他认为在心理发展的每一阶段，个体都会面临着一个需要解决的心理社会问题，该问题能引起个体心理发展的矛盾与危机。个体如果能顺利解决每一阶段所面临的矛盾与危机，就会对心理发展产生积极影响；相反，则会产生消极影响。这八个阶段相互依存，密切联系。每一个阶段任务的完成与否都会影响后面阶段矛盾或危机的解决。阶段性危机解决与否影响着个体的人格发展。

青春期是个体从儿童期走向成年期的转折时期。这一时期的个体对周围的世界有了新的观察与思考，个体意识分化为理想自我和现实自我。他们经常思考"我是谁"这个问题，并尝试通过各种方式寻得答案，如自我反思、他人评价、社会角色扮演等。他们逐渐疏远家长，试图从对家长的依赖关系中解脱出来；他们重视同伴的评价，渴望建立亲密的友谊；他们尝试对自己的过去、现在及未来建立一种内在的连续感，明确自己的现在与未来在社会生活中的关系。因此，这一阶段的心理发展危机是角色混乱。一旦这个任务顺利完成，个体就会在职业、性别角色等方面获得同一性，方向明确，顺利进入成年期；如果危机未得到彻底解决，个体就会难以始终保持自我一致性，容易丧失目标，失去信心。所以，个体在这一时期的主要任务是建立自我同一性和防止自我同一性混乱。

4. 自我同一性：自己能意识到自我与他人相区别而存在，以及自我的连续性和稳定性，亦即个人的内部状态与外部环境的整合和协调一致。

5. 同一性混乱：亦称同一性危机、同一性扩散、角色混乱。与自我同一性相对，同一性混乱指青春期个体在重新认识自我及自我在社会中的地位、作用的过程中产生自我意识的混乱，主要表现为缺乏信任感、自主感、主动感和勤奋感，未能形成稳定的自我意识和自我角色。

建议与提示

1. 活动导入环节，可选用卜桦的动画作品《生之爱》中的片段"寻找自己"。作品讲述了一颗种子发芽后开始思考"我到底是谁"，然后开始了寻找自己的旅途。在途中它好几次发现别的事物与自己相似的地方，它以为找到了自己，但仔细一看不是，便伤心地哭了。好几次伤心之后，它感受到了"认识不了自己"、"不知道自己是谁"的痛苦。

2. 在"自我评价的三个方面"活动中，重在让学生了解自我评价的三个方面，以辅助"独一无二的我"活动，因此可以只组织部分学生分享。教师可结合学生的自我评价进行解析，例如，"我是个短发女孩"是生理角度的评价，"我是爱好文学的人"是心理角度的评价，"我是个受欢迎的人"是社会角度的评价。教师可以通过引导学生间的相互评价以及列举具体事例，帮助学生更多地了解自我。

3. 学生完成学习单 2.1 时，教师需要提醒学生，评价内容要涉及生理的我、心理的我以及社会的我三个方面,对他人评价完成后需签名;评价过程中注重文明用语,真诚,客观,负责,避免重复。

4. 学生分享学习单 2.1 时,教师可通过提问的方式组织学生分享讨论。参考问题如:别人因什么而欣赏你? 因什么而不欣赏你? 你对别人的评价认同和不认同之处在哪里? 你是否看到自己潜在的优势或特长? 你在这个活动中的感受是怎样的? 你如此评价的依据是什么? 你想给受评价的同学怎样的建议?

5. 当学生对自评与他评无法整合,或对他人的评价进行"自我辩解"时,可能是学生的心理防御,也可能是他人的评价确实存在问题。青少年渴望得到他人的肯定,对外界的评价比较敏感,所以教师始终需要真诚、客观、负责地评价。

6. 教师需另外安排时间,组织学生分享学习单 2.4 的内容,对于学生存在困惑的地方,例如学生无法对评价进行综合分析,教师可继续运用"独一无二的我"分享环节的方法开展指导。

7. 教师需指导学生,自我评价是一个逐步形成的过程,积极地参加校内外活动,充分地展现自我,有助于他人对我们作出客观的评价以及自我评价,促进自我认知。

推荐资料

齐忠玉著:《乔哈里窗沟通法:深层沟通的心理学途径》,中国电力出版社,2010 年版,第 12—13 页。

【学习单】

2.1 独一无二的我

班级:　　　　姓名:

我 是 谁

我是一个_____的人。

我是一个_____的人。

我是一个_____的人。

我是一个_____的人。

我是一个_____的人。

我是一个_____的人。

我是一个_____的人。

我是一个_____的人。

我是一个＿＿＿＿＿＿＿＿＿＿＿＿＿＿＿＿＿＿＿＿＿＿＿的人。

我是一个＿＿＿＿＿＿＿＿＿＿＿＿＿＿＿＿＿＿＿＿＿＿＿的人。

我是一个＿＿＿＿＿＿＿＿＿＿＿＿＿＿＿＿＿＿＿＿＿＿＿的人。

我是一个＿＿＿＿＿＿＿＿＿＿＿＿＿＿＿＿＿＿＿＿＿＿＿的人。

我是一个＿＿＿＿＿＿＿＿＿＿＿＿＿＿＿＿＿＿＿＿＿＿＿的人。

我是一个＿＿＿＿＿＿＿＿＿＿＿＿＿＿＿＿＿＿＿＿＿＿＿的人。

我是一个＿＿＿＿＿＿＿＿＿＿＿＿＿＿＿＿＿＿＿＿＿＿＿的人。

我是一个＿＿＿＿＿＿＿＿＿＿＿＿＿＿＿＿＿＿＿＿＿＿＿的人。

我是一个＿＿＿＿＿＿＿＿＿＿＿＿＿＿＿＿＿＿＿＿＿＿＿的人。

我是一个＿＿＿＿＿＿＿＿＿＿＿＿＿＿＿＿＿＿＿＿＿＿＿的人。

你 是 谁

你是一个＿＿＿＿＿＿＿＿＿＿＿＿＿＿＿＿＿＿＿＿＿的人。签名：

你是一个＿＿＿＿＿＿＿＿＿＿＿＿＿＿＿＿＿＿＿＿＿的人。签名：

你是一个＿＿＿＿＿＿＿＿＿＿＿＿＿＿＿＿＿＿＿＿＿的人。签名：

你是一个＿＿＿＿＿＿＿＿＿＿＿＿＿＿＿＿＿＿＿＿＿的人。签名：

你是一个＿＿＿＿＿＿＿＿＿＿＿＿＿＿＿＿＿＿＿＿＿的人。签名：

你是一个＿＿＿＿＿＿＿＿＿＿＿＿＿＿＿＿＿＿＿＿＿的人。签名：

你是一个＿＿＿＿＿＿＿＿＿＿＿＿＿＿＿＿＿＿＿＿＿的人。签名：

你是一个＿＿＿＿＿＿＿＿＿＿＿＿＿＿＿＿＿＿＿＿＿的人。签名：

你是一个＿＿＿＿＿＿＿＿＿＿＿＿＿＿＿＿＿＿＿＿＿的人。签名：

你是一个＿＿＿＿＿＿＿＿＿＿＿＿＿＿＿＿＿＿＿＿＿的人。签名：

你是一个＿＿＿＿＿＿＿＿＿＿＿＿＿＿＿＿＿＿＿＿＿的人。签名：

你是一个＿＿＿＿＿＿＿＿＿＿＿＿＿＿＿＿＿＿＿＿＿的人。签名：

你是一个＿＿＿＿＿＿＿＿＿＿＿＿＿＿＿＿＿＿＿＿＿的人。签名：

你是一个＿＿＿＿＿＿＿＿＿＿＿＿＿＿＿＿＿＿＿＿＿的人。签名：

你是一个＿＿＿＿＿＿＿＿＿＿＿＿＿＿＿＿＿＿＿＿＿的人。签名：

你是一个＿＿＿＿＿＿＿＿＿＿＿＿＿＿＿＿＿＿＿＿＿的人。签名：

你是一个＿＿＿＿＿＿＿＿＿＿＿＿＿＿＿＿＿＿＿＿＿的人。签名：

你是一个＿＿＿＿＿＿＿＿＿＿＿＿＿＿＿＿＿＿＿＿＿的人。签名：

你是一个＿＿＿＿＿＿＿＿＿＿＿＿＿＿＿＿＿＿＿＿＿的人。签名：

你是一个＿＿＿＿＿＿＿＿＿＿＿＿＿＿＿＿＿＿＿＿＿的人。签名：

2.2　他们眼中的我

假如有人采访你熟悉的人,请他们评价你,你认为他们会怎么说呢？请完成下面的句子,简单描述不同人对你的看法、评语。

父亲眼中的我：_____

因为我：_____

母亲眼中的我：_____

因为我：_____

老师眼中的我：_____

因为我：_____

朋友眼中的我：_____

因为我：_____

同学眼中的我：_____

因为我：_____

一个重要人物眼中的我：_____

因为我：_____

2.3　我们眼中的你

班级：　　　姓名：

爸爸眼中的你：_____

因为你：_____

妈妈眼中的你：_____

因为你：_____

老师眼中的你：_____

因为你：_____

朋友眼中的你：_____

因为你：_____

同学眼中的你：_____

因为你：_____

一个重要人物眼中的你：_____

因为你：_____

2.4 我 是 谁

班级：　　　姓名：

我认为自己是怎样的人？家长眼中的我是怎样的？朋友眼中的我是怎样的？老师眼中的我是怎样的？我希望自己成为一个怎样的人？我能够成为怎样的人？我是谁？我一直在寻找着这些问题的答案。

通过"认识自我"的主题活动，我似乎找到了一些答案，把它们写下来，作为成长过程中的一段记录。

课时 3
喜欢自己的理由

教学目标

学生发现自己的优点和不足,善于发挥长处,接纳自己的不足,提升对自我的认同感。

教学准备

1. 歌曲:《我很丑,可是我很温柔》。

2. 视频:《尼克·胡哲的故事》。

3. 按学生人数复印学习单 3.1、3.2、3.3。

实施步骤

1. 我很丑,可是我很温柔。

(1)歌曲欣赏:《我很丑,可是我很温柔》。

(2)讨论分享:听完歌曲的想法与感受。

(3)教师指导建议。

"金无足赤,人无完人",每个人都不可避免地存在着缺点与不足,要勇敢承认,努力改正;但更重要的是善于发现和发扬优点。

2. 发现闪光点。

(1)每位学生在学习单 3.1 中填写个人信息后,将其交给另一位学生,另一位学生填写完他/她的闪光点后再交给下一位学生,直到学习单回到主人的手中为止。

(2)讨论分享:哪些优点是自己原本就知道的? 哪些优点是自己尚未察觉的? 以后会如何更好地利用这些优点? 活动中有哪些体会和感想?

(3)教师指导建议。

对自我的评价聚焦于缺点时,个体就会经历更多的负面情感体验;对自我的评价聚焦于优点时,个体就会获得更多积极的情绪体验,更加自信。

3. 喜欢自己的 N 个理由。

（1）讨论分享：学生阅读学习单3.2,分享读后感。

（2）学生结合"发现闪光点"活动,完成并分享学习单3.3,谈谈感受。

（3）教师指导建议。

■ 喜欢自己,从认识自己开始:挖掘自己的优点,找到喜欢自己的地方。

■ 喜欢自己,从欣赏自己开始:不仅欣赏自己的优点,还要欣赏自己的缺点。任何事物都有两面性,优点可能是缺点,缺点也可能在某些场合中成为优点,学会换一个角度看待自己,有助于心态的平和,自信心的建立。

■ 喜欢自己,从展现自己开始:勇于展现自己,不论是优点还是不足。因为这可以让自己更好地了解自己,让他人更好地了解你,获得更多的评价与建议,获得更多的提升自我的机会。

■ 当一个人喜欢自己的时候,别人也会更容易喜欢你。

4. 活动总结。

（1）视频欣赏与分享:《尼克·胡哲的故事》。

故事梗概:尼克·胡哲,1982年出生于澳洲一个基督徒家庭,父亲是牧师,母亲是护士。他没有双手,也没有双脚,只在左侧臀部以下的位置有一个带着两个脚指头的小"脚"。父母都极其震惊,四个月后才接尼克回家,把他当正常孩子抚养。尼克曾因为自己的残缺而心生埋怨和愤怒。八岁那年,他深深地陷入人生低谷,他为看不到未来而绝望,甚至想自杀。后来在《圣经》的帮助下,他选择了感恩。他庆幸自己还有一小段畸形的脚掌(尼克笑称"小鸡腿")。他学会了自理、游泳、打球、电脑打字;他进入主流学校读书,并拿到了会计与财务策划双学位;他走向世界,去各国演讲,以自己的事迹鼓励他人。

（2）教师指导建议。

正确认识自己是自信的坚实基础,自我肯定是培养自信的重要途径。自信需要我们相信自己是独特的,是有价值的。悦纳自己,不断充实和发展自己,这是心理健康的一种表现,是学习、事业成功的有利心理条件。

相关术语

自我悦纳:能够正确认识和评价自己,恰如其分地欣赏自己的优点,也能心平气和地接纳自己的不足,对优点不自傲,对缺点不自卑,不妄自尊大或者妄自菲薄;能够基于正确的自我认识产生积极肯定的自我情绪体验,以满意的态度对待自己,以愉快的心情接纳自己,对自己不过分挑剔,不求全责备,在满意自己的前提下不断改正缺点,弥补不足,不断完善自我。

建议与提示

在"喜欢自己的 N 个理由"活动中,教师提醒学生可以参考"发现闪光点"活动,完成学习单3.3,建议至少写满 10 个;在分享交流过程中,教师可通过同伴互助的方式,帮助未能写满 10 个理由的学生完善学习单。

【学习单】

3.1 _____的闪光点

班级:　　姓名:

你的闪光点是_____。签名:

你的闪光点是_____。签名:

你的闪光点是_____。签名:

你的闪光点是_____。签名:

你的闪光点是_____。签名:

你的闪光点是_____。签名:

你的闪光点是_____。签名:

你的闪光点是_____。签名:

你的闪光点是_____。签名:

你的闪光点是_____。签名:

你的闪光点是_____。签名:

你的闪光点是_____。签名:

你的闪光点是_____。签名:

你的闪光点是_____。签名:

你的闪光点是_____。签名:

你的闪光点是_____。签名:

你的闪光点是_____。签名:

你的闪光点是_____。签名:

你的闪光点是_____。签名:

你的闪光点是_____。签名:

3.2 100个喜欢自己的理由（节选）

我是独一无二的,所以我喜欢自己。

看了那么多故事,我发现我能完整且健康地生活在这个世界上是多么难得的事情,所以我喜欢自己。

我有一个完整的家庭,所以我喜欢自己。

我知道父母很爱我,虽然我认为他们有时关心过了头,我也爱他们,所以我喜欢自己。

我有5个可以交心的朋友,能认识他们,我很高兴,所以我喜欢自己。

我长得不帅,但也不丑,不用为自己帅而烦恼,不用为自己丑而自卑,所以我喜欢自己。

我拿到了自己的第一份工资,我为自己花自己赚的钱而感到高兴,所以我喜欢自己。

高中的时候我为自己总是在生物和化学课上睡觉却总能得第一感到沾沾自喜,稍微喜欢下自己。

我没见过黑社会,但是进过少管所,哈,不要误会,是学校组织参观,看到里面的同龄人,庆幸自己没有冲动地触犯法律而住在那种鬼地方。

我的右耳朵后面有块红色的胎记,这种人不怕走丢,会很容易找得到,嘿嘿,喜欢自己一下。

我为自己出生在普通家庭而高兴,不是高官显贵的公子哥,不是无父无母的流浪儿,不是温室里的花朵,也不用承受很多幼年不该有的压力。我喜欢自己。

我还年轻,有活力,因此我喜欢自己。

即使我老了,但我有经验,有感悟,我依然喜欢自己。

我有自己的信念、自己的原则,并能坚持它们,我喜欢自己

我有自己的生活目标,我会为这个目标而努力,我喜欢自己。

我爱我的家人、我的朋友、我的同学、我的同事,我爱我自己。

当我发现试着喜欢自己的时候,世界都变得不一样了,变得更友善、更有活力和快乐,所以我喜欢自己。

为了明天生活得更美好,我要喜欢自己。

很高兴我在写这100个理由的时候有个好朋友期待地等了一个下午加一个晚上,非常感谢她,很高兴有这样的朋友。

在写之前我真的没想过自己能写完这100个理由,虽然不可避免有些理由比较牵强,是我用来凑数的,但是我觉得自己能坚持写完已经很不错了。

写了这么多,感觉自己都有阿Q精神了,要奖励自己一下。

3.3 喜欢自己的 N 个理由

班级: 姓名:

序号	喜 欢 自 己 的 理 由
1	
2	
3	
4	
5	
6	
7	
8	
9	
10	
11	
12	
13	
14	
15	
16	
17	
18	
19	
20	
21	
22	
23	
24	
25	

序号	喜 欢 自 己 的 理 由
26	
27	
28	
29	
30	

课时 4

带着故事旅行

教学目标

学生通过整理成长中的故事,思考成长事件对个体的影响,学习运用积极的思维对成长中的负面事件赋予新观点和积极的意义,促进对自我的认识。

教学准备

按学生人数复印学习单4.1、4.2。

实施步骤

1. 生命列车。

(1)学生朗诵学习单4.1。

(2)讨论分享:在自己的生命列车中遇到的人或事,以及所带来的影响。

(3)教师指导建议。

成长过程中出现的每一个人、每一件事都构成了生命的故事,都有其存在的意义,使个体与众不同。

2. 我的自传。

学生完成学习单4.2①。

3. 新书发布会。

(1)组内新书发布:学生组内分享,每小组选出"最畅销书籍",进行全班分享。

(2)教师指导建议。

我们的人生还是一本未完成的书,精彩畅销,还是平淡滞卖,全靠我们的态度及践行。用心研墨写好自己,我们的印数只有一册,因此每个人都是绝无仅有的孤本珍籍。

----

① 参考上海市上理工附中甘志笃老师编写的校本教材中的"自我成长"专题。

4. 活动总结。

每个人都会有欢乐、悲伤、无奈、热情、勇敢、怯懦、刻骨铭心、过眼云烟……所有的经历构成了"我"这个独特的生命。我们要重新审视那些回忆,赋予它们积极的意义,带着这份成长的力量,去迎接未来的每一段旅程,遇见未来的自己。

建议与提示

1. 在"生命列车"活动中,对于产生积极影响的人物或事件,教师需引导学生思考如何将影响延伸,促进个体发展;对于产生消极影响的人物或事件,教师可通过提问"谁能换一个角度找到这件事可能带来的积极作用"等问题,启发学生换位思考,寻找积极的影响因素。

2. "生命列车"活动也可用"我的成长线"活动替代。

3. 在"我的自传"活动中,教师可通过分享自己的自传部分内容,指导学生的写作。教师需要给予学生至少 20—30 分钟的时间回顾成长的经历,引导学生认真完成学习单。教师要关注学生填写的内容,尊重学生的隐私,允许学生以代号等方式写出相关的人名。

4. 在"新书发布会"活动中,教师可通过"最满意/最精彩的章节及原因"、"如果再版,会修改或增加的章节"、"最有同感的章节"、"我想对读者说"等小活动引导作者以及读者进行分享。对作者进行引导;对于分享中涉及的"负面的信息"、"产生消极影响的事件",教师要组织学生通过换位思考、发散思维等方式,对其赋予新观点和积极的意义。例如,教师可以就"谁能换一个角度找到这件事可能带来的积极作用"的问题,请其他学生谈谈他们的观点。

5. 在学生的分享可能涉及个人的隐私时,教师需要营造真诚、安全、尊重的活动氛围,需要同感学生的体验。在学生分享人物或事件对自己产生的影响时,教师需要关注影响的积极与否。同时,此活动可能引发个别学生的心理创伤事件,教师需要密切关注其情绪,尊重个人是否愿意分享的决定,并进行活动后的跟踪辅导。

6. 考虑到学生分享的充分性,此活动建议时间为 2 课时。

【替代方案】我的成长线

1. 学生回忆自有记忆以来,对其成长影响重大的人或事件,并评价这些人或事对自己的影响程度,即幸福指数或痛苦指数。将这些人或事件,按年龄和影响程度标注在生命线上,并将人或事件简要地标注在点的旁边,将这些点连成线,并对未来人生的趋向用虚线表示出来。

2. 学生分享生命线,并陈述对虚线部分的设想。

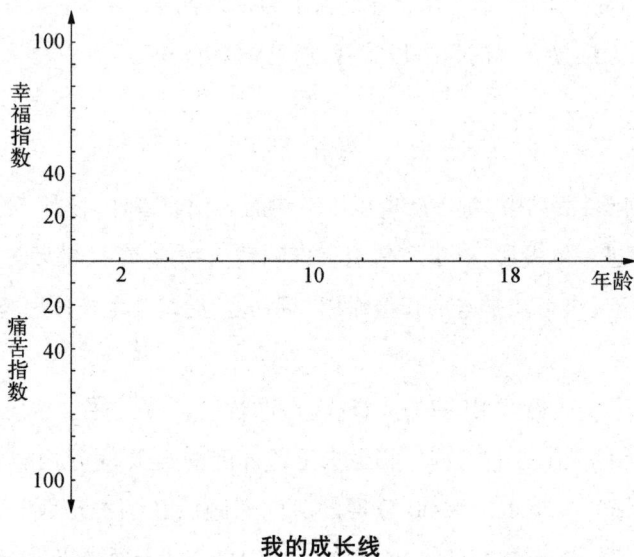

我的成长线

【学习单】

4.1　生命列车(节选)

人生,就是一次旅行。

当我们踏上生命的列车,

就会有人把我们深情相拥。

我们以为我们最先见到的这两个人,

我们的父母,

会在人生的旅途中,

永远地陪伴我们。

我们以为,

我们会和他们一起看风景。

很遗憾,事实并非如此。

他们会在某个车站下车,

他们的爱,他们的情,

他们无可替代的陪伴,

再也无从找寻。

尽管如此，

我们还是要继续前行。

这一路上，

还会有其他的人上车。

有的可能擦肩而过，

有的却成了我们的兄弟姐妹,挚友亲朋。

你会碰到与你牵手的爱人，

你会拥有花儿一样的宝贝。

这趟生命的列车啊，

很多人下车后，

我们对他们的记忆，

历久弥新。

只要想起，

就是无尽的思念与感动。

生命之谜就是这样，

我们自己会在什么地方下车，

我们的父母伴侣亲朋会在什么地方下车，

我们无从知晓。

当有人下车时，

我们会感到悲伤。

但我仍执着地希望，

在那个即将到达的终点站，

我们还会相聚！

因此,让我们的旅途愉快一些吧！

善待旅途上遇见的每一位旅伴，

发现他们身上的闪光点，

平淡也好,平凡也好，

有了相伴，

生命的列车上就会充满笑声！

4.2　我　的　自　传

人生就像一本书，父母是我的出版社，生日是我的出版时间，身份证是我的书号。

人生就像一本书，字里行间藏满了快乐和伤心的故事，冷暖自知。我既是作者，也是读者。一页页地写下，一页页地读过，一页页地铭记于心。每一章节、每一页、每一段、每一行，让我与众不同，构成了我的人生。

书名＿＿＿＿＿＿＿＿＿＿＿＿＿

第一章（儿时记忆）：＿＿＿＿＿＿＿＿＿＿

1. 我的父母、亲戚或其他人，他们讲述过与我有关的故事有：

2. 在我的印象中，儿时最快乐的事以及感到快乐的原因如下：

3. 在我的印象中，儿时最痛苦的事以及感到痛苦的原因如下：

4. 儿时对我影响最大的人（事）及原因是：

5. 儿时的我觉得自己是一个这样的人：

6. 儿时的我觉得世界是这样的：

7. 儿时的我希望自己成为这样的人：

第二章（小学时光）：＿＿＿＿＿＿＿＿＿＿

1. 我的父母、亲戚或其他人，他们讲述过与我有关的故事有：

2. 最令我骄傲的事情及原因是：

3. 对我伤害最大的人（事件）及原因是：

4. 我选择了这样的方式应对最大的伤害：

5. 小学时的我觉得自己是一个这样的人：

6. 小学时的我觉得世界是这样的：

7. 小学时的我希望自己成为这样的人：

第三章（初中时代）：_____
1. 这个时期的我与过去的不同在于：

2. 我觉得自己最大的优点及原因是：

3. 当时也有一些人或事对我的成长产生了积极或消极的影响，这些人或事有：

4. 这些人或事对我的具体影响以及我应对的策略是：

5. 初中时的我觉得自己是一个这样的人：

6. 初中时的我觉得世界是这样的：

7. 初中时的我希望自己成为这样的人：

第四章（进入高中）：_____
1. 我现在对家庭生活的评价是：

2. 我现在对校园生活的评价是：

3. 我很在乎别人对我以下方面的评价：

4. 我觉得自己是这样的一个人：

5. 我觉得世界是这样子的：

6. 我对未来的人生进行了勾画，具体如下：

7. 为了实现勾画中的梦想，我应该付出的努力如下：

作　　者：

出 版 社：

出 版 日 期：

书　　号：

课时 5

合理归因要得法

教学目标

学生认识正确归因的重要性,了解自身的归因特点,学会用归因理论分析生活事件。

教学准备

1. 根据分组数准备针、线。

2. 秒表。

实施步骤

1. 穿针引线。

(1)活动规则。

■ 每组桌上放一枚针,一根线;

■ 每组派两位学生参加,每人只能用一只手;

■ "开始"口令下发后,一位学生拿起针,一位学生拿起线,尝试在 30 秒内将线穿过针孔;

■ 其他学生观察监督,同时数"5、4、3、2、1、停"帮助计时。

(2)讨论分享。

学生分别从参赛者和观察者的角度分享成功和失败的原因,以及这些原因所带来的情绪、想法、行为。

(3)教师指导建议。

教师结合学生的分享,引出维纳的成就动机归因理论,并指导学生了解不同归因给情绪、想法以及行为带来的不同影响。

维纳三维度归因模式

归因类别	成败归因向度			
	因素来源		可控性	
	内	外	可控	不可控
能力	√			√
努力	√		√	
任务难度		√		√
运气		√		√

能力：将成功归因为能力强，个体则会充满信心，当然，也可能盲目自信、骄傲；将失败归因为智力差、能力弱，个体则容易丧失信心，并可能丧失努力的意愿。

努力：将成功归因为个人努力的成果，个体则会在今后继续努力争取再胜，也容易将努力的行为迁移到其他事情上；如果将失败归因为没有努力，个体则会总结失败的原因，并愿意在今后的学习或工作中付出努力。

任务难度：如果将失败归因为任务太难，个体则容易埋怨客观现实，失去信心，并产生希望降低任务难度的心理；如果将成功归因为任务比较简单，个体则会提醒自己应该更加认真努力。

运气：如果将任务的达成归因为运气好，个体容易产生侥幸心理；如果将任务的达成归因为运气不好，个体则容易产生自认倒霉的心理。

2. 归因纠正。

（1）案例：李晨的失望。

李晨是一名高一学生，他初中时的成绩总是名列班级前茅。中考时，他因为发挥失常考入很不理想的学校。他对这所学校的管理理念、师资队伍、课程设置都不太满意。上课的时候，感觉听懂了，他就开始做自己的课外练习；遇到学业上的困难，他宁愿问自己的补习教师；他看不惯班级的一些同学的言行，觉得他们没有学生的样子，不愿与他们多交流。经过一段时间的调整，李晨也想通了，他认为做不了凤尾，做鸡头也不错，凭借自己初中的底子，轻松学学，在这所学校里怎么说也能名列前茅。但几次考试下来，李晨的成绩都处在中等水平，对此他感到压力很大。特别令他不解的是，那些他平时看不惯的同学，每天都乐呵呵的，成绩居然和他差不多，甚至还比他好。他曾经怀疑那些同学考试时作弊，也猜测他们可能只是在学校里假装不认真，却在家里学习到半夜等。但他并没有和同学、老师交流，所有的猜测和想法都放在心里。每天这些想法影响着他，导致他无法认真听课、做作业。渐渐地,他感到很失望。他觉得原来自己中考失败是有原因的,那就是自己笨。他认为,高中的学习任务太多太难,一个不会玩也不会学的人,根本不适合读高中,再怎么努力都没有用。

（2）讨论分享。

- 李晨有哪些不合理的归因？

    学生可能的观点：将失败归因为其他同学可能作弊,可能回家努力;将失败归因为自己笨;将失败归因为高中学习任务太多太难等。

- 李晨如此归因会产生怎样的情绪、想法或行为？

    学生可能的观点：自卑、失望、抑郁、自暴自弃、厌学、学坏等。

- 李晨成绩下降的原因有哪些？

    学生可能的观点：虽然是不理想的学校,但毕竟是经过中考选拔出来的学生,都有一定的学习基础,李晨不应该小看其他同学;学习方法可能不适合高中的学习;未能融入新的校园生活和班集体生活;学习没有全力以赴;未能建立良好的师生关系和同伴关系,缺乏有效的沟通交流等。

- 李晨可以怎样调整自己？

    学生可能的观点：适当降低期望值;改进学习方法;主动融入班集体生活;改进学习策略,劳逸结合;看到其他同学的努力与付出,自己也全力以赴;寻求心理帮助等。

（3）教师指导建议。

合理归因有助于理性地找到成功的经验、失败的原因。"失败乃成功之母。"在遭遇失败时,我们首先要对失败进行正确的归因,然后调整对策。同样,正确的归因也可以让"成功成为更成功之母"。

3. 合理归因的魅力。

（1）情境扮演：学生回顾成功或失败的事例,分享当时的归因模式以及引发的情绪、想法、行为;学生角色扮演,体验不同的归因方式带来的情绪情感体验和思想、行为的改变。

（2）教师指导建议。

归因时从内部找原因,可以激发自我责任感。尽量找自己可以改变的原因,不过多归因于不可控的因素。"努力"是内部的、可控的因素。

4. 活动总结。

合理的归因产生和维持积极的情绪、情感体验,有助于增加自我效能感,找到更有效的方式应对挑战。长期使用合理的归因模式,有助于形成积极的思维品质和行为习惯,促进个体的发展。

相关术语

1. 归因理论：归因是个体对特定行为发生原因的解释。归因理论认为，寻求理解是人类的一种基本需要。人都会自觉或不自觉地去理解和解释自己或他人行为的成功或失败，并将这些解释与个体特征和情境特征联系起来，以对行为原因作出归结。

2. 维纳的成就动机归因理论的基本观点。

（1）在成败归因中有四种重要的因素：能力、努力、任务难度和运气。当人们解释自己或他人的成败行为时，会将成功或失败归因于四种因素中的一种或其组合。个体对自己能力的推断主要来自先前的经验和与他人的比较，过去在某一领域或某项任务中自己获得了成功而其他人却失败了，个体就会得出自己在这一领域有能力的结论，反之亦然；对努力作出判断的主要依据是花费的时间和投入的精力。通常人们总是将努力与成功的结果相联系，付出越多，成功的可能性越大。个体判断任务的难度主要是通过观察他人成功的几率，绝大多数人都能成功完成该任务表明任务是容易的，相反则表明任务非常困难。当个体觉察不到成功与能力、努力和任务难度之间的联系时，就倾向于将结果归因于运气，成功是因为运气好，失败则是因为运气差。

（2）行为结果原因分类的三维结构。原因构成包括原因源（内部的和外部的）、稳定性（稳定的和不稳定的）、控制性（可控制和不可控制）三个维度。

（3）归因维度对行为的影响作用。稳定性归因会使成功期望产生变化，影响个体对未来活动成功的预期，进而影响将来的行为。

（4）归因的可训练性。通过改变行为者的归因方式来改变行为。高成就动机者将成功归因于能力则会引起自豪感，增强成功的信心，而将失败归因于能力是极其不利的。

参考文献

1. ［美］皮特里等著，郭本禹等译：《动机心理学》，陕西师范大学出版社，2005 年版，第 260 页。

2. 王有智著：《学习心理学》，中国社会科学出版社，2010 年版，第 254—255 页。

建议与提示

1. 在"维纳三维度归因模式"讲解环节，教师需充分引导学生分享成败的原因及其所带来的情绪、想法和行为等，并结合分享的内容解释归因理论。如有的学生会将失败归因为其他组的线头细,自己组的线头太粗,这是在表达运气不好的意思,而运气是外部的、不可控的,这样归因会给人带来消极的情绪;有的学生会将成败归因为是否擅长针线活,这是从能力角度归因,是内部的;有的学生会将成败归因为自己或者同伴是否认真对待活动,这是从努力角度的归因,是内部的、可控的;有的学生会将失败归因为每人只能用一只手,时间太短,缺乏训练等,这是对任务难度的归因,属于外部的、不可控的,如此归因可能会使人失去信心。

2. 在"维纳三维度归因模式"讲解环节,可能会有学生提问:能力是不可控的,为何有培养和提升能力之说?教师的指导可以是:能力包括已有能力和潜在能力。已有能力已经在活动中得到发展,而潜在能力指个人能力发展的可能性。能力在社会实践活动中最终形成和发展起来,它一般不随人的意志而改变,比如智力。人生发展中的能力培养和归因中的能力不可控,属于两个不同的范畴。能力培养和提升是从发展的角度看,不管是当下能力还是潜能。这种培养和提升是必需的。我们在特定时点上的能力有多少就只有多少,不能随意控制,比如从来没有穿过针线的人,突然面对这项任务时会有些困难,但通过练习,这项能力可以得到培养、提升。所以,能力的提高离不开个体的主观努力。

3. "合理归因的魅力"活动中,教师可通过"XX 是内部因素还是外部因素"、"这样归因时引发了哪些想法、情绪和行为"、"其他同学是否有不同的归因内容"等启发学生不断结合事例运用归因理论,提高学生合理归因的能力。

课时 6
成为更好的自己

教学目标

学生对"认识自我"和"悦纳自我"主题探索的内容进行整体梳理,进一步形成对自我的评价,增进自我认同感,明确完善自我的方向。

教学准备

按学生人数复印学习单 6.1、6.2[①]。

实施步骤

1. 成为更好的自己。

(1)故事:成为更好的自己[②]。

故事梗概:有一个年轻人去买碗,来到店里他顺手拿起一只碗,然后依次与其他碗轻轻碰击,碗与碗之间相碰时立即发出沉闷、浑浊的声响,他失望地摇摇头。然后他去试下一只碗……他几乎挑遍了店里所有的碗,竟然没有一只满意的,就连老板捧出的自认为是店里的精品也被他摇着头失望地放回去了。

老板很是纳闷,问他老是拿手中的这只碗去碰别的碗是什么意思。

他得意地告诉老板,这是一位长者告诉他的挑碗的诀窍,当一只碗与另一只碗轻轻碰撞时,发出清脆、悦耳声响的,一定是只好碗。

老板恍然大悟,拿起一只碗递给他,笑着说:"小伙子,你拿这只碗去试试,保管你能挑到自己心仪的碗。"

他半信半疑地依言行事。奇怪!他用这只碗去碰击店里的每一只碗都发出清脆的声响,他不明白这是怎么回事,惊问其详。

老板笑着说,道理很简单,你刚才拿来试碗的那只碗本身就是一只次品,你用它试

---

① 李开复著:《做最好的自己》,人民出版社,2005 年版。
② 《买碗的哲学,一个碗的故事》,80 后励志网,http://www.201980.com/lzgushi/zhihui/2718.html,2014 - 4 - 20。

碗,那声音必然浑浊,你想得到一只好碗,首先要保证自己拿的也是只好碗。

（2）讨论分享：故事带来的启发。

（3）教师指导建议。

每个人的心里都有一只碗,碗里可能盛着真诚、友善、坚强、睿智,也可能盛着自私、伪善、懒惰、愚昧等,我们无法决定别人的心里装有怎样的碗,却可以决定成为更好的自己。

2. 这就是我。

讨论分享：学生完成学习单6.1中的“我有我的坚持”和“我有我的改变”内容,并讨论分享。

3. 成为更好的自己。

学生完成学习单6.1中的“我有我的期望”内容,分享自我完善的方向,同时也可以提出个人的担忧或困惑,教师组织班级其他学生帮助其完善。

4. 活动总结。

（1）佳作欣赏：学习单6.2。

（2）教师指导建议。

海明威说：真正的高贵不是你比他人强多少,而是你比昨天的自己进步了多少。成功就是不断地超越自己,做更好的自己。

（3）课后练习：每位学生结合本单元探索的内容,选择一个想进一步自我提升之处,如克服不敢主动与人沟通,不愿意背诵英语单词等。写一篇文章——《做最好的自己》,内容为：梦想是什么? 选择这个梦想的理由是什么? 实现梦想过程中可能会遇到的困难以及应对的模式是什么? 要求：内容具体,理由充分,措施可行。

建议与提示

1. 在进行“我有我的坚持”和“我有我的改变”讨论分享时,教师可指导学生回顾课时1和课时2学习单上的内容,对所有自评和他评的内容进行整合、提炼,完成相关评价。提炼的内容可能是积极的自我评价,也可能是消极的自我评价。教师可通过“为什么如此评价”、“做出了怎样的改变”、“是否满意这样的改变”、“满意与否的原因是什么”等提问不断启发学生的思考与交流。

2. 在进行“我有我的期望”讨论分享时,教师可通过“改变的过程中可能遇到怎样的困难”、“希望得到怎样的帮助”、“能为别人期望的实现提供怎样的帮助”、“有什么更好的建议”等问题,帮助学生进一步明确自我完善的方向和方法。

6.1 这 就 是 我

班级： 姓名：

感谢生命的旅程中发生的那些故事,影响了我的那些人,他们成就了现在的我。我有我的坚持,我有我的改变,我有我的期望。

我有我的坚持

我一直是一个＿＿＿＿＿＿＿＿＿＿＿＿＿＿＿＿＿＿＿＿的人。

我一直是一个＿＿＿＿＿＿＿＿＿＿＿＿＿＿＿＿＿＿＿＿的人。

我一直是一个＿＿＿＿＿＿＿＿＿＿＿＿＿＿＿＿＿＿＿＿的人。

我一直是一个＿＿＿＿＿＿＿＿＿＿＿＿＿＿＿＿＿＿＿＿的人。

我一直是一个＿＿＿＿＿＿＿＿＿＿＿＿＿＿＿＿＿＿＿＿的人。

我一直是一个＿＿＿＿＿＿＿＿＿＿＿＿＿＿＿＿＿＿＿＿的人。

我一直是一个＿＿＿＿＿＿＿＿＿＿＿＿＿＿＿＿＿＿＿＿的人。

我一直是一个＿＿＿＿＿＿＿＿＿＿＿＿＿＿＿＿＿＿＿＿的人。

我一直是一个＿＿＿＿＿＿＿＿＿＿＿＿＿＿＿＿＿＿＿＿的人。

我一直是一个＿＿＿＿＿＿＿＿＿＿＿＿＿＿＿＿＿＿＿＿的人。

我一直是一个＿＿＿＿＿＿＿＿＿＿＿＿＿＿＿＿＿＿＿＿的人。

我一直是一个＿＿＿＿＿＿＿＿＿＿＿＿＿＿＿＿＿＿＿＿的人。

我一直是一个＿＿＿＿＿＿＿＿＿＿＿＿＿＿＿＿＿＿＿＿的人。

我有我的改变

以前的我＿＿＿＿＿＿＿＿＿＿＿现在的我＿＿＿＿＿＿＿＿＿＿＿

以前的我＿＿＿＿＿＿＿＿＿＿＿现在的我＿＿＿＿＿＿＿＿＿＿＿

以前的我＿＿＿＿＿＿＿＿＿＿＿现在的我＿＿＿＿＿＿＿＿＿＿＿

以前的我＿＿＿＿＿＿＿＿＿＿＿现在的我＿＿＿＿＿＿＿＿＿＿＿

以前的我＿＿＿＿＿＿＿＿＿＿＿现在的我＿＿＿＿＿＿＿＿＿＿＿

以前的我＿＿＿＿＿＿＿＿＿＿＿现在的我＿＿＿＿＿＿＿＿＿＿＿

以前的我＿＿＿＿＿＿＿＿＿＿＿现在的我＿＿＿＿＿＿＿＿＿＿＿

以前的我＿＿＿＿＿＿＿＿＿＿＿现在的我＿＿＿＿＿＿＿＿＿＿＿

以前的我＿＿＿＿＿＿＿＿＿＿＿现在的我＿＿＿＿＿＿＿＿＿＿＿

以前的我＿＿＿＿＿＿＿＿＿＿＿现在的我＿＿＿＿＿＿＿＿＿＿＿

以前的我＿＿＿＿＿＿＿＿＿＿＿现在的我＿＿＿＿＿＿＿＿＿＿＿

以前的我＿＿＿＿＿＿＿＿＿＿＿＿＿＿现在的我＿＿＿＿＿＿＿＿＿＿＿＿＿＿

以前的我＿＿＿＿＿＿＿＿＿＿＿＿＿＿现在的我＿＿＿＿＿＿＿＿＿＿＿＿＿＿

我有我的期望

我希望成为一个＿＿＿＿＿＿＿＿＿＿＿＿＿＿＿＿＿＿＿＿＿＿＿＿的人。

我希望成为一个＿＿＿＿＿＿＿＿＿＿＿＿＿＿＿＿＿＿＿＿＿＿＿＿的人。

我希望成为一个＿＿＿＿＿＿＿＿＿＿＿＿＿＿＿＿＿＿＿＿＿＿＿＿的人。

我希望成为一个＿＿＿＿＿＿＿＿＿＿＿＿＿＿＿＿＿＿＿＿＿＿＿＿的人。

我希望成为一个＿＿＿＿＿＿＿＿＿＿＿＿＿＿＿＿＿＿＿＿＿＿＿＿的人。

我希望成为一个＿＿＿＿＿＿＿＿＿＿＿＿＿＿＿＿＿＿＿＿＿＿＿＿的人。

我希望成为一个＿＿＿＿＿＿＿＿＿＿＿＿＿＿＿＿＿＿＿＿＿＿＿＿的人。

我希望成为一个＿＿＿＿＿＿＿＿＿＿＿＿＿＿＿＿＿＿＿＿＿＿＿＿的人。

我希望成为一个＿＿＿＿＿＿＿＿＿＿＿＿＿＿＿＿＿＿＿＿＿＿＿＿的人。

我希望成为一个＿＿＿＿＿＿＿＿＿＿＿＿＿＿＿＿＿＿＿＿＿＿＿＿的人。

我希望成为一个＿＿＿＿＿＿＿＿＿＿＿＿＿＿＿＿＿＿＿＿＿＿＿＿的人。

我希望成为一个＿＿＿＿＿＿＿＿＿＿＿＿＿＿＿＿＿＿＿＿＿＿＿＿的人。

6.2 做最好的自己

成功就是不断超越自己,就是做最好的自己。

以诚信价值观为中心,以积极、同理心、自信、自省、勇气、胸怀六种人生态度为同心圆的第二层,以追寻理想、发现兴趣、有效执行、努力学习、人际交流、合作沟通六种行为方式为同心圆最外面的一环。按照这样的逻辑顺序寻找通往成功的道路,每个人才有可能真正做最好的自己。

我经历的一次“诚信”教训。

1981 年我在哥伦比亚大学读书的时候,法学院有一套很老的学生选课系统,是用 Cobol 语言编写的。院长想把这个软件从昂贵的 IBM 主机上,移植到价格低廉的 DECVAX 计算机上。但是,院长找到的每一个承包商都报出了昂贵的价钱。

后来,院长打听到我是编程高手,就来找我。我很自信地打包票说,我可以把这个工作做好,而且绝对不影响秋季开学时使用。院长很高兴地付给了我 7 美元一小时的工资(这在当时可谓“天价”了),并问我什么时候可以有初步的结果。我承诺 8 月初可以使整个程序跑起来,到 9 月开学前还有时间调整。

我当时觉得这个工作很简单,所以并没有认真对待“8 月初可以使整个程序跑起来”

的承诺。7月份,我打了三个星期的桥牌,才开始为法学院编写软件。但我很快发现,其中很多繁杂的细节是我根本没有预料到的。到了7月底,我只好对院长说:"这个工作超出了我的想象,大概要到8月底才能完成,但是,应该不影响9月开学时使用。"

没想到,法律出身的院长非常生气。他告诉我说,我不必再来上班了,他决定把这个项目交给承包商来做。他认为,我对工作显然不够重视,没有调查就轻易承诺,这让他失去了对我的信任。

我开始感觉很惊讶,但想了一晚后,我理解了院长的处境:他把这一项重要的工作交给一名学生,这对他来说是要冒很大风险的。但是,学生的偷懒和不负责任让他彻底失望。

我找到院长,对他说:"我应该把你已经付给我的工资全部还给你,因为我没有兑现我的承诺。"这时,他已经心平气和了,对我说:"不必了,看得出你已经接受了教训,而且,你没有工作经验,犯错是难免的。希望你从这件事中,更好地理解大多数企业对我们的毕业生所抱有的诚信和负责的期望。"我从这件事中吸取了极大的教训,法学院院长最后这几句话在我后来的人生中一直萦绕脑际。

从"开复剧场"到演讲高手。

当我决定一生的目标是要让自己的影响力最大化时,我发现,自己最欠缺的是演讲和沟通能力。以前,我是一个和人交谈都会脸红、每逢上台演讲就会拘谨或退缩的学生。我做助教时,课堂表现特别差,学生甚至给我取了个"开复剧场"的绰号。

为了实现理想,我要求自己每个月做两次演讲,而且,每次都要同学或朋友去旁听,提意见;我对自己承诺,不事先排练三次,绝不上台演讲;我要求自己每个月去听演讲,并向优秀的演说家求教。其中,一位演说家教会了我克服恐惧的方法。他说,如果因为与听众对视而感到紧张,那你可以看听众的头颅。此外,你的手中最好不要拿纸而要握起拳头,那样颤抖的手就不会引起听众的注意。

反复练习演讲技巧后,我自己又发现了许多秘诀。比如,不用讲稿,通过讲故事的方式来表达时,我会表现得更好,于是我仍准备讲稿但只在排练时使用;我发现自己回答问题的能力超过了演讲的能力,于是我一般要求多留些时间回答问题;我发现自己不感兴趣的东西就无法讲好,于是,对那些我没有兴趣的演讲题目,我不再接受邀请。

课时7

写给未来的自己

教学目标

帮助学生对成长阶段中可能遭遇的挫折和获得的成长进行预期,提高其应对困难的能力。

教学准备

1. 教师事先让每位学生准备信纸、信封和装饰物。

2. 关于梦想的歌曲。

实施步骤

1. 梦想之城。

学生简单分享在撰写《做最好的自己》过程中的经历,例如,如何选出主题,寻求哪些人的帮助,如何调整自己心情等。

2.《做最好的自己》梦想分享。

(1)分享讨论:《做最好的自己》。

要求:小组成员为分享的同学提供更好地实现梦想的建议。

(2)班级分享:每组选举一名写得最好的同学在全班分享。

3. 写给未来的自己。

学生以书信的方式给十年后的自己写一封信,写完后装入信封,并进行适当的信封装饰。

内容要求:

(1)对现在的分析和对未来的期望。

(2)与自己对话。

(3)给自己打气、提示。

4. 活动总结。

教师根据学生分享的内容进行总结,约定共同打开信封的时间。

建议与提示

1. 每组选举一名同学分享《做最好的自己》文章时,教师可通过提问"你为何选择这个梦想"、"你需要哪些人的帮助"、"你们还可以给他/她怎样的建议"、"在他/她有困难时你们能为他/她做些什么"之类的问题,引导学生分享交流,协助分享者完善。此活动重在学生间的充分交流与分享,教师可以根据班级氛围决定分享的时间,不必拘泥于"建议时间"。

2. 在"写给未来的自己"活动中,教师可以根据实际情况,将时间调整为"两年"、"三年"等。班主任也可以准备一个盒子,将学生的书信保存起来。如果时间充裕,教师还可以组织学生自行设计信封。

3. 此活动建议 2 课时,以组织学生充分分享。

4. 教师可让学生进一步完善《做最好的自己》,并定期组织学生分享为实现梦想所做的努力、遇到的困难、需要的帮助等,不断帮助学生完善实现梦想的计划。

专家点评与建议

1. 总体评价

发展"积极的自我概念"是青春期阶段的核心发展任务,亦是学生发展指导中的重点及难点。本指导方案依据教育心理学与发展心理学的概念和原理,对自我认知、自我探索、自我悦纳、自我理解、自我完善等议题进行了翔实的教学设计,目标设定合理明确,逻辑清晰且系统,所引用的举例切合学生需要,"建议与提示"部分说明翔实,有助于分享和推广。

2. 学术观点

高中生"自我同一性"的发展任务着重于:(1)矛盾自我的统整;(2)独立性自尊的建立;(3)自我与外部世界的和谐。根据青少年的本土化研究成果,依赖性自尊向独立性自尊的转化是重要的议题,尤为需要发展指导。前者指依赖于他人的肯定和表扬,在人际比较中获得自尊,而后者则强调建立评价自我的标准,将生活动力从对他人的兴趣转化为对自我内在和世界的兴趣。

3. 具体建议

(1)对于自我概念较为抽象的议题,建议在教学设计时多引入体验式活动,例如"穿针引线",又如性格类卡牌活动、九宫格、六格漫画、桌游等,以增强学生由观察进入体悟、由具体进入抽象、由现实进入概念的转化。

(2)在对自我悦纳的指导中,教师要注意避免指导流于表面,止于"阿Q精神",应着重引导高中生利用导入材料进行深层思考。例如,第 3 课时引导学生思考不喜欢自己什么,不满意自己什么,这种不喜欢/不满意来自何处,转变的动机,如何转变等,以及第 4 课时引导学生对自己的成长事件进行分析。

（3）建议"撰写《做最好的自己》"和"写给未来的自己"两个活动在内容编排上可以根据教学目标进行分层设计,例如前者聚焦于自我改善的行动方案,后者与个人梦想结合,畅想未来,并结合放飞等体验活动,深化体验。

（4）课前学习单的提供可以先唤起学生过去的学习印象,使未来课程顺畅地进行,是很好的做法。建议在学习单的设计上,避免使用较为抽象的词汇,可以提供具体化的模板便于学生理解。

（5）教师对分享个人故事可能带来的负面感受或创伤情绪,给出了重要的提示。

（6）在使用评价时,需要谨慎,重点不在于评价是否客观或言行是否恰当,而在于学生如何看待这些评价,如何理解这些评价的产生,以及如何应对评价对自己的影响。

人际沟通与合作

所属单元：生活指导"人际沟通与合作"

建议课时数：5课时（每课时40分钟）

建议场地：普通教室或多媒体教室

作者：山东省济南第一中学　马营

设计理念

本主题的主旨是通过教师的指导使学生学会交往之道。指导过程以活动为载体，注重学生的情感体验和技能的训练，其目标是提升学生的人际交往能力，使其能够有效面对或处理交往过程中出现的危机和矛盾。

教学总目标

一、通过活动，学生要了解什么是尊重、宽容及有效沟通。

二、通过教师的指导，学生要学会基本的沟通技能。

三、通过活动体验和练习，学生能够有效面对或处理人际交往过程中出现的危机和矛盾。

课时安排

教 学 内 容	学 习 单
1. 发现闪光点——尊重与欣赏	1.1　不一样的他（她）
2. 沟通有技巧——倾听与表达	2.1　你会积极倾听吗？
3. 你好我也好——换位思考	
4. 有容乃大——学会宽容	4.1　我会宽容吗？
5. 大事能化小——有话好好说	5.1　"我讯息"表达方式训练

课时 1

发现闪光点——尊重与欣赏

教学目标

1. 指导学生了解人际交往中尊重他人的重要性。

2. 指导学生尝试欣赏他人的闪光之处,学会理解并尊重差异。

教学准备

1. 教室中布置出一块合适的空场地。

2. 学习单 1.1。

实施步骤(15 分钟)

1. 活动导入:"七手八脚"小游戏。

活动过程中教师要侧重观察每个人的动作表现和团队之间的互动反应。

2. 讨论与分享。

(1)每个人的反应、协调能力都不同,在刚才的小组活动中,你有没有埋怨过他人或受到他人的埋怨?

(2)当受到他人埋怨的时候,你内心的感受是什么? 你当时希望同伴对你做的是什么?

(3)在小组协作的过程中,你有没有发现他人为团队做出的妥协和牺牲? 谁值得尊重但遭到了忽视?

3. 教师点评。

(1)每个人都是有价值的,都希望得到别人的尊重,也都值得尊重。

(2)依据加德纳的多元智能理论,每个人都有自己不同的智能优势和弱势,因此每个人都有自己的闪光点,我们要善于发现他人的闪光点,尊重别人的不足。

4. 怎样尊重他人。

(1)换个眼光看别人:指导学生完成学习单"不一样的他(她)"并进行分享(见学习

单 1.1）。

（2）观看视频《女士对盲人乞丐做了什么？》并进行小组讨论。

- 视频中的女士是怎么做的？为什么产生了这么大的变化？
- 你怎样理解视频中"Change your words，change your world."这句话？
- 什么是尊重？如何表达尊重？

（3）教师点评。

- 尊重他人是一种高尚的美德，是一个人内在修养的外部表现。
- 保持基本的礼仪规则，对人有礼貌。
- 尊重别人的隐私、缺点、缺陷。
- 尊重他人的劳动、劳动成果。
- 尊重他人的人格及人格差异。
- 善于欣赏、接纳他人。
- 尊重他人就是尊重自己。

5. 活动总结。

由于遗传特质、成长环境、个性差异、文化氛围等因素的影响，每个人都是不同的。在和他人交往过程中，我们要将尊重放在首位，只有尊重别人才能获得别人对自己的尊重。作为现代中学生，推崇个性和自我，因此尊重别人很重要的一个方面就是要善于接纳个体差异和个性特点，善于用欣赏的眼光发现别人的闪光点，在欣赏和赞美别人的同时赢得他人的接纳和尊重，从而建立起和谐、有效的人际关系。

建议与提示

1. 在"讨论与分享"活动中，教师应注意指导的重点：（1）教师在组织和引导学生分享的时候，侧重点是在团体活动过程中的人际关系的变化。（2）通过分享，教师要引导学生认识到每个人都有自己的优势和不足，比如有的人虽然运动能力、机体协调能力较差，但却富有音乐、艺术才能。因此，在人际交往中要学会接纳别人的缺陷和不足，尊重个体差异，并能发现他人的闪光点。

2. 在"怎样尊重他人"活动中，学生写"不一样的他（她）"学习单时，教师需要指导学生客观评价，文明用语，并标明此活动是为了更全面呈现不尊重他人的行为表现，有助于学生更好地对照自己，完善自己，礼貌待人。教师小结时要侧重结合中学生的年龄特点和生活阶段指导学生思考在与同学、老师及他人交往中哪些是正确、恰当的行为及表现。

参考文献

胡邓著:《人际交往 从心开始》,机械工业出版社,2008年版,第77—78页。

【替代方案】

1."七手八脚"小游戏。

游戏规则:

人员分组,每组5人参加。

要求学生抬脚和用手着地,例如主持人说"一手二脚",即一组里一只手着地,两只脚离地;要求在10秒内完成,时间到了后,学生不可以再动,否则就算动作失败。

2. 尊重与生意的故事[①]:

有个业务员曾说过这样一个例子。他的工作是为强生公司拉主顾,主顾中有一家是药品杂货店。每次他到这家店里去的时候,总要先跟柜台的营业员寒暄几句,然后才去见店主。有一天,他到这家商店去,店主突然告诉他今后不用再来了,他不想再买强生公司的产品,因为强生公司的许多活动都是针对食品市场和廉价商店而设计的,对小药品杂货店没有好处。这个业务员只好离开商店。他开着车子在镇上转了很久,最后决定再回到店里,把情况说清楚。

走进店里的时候,他照常和柜台的营业员打过招呼,然后到里面去见店主。店主见到他很高兴,笑着欢迎他回来,并且比平常多订了一倍的货。这个业务员对此十分惊讶,不明白自己离开店后发生了什么事。店主指着柜台的营业员说:"在你离开店铺以后,营业员走过来告诉我,你是到店里来的业务员中唯一一个会同他打招呼的人。他告诉我,如果有什么人值得同其做生意的话,就应该是你。"从此店主成了这个业务员最好的主顾。这个业务员说:"我永远不会忘记,关心、尊重每一个人是我们必须具备的特质。"

关心别人、尊重别人必须具备高尚的情操和磊落的胸怀。当你用诚挚的心灵使对方在情感上感到温暖、愉悦,在精神上得到充实和满足,你就会体验到一种美好、和谐的人际关系,你就会拥有许多的朋友,并获得最终的成功。

---

① 资料来源:http://www.duanwenxue.com/huicui/332036.html。

1.1 不一样的他(她)

班级: 姓名:

从同学、朋友、亲人中找出一位主人公,你一直对他(她)耿耿于怀,他(她)的行为举止总让你感到不舒服甚至感到厌恶,然后完成以下五个步骤:

第一,请写出他(她)的代号(使用他人无法识别的代号)。

第二,请写出三点他(她)让你不舒服或讨厌的地方。

1.

2.

3.

第三,请尝试分析他(她)为什么会有这样的表现或行为,你身上有没有类似的表现。

第四,他(她)有没有让你值得肯定或认可的地方,请至少写出五点。

1.

2.

3.

4.

5.

第五,再回头看看,他(她)在你心目中是否有了变化。

课时 2

沟通有技巧——倾听与表达

教学目标

1. 指导学生体验积极倾听和有效表达在人际沟通中的作用。

2. 学会多元沟通的表达方式。

教学准备

1. 场地：教室内桌椅预先摆成六个小组，环形或马蹄形布置，每组不超过 10 个人。

2. 材料：粗棉绳 2—3 条，眼罩若干（视班内人数而定）。

3. 学习单 2.1。

实施步骤（15 分钟）

1. 活动导入："你说我传"。

（1）游戏规则。

■　六个小组围坐成六个圈。教师将准备好的图片交给小组的一名同学。

■　教师喊计时开始后，该同学快速阅读纸条上的内容，然后快速地将内容小声传达给右边同学（其他同学不能听到），以此类推。

■　最后一名同学将传听到的内容在黑板上画出，用时最短、最准确的小组获胜。

（2）讨论分享：获胜小组谈一谈是如何做到既快又准的？成绩不理想的小组谈一谈问题出在哪儿。

（3）梳理小结。

■　第一名同学没有完整捕捉到信息就开始传达。

■　传达过程中表达不清楚。

■　接听者没有仔细倾听等。

（4）教师引导：在这个简单的传话小游戏中，如果参与者没有认真地倾听和有效的沟通，其结果和初衷就会大不相同。日常交往中是否也存在这样的问题？

259

2. 情境练习。

（1）小测试："你会积极倾听吗？"（见学习单2.1）

（2）案例练习。

案例：小安今天感觉很沮丧，因为他的好朋友小华似乎对他很冷淡，不论他说玩什么，小华都说不想玩。下面是小安回家后和妈妈的一段对话：

小安：小华今天对我很冷淡，不论我说玩什么，他都说不想玩。

妈妈：你问问他想玩什么啊？这么大了，你必须学会和朋友相处。（命令、说教）

小安：我才不管他那么多呢，我最讨厌他装酷的样子。

妈妈：像你这样以自我为中心的孩子，怎么行？（贴标签）

小安：他才以自我为中心呢，我不是。

妈妈：那你不会找别人玩啊？（回避问题）

小安：我都快气死了，哪有心情再去找别人。大不了，这样的朋友我以后不要了。

妈妈：光生气有什么用？这么点小事自己都解决不了，难怪交不到朋友。（火上浇油）

小安：和你说话真没劲！我写作业去了……

（3）讨论分享：导致母子不欢而散的问题出在哪儿？妈妈是否"听"懂了儿子要表达的问题？妈妈的回应为什么没得到儿子的认可？

（4）情境再现：如果你是"妈妈"，请重新设计下你们之间的对话。

参考对话：

小安：小华今天对我很冷淡，不论我说玩什么，他都说不想玩。

妈妈：你是不是对小华的做法有点生气啊？（共情）

小安：是啊，真搞不懂他怎么想的，我再也不想和他一起玩了。

妈妈：嗯，可能他有他自己的想法。那么你打算不想再见到他了？（澄清）

小安：没错！哎，但是那样我就没有好朋友了。

妈妈：你还是想跟他相处，只不过他今天的行为让你感觉很生气，是吧？（重述事实）

小安：是啊，以前可是我说什么他都听的啊。

妈妈：噢。如果他让你做什么你一定会乐意做吗？（换位思考）

小安：那倒不一定，那得看他让我做什么了，如果是我喜欢的我就做。

妈妈：哈哈，这就是问题所在了，你今天让他玩的也未必是他喜欢玩的啊。

小安：也是，以前还真没想到过，那以后我是不是做什么得先和他协商下啊？

妈妈：好聪明的孩子啊，你可以先试试啊！（赞赏、鼓励）

小安：好的！

（5）讨论分享：在两次不同的扮演中，你的感受和想法有哪些不同？积极有效的倾听和表达有哪些技巧？

（6）教师点评：学会倾听是与人交往、沟通过程中一个重要的品质和技能，一个善于倾听的人总能迅速得到别人的接纳和欣赏，为深入交流奠定基础。（见拓展资料1）

- 要尊重说话者的情绪，适当共情。
- 在倾听的过程中可以做出适当的反馈以与对方进行信息确认或核对。
- 要善于理解说话者的意图，重述事实，不要急于评论或总结。
- 赞赏、鼓励等积极的语言回应会使沟通变得更为舒畅和有效。

3. 活动拓展。

（1）"蒙眼拉三角"团体活动（见拓展资料2）。

讨论与分享。

- 你们是如何找到绳子的？是怎样成功拉成正三角形的？
- 在活动中你们遇到的最大困难是什么？
- 活动开始时每个人都在表达自己的想法和建议，你们是怎么达成一致的？
- 活动给你们最大的启示或收获是什么？

（2）教师点评。

本游戏看似简单，但是做成功却不是那么容易的。因为所有成员都有自己的看法，认为应该往不同的方向运动才能找到绳子，而且声音嘈杂，看不到彼此的位置，这就更加需要大家认真地倾听、辨别、坚持或妥协，甚至运用感知、肢体语言等多种形式、策略进行沟通，从而达成一致，团体协作合力完成目标。

4. 活动总结。

学会倾听是人际交往过程中良好沟通的开端，善于倾听不仅是一种交往技巧，也是一种品质，善于倾听的人更容易得到别人的接纳和关注。此外，有效沟通还离不开双方对信息的准确理解和表达，因此要学会合理使用多元沟通表达技能来进行有效交流。

建议与提示

在"小安和妈妈的对话"案例练习环节，教师可以选用两种呈现方式：一种是提前准备好对话纸发给学生，让学生从中探讨并找出有哪些对话是不合适的表达，一种是挑选学生进行情景剧扮演。

参考文献

1. 徐岳敏编著:《学生心理拓展训练教师实用手册》,西南师范大学出版社,2010 年版,第6页。

2. 田文编著:《中小学心理健康教育活动设计与实施》,清华大学出版社,2013 年版,第160—163页。

拓展资料

1. 倾听中的礼仪与技巧。

(1) 倾听他人的环境最好比较安静,这样可以减少外界的干扰。

(2) 交谈时保持冷静的心态,不要受到其他事物的影响。

(3) 要面带微笑,不要显示出不耐烦的样子,要让对方感到轻松自如,而不是拘束。

(4) 倾听时不要挑对方的毛病,不要当场提出自己的批判性意见,更不要与对方争论。尽量避免使用否定别人的回答或评论式的回答,如"不可能"、"我不同意"、"我可不这样想"、"我认为不该这样",等等。应该站在对方的立场去倾听,努力理解对方说的每一句话,并可以对他人的话进行重复。

(5) 交谈过程中要少讲多听,不随意打断他人的讲话。

(6) 倾听的过程中要运用眼神、表情等非语言传播手段来表示自己在认真倾听。尽可能以柔和的目光注视着对方,并通过点头、微笑等方式及时对对方的话做出反应;也可以不时地说"是的"、"明白了"、"继续说吧"、"对"等语言来表示自己在认真倾听。

(7) 如果对对方谈到的内容比较感兴趣,可以先点点头,然后简单地表明自己的态度,最后再说"请接着说下去"、"这件事你觉得怎么样"、"还有其他事情吗"等,这样会使对方谈兴更浓。

(8) 要注意倾听对方说的内容,最好能够在对方讲完后简单地复述一遍,这样可以让对方感到被认真倾听,同时也确保理解了对方所讲的内容。

(9) 如果对对方的谈话不感兴趣,可以委婉地转换话题,比如,"我想我们是不是可以谈一下关于……的问题",等等。

倾听的五个层次①

第一层次——心不在焉地听:倾听者心不在焉,几乎没有注意说话人所说的话,或心里考虑着其他毫无关联的事情,或内心迫不及待地想表达。如此的不耐烦很容易被对

---

① 资料来源:http://www.gkstk.com/article/1421711629907.html。

方察觉,因此,这种层次上的倾听,往往会导致人际关系的破裂,是最糟糕的倾听方式。

第二层次——被动消极地听:倾听者因尊重或不好回绝而倾听,虽然可能会通过点头示意来表示正在倾听,但仍然会错过讲话者通过表情、眼神等体态语言所表达的意思。倾听者只是被动地听对方讲述内容,而不积极响应,容易导致误解、错误的举动,失去真正交流的机会。

第三层次——选择性地听:倾听者在倾听的过程中只关注自己希望得到的内容,忽略谈话者传递的其他信息。在这种模式中,倾听者只专注在谈话内容的某一细节上,而不是在对方所要表达的整体意义上,一般只能看到事物的局部,容易导致决策失误。

第四层次——主动积极地听:倾听者主动积极地听对方所说的话,能够专心地注意对方,能够聆听对方的话语内容,这是积极的倾听模式,也是绝大多数人都可以做到的。

第五层次——同理心地听:同理心也叫同感,这不是一般的"听",而是用心去"听"。这种倾听者能找出交流中的关键信息,在此基础上适当地提问以获得更多的信息;这种倾听者不急于作出判断,而是能够换位思考,感同身受;这种倾听者不仅听,而且还通过观察对方的举止,结合谈话的内容进行信息的综合判断;这种倾听者善于总结,并且能够进行适当的反馈。他们带着理解和尊重积极主动地倾听,是真正的优秀的倾听者。

2.“蒙眼拉三角”活动规则。

(1)用眼罩将所有学生的眼睛蒙上,在蒙上眼睛之前先让他们观察一下四周的环境。

(2)让大家都将双手举在胸前,保护自己与他人。目标是让整个团队找到一条很长的绳子,并将它拉成正三角形,完成时所有学生都要握住绳子。

(3)活动场地的地面尽量柔软,以免学生跌倒受伤。可以加一些变化,如可以排成不同队形。绳子可以用尽(难),也可以不用尽(易)。

(4)每小组活动完成时间限定在10分钟之内。

【学习单】

2.1 你会积极倾听吗?

班级: 姓名:

有人说倾听是一门艺术。当我们在思考该说些什么的同时,也要好好地听对方到底在讲些什么。你是否记得上次你和某人说话时,他"半心半意"地听你说话,弄得你好沮丧?良好的倾听者,不仅是听别人说了些什么,还需要传达你的兴趣和理解。为了清楚你的倾听能力,请完成下面的测试。

题　　目	是	否
1. 朋友们心里有事,通常把我当成共鸣箱。		
2. 我愿意倾听他人的烦恼。		
3. 在社交聚会上,我从一个谈话圈子转到另一个,经常感到还会有更好的谈话对象。		
4. 对方不能很快明白我的意思,我就会不耐烦。		
5. 我喜欢接过别人正说的笑话或故事。		
6. 别人跟我说话时,我总在想下句该说什么。		
7. 大多数人说话很乏味。		
8. 我通常比与我谈话的人说的多。		
9. 别人和我说话时,要重复一两次。		
10. 我喜欢说,胜过倾听。		

评分方法:

回答与下列答案相符的,每题得 1 分,如果与答案不符,则得 0 分,然后计算总分。

答案:1. 是;2. 是;3. 否;4. 否;5. 否;6. 否;7. 否;8. 否;9. 否;10. 否。

得分解释:

8 分或以上:你的倾听能力高于平均值。朋友们有困难需要找人商量时最有可能找你,你很可能在社交聚会上大受欢迎。

5—7 分:你的倾听技巧一般。同大多数人一样,有时你认真倾听,有时你可能心不在焉,所以,改进的空间还很大。

0—4 分:坦率地说,你不是最好的倾听者。你拒绝的次数比倾听的次数多。

课时 3

你好我也好——换位思考

教学目标

1. 指导学生体验在经历相同事件时,不同的角色会有不同的感受和想法。

2. 指导学生避免自我中心,学会站在他人的角度、位置去理解他人的需要和行为。

教学准备

空余场地、眼罩、柔软障碍物。

实施步骤(15 分钟)

1. 活动导入:"盲人与哑巴"体验游戏。

(1)游戏规则。

挑选 5 名学生担任盲人角色,戴上眼罩,其他学生迅速布置障碍;

挑选 5 名学生担任哑巴角色(随机挑出,不出声,不让盲人知道是谁),组成 5 个小组,准备游戏;

其余学生担任观察员;

游戏开始后,提醒所有学生不能出声,特别是盲人与哑巴,不能有语言交流,只能有肢体接触。

念旁白,播放背景音乐。(旁白:这是一片森林,天渐渐黑下来了,风从四面八方刮过来,雨瓣里啪啦打在你身上,电闪雷鸣,你看不到同伴,听不到他(她)的声音,你们需要穿越障碍,快速离开森林……)

(2)角色互换:刚才的哑巴蒙上眼睛当盲人,盲人当哑巴。

(3)讨论分享。

■ 你扮演哑巴和盲人两种不同的角色时,任务有什么不同?

■ 你的感受是什么?

■ 角色互换后你发现有什么变化?

■ 活动对你有什么启发?

2. 己所不欲,勿施于人。

(1)故事阅读。

儿子打完仗回到国内,从旧金山给父母打了一个电话:"爸爸,妈妈,我要回家了。但我想请你们帮我一个忙,我要带我的一位朋友回来。"

"当然可以。"父母回答道,"我们见到他会很高兴的。"

"有些事情必须告诉你们,"儿子继续说,"他在战斗中受了重伤:他踩着了一个地雷,失去了一只胳膊和一条腿。他无处可去,我希望他能来我们家和我们一起生活。"

"我们很遗憾地听到这件事,孩子,也许我们可以帮他另找一个地方住下。"

"不,我希望他和我们住在一起。"儿子坚持。父亲说:"孩子,你不知道你在说些什么,这样一个残疾人将会给我们带来沉重的负担,我们不能让这种事干扰我们的生活。我想你还是快点回家来,把这个人给忘掉,他自己会找到活路的。"

就在这个时候,儿子挂上了电话。

父母再也没有得到他们儿子的消息。然而几天后,他们接到旧金山警察局打来的一个电话:他们的儿子从高楼上坠地而死,警察局认为是自杀。

悲痛欲绝的父母飞往旧金山。在陈尸间里,他们惊愕地发现,他们的儿子只有一只胳膊和一条腿。

讨论分享:在听到"父母"的回复后,"儿子"为什么选择了自杀?

教师点评:如果父母能够换位思考,想象如果是自己的孩子遭遇不幸,一定希望获得他人的帮助,那么,儿子此时已经回到家中,全家团圆。

(2)情景模拟:宿舍中的规矩。

案例:

小雅是我们宿舍的舍友,从进入宿舍以来她就不大合群。吃饭、上课的时候,她总是自己一个人,更让人不能接受的是,她似乎有点不懂"规矩",经常在宿舍使用别人的洗发水、毛巾等。大家都对她很反感,不愿搭理她,有舍友也直接告诉过她不要乱用别人的物品,但她似乎不以为然,过了不几天,老毛病就又犯了。为此,大家都开始冷落她,而她似乎更加"肆无忌惮"了。

讨论分享:

➤ 小雅为何会"不懂规矩"?

➤ 假如你是小雅,面对舍友的指责你有什么感受?你会做出什么样的反应?

➤ 假如你是她的舍友,通过今天的学习,你打算如何与她交流相处?

266

3. 活动总结。

同一个事件,由于各人所处的角度、立场不同,其观念或行为也会有所不同,我们应当学会站在他人的角度去思考问题,从而真正理解他人。"己所不欲,勿施于人",只要我们能时时刻刻站在他人的位置和角度思考问题,关心他人,理解他人,我们就会获得不一样的认知和心态,从而有助于问题的解决和融洽人际关系的建立。

建议与提示

在"盲人与哑巴"活动中,一个人所扮演的角色不一样时,他/她自身的心理感受及对他人的期望是大不相同的。教师重在引导学生说出在这种角色互换的过程中,自己心路的变化及对他人的理解。

参考文献

徐岳敏编著:《学生心理拓展训练教师实用手册》,西南师范大学出版社,2010年版,第62页。

推荐资料

一对夫妇坐车去游山,中途下车。他们听说,后来车上其余的乘客没有走多远,就遇到了小山崩塌,结果全部丧命。女人说:"咱们真幸运,下车下得及时。"男人说:"不,是由于咱们下车,车子停留,耽误了他们的行程。不然,就不会在那个时刻恰巧经过山崩的地点了……"换位思考的实质就是,设身处地为他人着想,即想人所想,理解至上。人与人之间少不了谅解,谅解是理解的一个方面,也是一种宽容。任何人都有被冒犯、被误解的时候,如果对此耿耿于怀,心中就会有解不开的疙瘩;如果我们能深入体察对方的内心世界,或许能达成谅解。谅解是一种爱护、一种体贴、一种宽容、一种理解。①

---

① 资料来源:https://www.douban.com/note/505815665/。

课时 4

有容乃大——学会宽容

教学目标

1. 指导学生认识到宽容在人际交往过程中的重要性。

2. 指导学生学会用宽容的胸怀对待生活中的矛盾,理解他人,化解矛盾和怨恨。

教学准备

学习单 4.1。

实施步骤(15 分钟)

1. 活动导入:"宽容是一种拯救。"

故事梗概:在 2005 年秋季的一天,有两个少年在加州的一个林场里玩,他们想恶作剧,于是点燃了那片丛林,他们想象着消防警察们灭火时的慌乱和焦灼,得意不已。他们却万万没有想到,一名消防警察在扑救火灾的时候不幸牺牲了……(见拓展资料)

讨论分享。

- 读完这则故事,你感受最深的是什么?

- 假如你是警察的母亲,你会怎么做?

- "作为这个世界上最有资格谴责你们的我,我想说,请你们回家吧,家里还有等待你们的父母。只要你们这样做了,我会和上帝一道宽容你们……"这位母亲的做法对你有什么启示?

2. 我的故事分享。

生活中总有一些让我们"耿耿于怀"的人或事,我们始终难以放下。请大家回顾一下自己印象最深的一个经历,并在小组内分享。

3. 我是一个宽容的人吗?

(1)宽容的定义。

宽容就是宽厚能容忍,原谅,不计较,容许别人有行动和判断的自由,对不同于自己或传统观点的见解有耐心,能容忍,不勉强。

宽容也是一种积极的心理品质,它具有双层含义,一层是能宽容自己,宽容自己的失败和不足,另一层是能宽容他人,宽容他人对自己的过错或伤害。

（2）学生运用"我会宽容吗?"（见学习单4.1）进行自我检测。

（3）讨论分享:怎样对自己或他人做到宽容呢?

（4）教师点评。

■ 承认自我:勇敢地承认自己的不足,正视自己的不足,积极地改进,完善,而不是垂头丧气,自怨自艾。

■ 推己及人:己所不欲,勿施于人,既然我们自己也有缺点,为何无法容忍他人一时的错误呢?凡事将心比心,就事论事,在心理上接纳别人,理解别人的处世方法,尊重别人的处世原则。

■ 用一颗同情心去倾听。

■ 适时地展望未来。

4. 活动总结。

于人而言,人际交往中难免产生误解、摩擦甚至怨恨,如果肩上始终扛着"仇恨袋",心中装着"仇恨袋",生活就会如负重登山,举步维艰;于己而言,每个人难免会有一些过失或缺陷。如何化解这些负担?唯有宽容和爱!多一点对自己的宽容,心灵才会变得轻盈和放松;多一点对别人的宽容,生命和生命之间才能变得温暖与和谐。

建议与提示

在"我的故事分享"活动中,教师可引导学生分享事件大约发生在什么时间,引发的原因是什么,学生当时的情绪或感受是什么,对学生现在有何影响,其他学生对此有怎样的想法,有哪些建议等。

参考文献

阳志平等编著:《积极心理学团体活动课操作指南》,机械工业出版社,2012年版,第239页。

拓展资料

故事"宽容是一种拯救"①。

在 2005 年秋季的一天,有两个少年在加州的一个林场里玩,他们想恶作剧,于是点燃了那片丛林,他们想象着消防警察们灭火时的慌乱和焦灼,得意不已。他们却万万没有想到,一名消防警察在扑救火灾的时候不幸牺牲了。

这名消防警察才 22 岁,在全力以赴地履行自己的职责时,他被浓烟熏倒后被烧死在丛林里。更让人悲伤的是,这名消防警察早年丧父,是母亲独自将他抚养长大的。他成长的过程中充满艰辛,他常常对母亲表示,成人后要好好回报她。而这是他参加工作后的第一周,连第一次薪水都没领到就……

在查明这是一起蓄意纵火案后,整座城市的人们顿时愤怒了,市长表示一定要将罪犯抓捕归案,让他们接受严厉的惩罚。警察开始四处追捕,那两名被列入嫌疑人的少年的头像也开始出现在各个角落。

而这一切都不是这两个少年最初想象的,他们只能惊恐地离开这座城市,四处流窜。听着来自四面八方的愤怒的声音,他们陷入深深的悔恨、无奈和恐慌之中。

除了这两个少年,媒体的目光更多地投放到那位警察的母亲身上。但是当她在接受采访说出第一句话时,所有人都震惊了。她是这样说的:"我很伤心地看到我的儿子离开了我,但是我现在只想对制造灾难的两个孩子说几句话——你们现在一定活得很糟糕,很可能生不如死。作为这个世界上最有资格谴责你们的我,我想说,请你们回家吧,家里还有等待你们的父母。只要你们这样做了,我会和上帝一道宽容你们……"

那一刻,全场的记者都沉默了,没人想到这位刚刚失去儿子的母亲居然会说出这样的话,他们以为等来的声音会是哀伤,或是愤怒,没想到竟然是宽恕!

而人们更没有想到的是,这位母亲发表讲话后的一个小时,两名少年投案自首了。

两名少年告诉警察:就在那位母亲发表电视讲话的那天下午,他们因为承受不了这巨大的社会压力而购买了大量安眠药,准备一起离开这个世界。但就在这时,他们从电视里听到了那位母亲讲的话。他们顿时泪如雨下,而后,将安眠药丢到一边,拨通了警察局的电话……

现在这两名鲁莽的少年已为人父,他们会时常领着自己的孩子去看望那位可敬的母亲,那已经是他们心灵上的另一位母亲。一个悲剧故事就这样以温馨的结局收尾了,而谁都可以想象,如果这位母亲当时说出的是另一番话语,这两个鲜活的生命就将从此逝

----

① 资料来源:http://www.xiexingcun.com/meiwen/ShowArticle.asp? ArticleID=4318。

去,这位母亲也就永远陷入了孤寂之中。

【学习单】

4.1 我会宽容吗?

你对自己宽容吗?

说明:下面是一些关于我们受到他人的伤害或我们伤害了他人之后的想法,请在1—7分间评价这些叙述与您的情况相符的程度,并将相应的数字代号写在题后的括号内。

自 我 宽 容 项 目	得 分
以下题目:7＝完全不符合,6＝不符合,5＝不太符合,4＝不确定,3＝基本符合,2＝符合,1＝完全符合。	
1. 我常对自己做过的错事耿耿于怀。	
2. 我很难原谅自己所犯的错误。	
3. 我经常为曾经说错的话或做过的错事自责不已。	
4. 我对自己很苛刻。	
5. 我有一种莫名其妙的罪恶感。	
以下题目:1＝完全不符合,2＝不符合,3＝不太符合,4＝不确定,5＝基本符合,6＝符合,7＝完全符合。	
6. 我从不斤斤计较自己所犯的错误。	
7. 我从不自我责备。	
8. 从过去的失误中吸取教训可以使我不断提高。	
9. 大多数时候,我能宽恕自己。	
10. 我能很好地接纳自己。	
11. 我能坦然面对自己所犯的错误。	
12. 我对自己的过错持宽容态度。	
自我宽容项目总得分	

得分解释:得分越高,则越容易宽容自己。

你对别人宽容吗?

说明:下面是一些关于我们受到他人的伤害或我们伤害了他人之后的想法,请在1—7分间评价这些叙述与您的情况相符的程度,并将相应的数字代号写在题后的括号内。

宽 容 他 人 项 目	得 分
以下题目：7＝完全不符合,6＝不符合,5＝不太符合,4＝不确定,3＝基本符合,2＝符合,1＝完全符合。	
1. 我对那些曾经伤害过我的人始终心怀怨恨。	
2. 我无法忘却别人带给我的伤痛。	
3. 我希望伤害过我的人得到报应。	
4. 我总想着要报复曾经伤害过我的人。	
5. 我憎恶伤害过我的人。	
6. 许多人让人无法容忍。	
以下题目：1＝完全不符合,2＝不符合,3＝不太符合,4＝不确定,5＝基本符合,6＝符合,7＝完全符合。	
7. 我不会对那些曾经伤害过我的人心存偏见。	
8. 我最终会原谅那些曾经伤害过我的人。	
9. 大多数时候,我能原谅别人所犯的错误。	
10. 当有人伤害了我的时候,我的办法就是宽容和忘却。	
11. 我很容易就能忘却别人对我的伤害。	
12. 我们应该努力忘记别人对我们的伤害。	
宽容他人项目总得分	

得分解释：得分越高,则越容易宽容他人。

课时5

大事能化小——有话好好说

教学目标

1. 指导学生体验和感悟有话不好好说会加剧矛盾,使简单的问题变得更糟。

2. 指导学生学会合理有效地表达自己的诉求,提高化解人际危机或矛盾的能力。

教学准备

1. 多媒体、学生情景剧表演卡、预分小组(四组)。

2. 学习单5.1。

实施步骤(15分钟)

1. 活动导入。

(1)情景剧扮演:《谁动了我的洗脸盆》。

剧情梗概:王同学在一次月考中成绩很不理想,心情郁闷地回到宿舍后却发现自己的洗漱用品被凌乱地扔在床上,盛放用品的脸盆却不知去向。王同学正在气头上时,李同学端着他的洗脸盆进来了……争吵演变成了斗殴,俩人在宿舍里厮打了起来……最终王同学鼻青脸肿,李同学头破血流。(见拓展资料1)

(2)讨论分享:

- 情景剧中发生了什么矛盾?

- 剧情中矛盾是如何升级的?

- 在平常的交往中你是否也有这样的经历或体会呢?

- 对你有什么启示?

(3)教师点评。

- 言语中带有攻击性、侮辱性词汇。

- 攻击性、挑衅性的肢体"语言"(竖中指、手指向人、瞪眼握拳头等)。

- 迁移负面情绪到事件中来。

■ 不就事论事、添枝加叶或反算旧账等。

2. 有话好好说。

（1）讨论分享：结合《谁动了我的洗脸盆》讨论面对矛盾时，怎样做才能有话好好说，怎样向对方表达歉意。

（2）教师点评。

■ 要控制好自己的情绪，尤其注意不要将旧有的负面情绪迁移进来。

■ 要注意自己的表达方式，澄清事实，就事论事，以解决问题为原则。

■ 当不便或不善于用语言表达时，可以借助短信、便条等非言语表达方式。

表达歉意的方法	冲突和解的方法
当面说"对不起" 通过电话、书信、短信道歉 通过送小礼物表达歉意 通过共同的朋友表示歉意 通过中间人调解矛盾	停止对抗，启动对话 耐心解释，消除误会 主动道歉，退让一步 相互宽容，相互谅解 第三方居间调停

（3）尝试使用"我讯息"表达方式。

关键点：描述基本事实；以第一人称"我"说出对事件的感受或看法（而非以指责对方的口吻）；表达出原因或建议、期望。

常用表达公式：我看（听）到……我感觉……我希望……

情境练习：我的好朋友小A总是将我告诉他（她）的秘密传出去，真不知道是有心的还是无意的！几次三番了，真受不了，我想找个机会和他（她）谈一下，可又担心会影响到我们之间的友谊，纠结、郁闷……

参考方案：小A，我前几天告诉你的一个秘密好像小海也知道了，今天他来向我打探，可那毕竟是我个人的隐私，我很担心引起别人的误解。你是我最知心的好朋友，希望我们彼此能保守对方的秘密，好吗？

巩固练习："'我讯息'表达方式训练"（见学习单5.1）。

3. 学以致用，话剧表演。

（1）活动规则。

教师提供四组情景剧表演任务卡，两组为表演卡，两组为评价卡（见拓展资料2），由各小组抽签决定本组的任务。

抽到表演任务的小组要根据剧情设计合适的语言使情节合理完整。

抽到评价任务的小组要对对应表演小组的完成情况进行合理评价。

（2）情景剧内容（见拓展资料3）。

（3）讨论分享：四组成员分别分享作为表演者、评价者的感受、想法。

4. 活动总结。

我们在与他人交往中难免会产生矛盾。在面对矛盾时，我们一定要控制好自己的情绪，有话好好说，把握解决矛盾而不是激化矛盾的原则，理性表达。我们要学会使用"我讯息"表达方式，陈述事实，把自己的感受和看法讲清楚。我们要学会将大事化小，降低矛盾升级的风险，有效化解人际危机。

建议与提示

在《谁动了我的洗脸盆》情景剧扮演环节，教师可提前安排学生扮演然后录像，课堂上只呈现录像即可，否则会占用过多的课堂时间，影响下面的活动。

参考文献

刘视湘，马利艳编著：《中学生团体心理辅导》，开明出版社，2009年版，第109页。

拓展资料

1.《谁动了我的洗脸盆》剧情。

王同学在一次月考中成绩很不理想，心情郁闷地回到宿舍后却发现自己的洗漱用品被凌乱地扔在床上，盛放用品的脸盆却不知去向。王同学正在气头上时，李同学端着他的洗脸盆进来了……

王同学：李海刚，你有病啊！用人家东西也不知说一声啊！

李同学：我，我想和你说啊，不是你还没来嘛，不就用一下脸盆吗，至于这么疯吗？

王同学：用一下脸盆？你还好意思说啊！你几次了啊！上次我不在你把我刚买的洗面奶打开就用了，没钱买你说啊，整天偷别人的用算什么啊？你怎么这么不要脸啊？

李同学：王义！你说谁不要脸？我还就用了你怎么着啊？（怒气冲冲地把脸盆摔到了地上）

王同学：怎么着，你还有理了？我就说你不要脸，怎么着啊？

李同学：我，我揍死你……

争吵演变成了斗殴，两人在宿舍里厮打了起来……最终王同学鼻青脸肿，李同学头破血流。

2. 小组表演评价卡。

评价维度	评 价 标 准	本项评价等级 （优、良、中）	综合评定等级
剧情	剧情完整、情节合理		
语言设计	语言设计合理,符合角色特点		
人物表演	能进入角色,表演形象		
有话好好说	有效运用沟通技巧		

3. 情景卡。

情景卡1:周末晚上9点半,参加完一个同学的生日聚会后回到家,我轻轻地打开房门,发现客厅里黑着灯而我的卧室门虚掩着,从里面透出一丝光亮。谁在我卧室? 我疑惑地推开门,却发现妈妈正坐在我的电脑前,我的QQ正开着,妈妈竟然在"偷看"我的聊天记录! 我……妈妈泪流满面地走出我的卧室。

情景卡2:周末晚上9点半,参加完一个同学的生日聚会后回到家,我轻轻地打开房门,发现客厅里黑着灯而我的卧室门虚掩着,从里面透出一丝光亮。谁在我卧室? 我疑惑地推开门,却发现妈妈正坐在我的电脑前,我的QQ正开着,妈妈竟然在"偷看"我的聊天记录! 我……妈妈笑盈盈地从我的卧室走了出去。

【学习单】

5.1 "我讯息"表达方式训练

班级:　　　姓名:

情景1:我的同桌上自习课的时候喜欢出声背诵,虽然声音不大,但嘟嘟囔囔的声响让我心乱如麻。看到他那么投入的样子,我的注意力却始终不能集中起来,他直接影响了我自习的效率。我曾经提醒过他,但几天后他又成了老样子。

如果用"我讯息"表达方式,你会对你的同桌怎么说?

情景2:语文课上,当我在闭着眼睛回顾一个知识点的时候,语文老师突然点名让我站起来背诵一段古诗,恰巧这一段我没有准备好,背诵得很不流畅。语文老师当着全体同学的面讽刺说,有时间在课堂上睡觉,还以为你胸有成竹了呢。我感到很委屈,也很丢人,但却不知如何向老师解释。

请尝试用"我讯息"表达方式向老师解释这件事情。

专家点评与建议

1. 总体评价

本指导方案基于学生现实生活中面临的人际沟通和合作问题,涉及学生之间、亲子之间、个人与社会之间等多个层面,从"尊重与欣赏"开始,针对指导学生建立和谐的人际关系进行了翔实的教学设计,系统性强,运用了体验教育、情景剧、案例分析等多种教学手段,能够很好地激发学生的学习动机,深化学习成果。

2. 学术观点

本指导方案可根据管理学中有效沟通的十个原则,让学生观察自己的沟通过程与行为改善策略,归纳如下:(1)真实性原则——有价值的信息;(2)渠道适当性原则——恰当的信息传递渠道和方式;(3)主体共时性原则——信息发出者和接受者的恰当性;(4)信息传递完整性原则——给出的信息是完整的,非片面的;(5)代码相同性原则——内容代码要一致;(6)理解同一性原则——理解传递者信息的真实意义;(7)时间性原则——保证沟通的有效性;(8)连续性原则——理解彼此的沟通经验和方式;(9)目标性原则——达成沟通目标的共识;(10)噪声最小化原则——尽可能减少干扰沟通质量的因素。

3. 具体建议

(1)"宽容"对任何人而言,都是很不容易做到的,让学生学习宽容,是非常好的议题。在课时编排上,建议可以调整为尊重与欣赏→倾听与表达→换位思考→有话好好说→学会宽容,让整个主题更为顺畅。

(2)教师能够灵活使用体验式教育活动来进行课程设计(例如,"盲人与哑巴"、"你说我传"、"蒙眼拉三角"等)。教师在设计和实施教学活动时,建议根据学生的表现和反馈(例如,"七手八脚"活动是否能根据教师的设想展现多元性、闪光点、尊重与忽视等关键点),来不断调整活动形式与难度设置。

(3)在体验活动的解说上注重落在行动指导,例如在倾听主题的指导上帮助学生反思自己在积极聆听上的盲点、技巧运用和难点;亦可以增加一个"练习欣赏同学"的小活动;在沟通活动的解说上帮助学生分析自己在有效沟通上的阻力和助力。

(4)教学案例材料不胜于多,而在于针对性、恰当性和深入度;建议一些非常好的视频和案例可以作为前后课时贯穿使用的材料,从感受→意愿→认知→行为→心灵,引导学生步步深化。例如视频《女士对盲人乞丐做了什么?》亦可以放在第5课时。

(5)在问卷的使用中(例如,学习单2.1),如果想要得到真实信息,则在指导语上应尽量简化,以免学生的社会取悦性影响答题的真实度。此外,在对问卷的解读上,建议教师充分使用测量结果。例如,在根据得分将学生归类后,教师可以指导学生检验自己在具体题目上的勾选情况,帮助学生进行更为细致的反思。

(6) 在让学生分享耿耿于怀的人或事时要非常谨慎,避免带出创伤事件。教师需提醒学生根据自己的意愿决定是否分享,并密切关注学生的情绪。

评选后记

教育部《国家中长期教育改革和发展规划纲要(2010—2020 年)》中明确提出"建立学生发展指导制度,加强对学生的理想、心理、学业等多方面的指导"。这是在国家人才培养背景下对高中教育提出的育人原则,然而"一句话"如何真正落实为"学校的实际行动",如何攻克实际操作层面的难点,则是重中之重。正如霍益萍教授所言:"我们的目标就是根据教育部的要求,拿出高中学生发展指导制度在中国建立的本土理论和经验。"

自 2010 年起,在过去六年中,霍益萍教授及其团队所做的教育部学生发展指导课题,应校长和教师的心声,经历了从重点阐明"是什么"、"为什么"到"怎么做"的转变。

其中,有两个重要的里程碑,2013 年 7 月,在宁夏育才中学举行的结题会上,第一期实验学校案例成果集获得教育部的高度评价。2016 年 6 月,为更好地帮助教师提升学生发展指导课程的实践能力,课题组发起"首届全国普通高中学生发展指导方案设计大赛",并于第二期项目结题培训中向全国同行推出来自各个省市学生发展指导实验学校的教师的 20 节展示课,在全国范围内引起极大反响。本书则是对此次大赛评选的一等奖方案的汇编,旨在分享优秀经验,帮助教师拓展教学思路,提升指导活动的水平和质量。以下对此次大赛的评选过程及标准进行详细说明。

该赛事于 2017 年 6 月 24 日发布通知后,预计征集 70 份方案,而于 9 月 15 日截止日期实际收到全国各地共 138 份方案。大赛共设学生发展指导 3 大主题 18 个类别(如表),其中参与方案比例最高的为"生活指导"主题,"生涯指导"其次。作品类型也很丰富,课时活动设计(用于学生发展指导专门课程)比例最高,体验活动设计(针对班级、年级、全校、小团体等不同人数的活动方案)与教学卡牌设计(可供某一种或某几种活动使用)都有一定的参与比例。

生 涯 指 导	学 业 指 导	生 活 指 导
1. 高中与个人生涯的联系	1. 激发学习动机与兴趣	1. 健康生活方式
2. 个人特质探索	2. 优化学习策略与方法	2. 情绪管理
3. 了解高校与专业	3. 选课与考试指导	3. 积极的自我概念

生 涯 指 导	学 业 指 导	生 活 指 导
4. 了解职业与社会需求	4. 升学与填报志愿指导	4. 人际沟通与合作
5. 培养选择与决策能力	5. 有效应对学习压力	5. 理性辩证分析社会问题
6. 生涯行动与实践	6. 目标、计划制定与时间管理	6. 全球视野与文化认同

注：每一主题为一个指导单元。

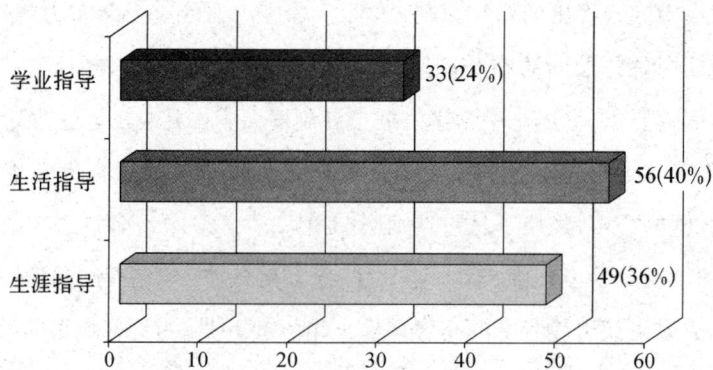

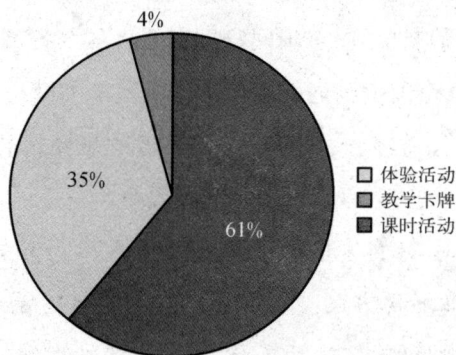

大赛方案评审标准采取科学性、教育性、针对性、示范性四个指标。

科学性： 方案内容翔实，所依据的概念和原理准确可靠；

设计的内容完整有序，条理清晰，指导方式方法合理妥当，语言准确流畅。

教育性： 方案符合学生发展指导工作和活动的基本规律与原则；

有利于落实学校立德树人的根本任务和全面提升高中生的综合素质。

针对性： 方案所涉及的内容能围绕本校学生现实生活中面临的真实问题展开，目标设定合理明确，具有很强的针对性；

能起到帮助学生化解疑惑、解决问题的作用。

示范性：方案设计能体现当代学生发展指导的教育理念和发展方向，强调发展的观点；
设计的活动适宜当地条件，具有可行性，便于普及推广。

为保证评审质量，对评审专家的选择遵循理论功底扎实、实务操作经验极为丰富、指导能力强、学术领域享有口碑的原则，涵盖香港、台湾、内地相关领域的专家。

评审方式为独立评价与集合评审两种方式相结合。独立评价是在审阅了举办方事先提供的所有资料后，评委根据个人的经验与专业知识，按照评审标准，独立提交个人的评审意见。集合评审是在每位评委工作的基础上，大赛举办方于11月1日至2日在上海举办工作会议，经过充分的讨论，最后确定获奖名单。在评审过程中，每位评委严格遵守评审纪律，在正式颁奖前不透露相关评审信息。最终，138份参赛方案中共54份方案获奖，其中一等奖12项（8%），二等奖18项（12%），三等奖24项（18%）。

经过严谨的评审过程，专家为未来教师的学生发展指导工作提出以下几个需要关注的共性问题：（1）设计理论依据不足；（2）学生发展指导问题不够清晰，针对性不强；（3）方案的系统性不够，几个课时之间的联系与连贯欠缺；（4）有些方案提出了问题，但常常把时间用在知识的介绍上，缺乏具体的行为指导；（5）注重体验性同时应更注重活动的教育与指导性；（6）一个活动中，指导目标与指导活动环节之间有些脱节；（7）活动设计要注意适当性，形式可更多元，能够引发学生对真实问题的反思。

然而，优秀方案在以下四个方面较为突出：（1）所依据的概念和原理准确可靠；（2）方案设计内容翔实且有系统，活动有较强的可操作性；（3）举例切合学生现状，设计内容以学生现实生活中面临的真实问题展开，能满足学生的实际需要；（4）"建议与提示"部分说明翔实，有助于分享给其他学校与教师使用。

作为主编，我非常高兴能将本次全国大赛一等奖获奖教师的实践思路和教学经验与同仁分享。在"专家点评与建议"部分，我亦提出了详细的解说与建议，希望大家不断精进。在此，感谢每位参赛教师对学生发展指导事业的用心付出与点滴实干，感谢全国学生发展指导工作领军专家霍益萍教授及其团队的辛苦评审工作，感谢台湾辅导教师协会秘书长刘慈伦、台湾辅导教师协会常任理事廖新春、香港"创你程"计划前学校发展主任邓淑英的支持。希望我们仰望理想、脚踏实地、扎根本土，共同创设中国学生发展指导更美好的未来！

李希希

学生发展指导课题组

华东师范大学

2017年9月

图书在版编目（CIP）数据

　　12 个优秀指导方案：高中学生发展指导可以这样做／
李希希主编. —上海：华东师范大学出版社,2018
　　（当代中国普通高中教育研究报告丛书）
　　ISBN 978 − 7 − 5675 − 7743 − 5

　　Ⅰ.①1… Ⅱ.①李… Ⅲ.①高中生—学校教育—研
究—中国 Ⅳ.①G635.5

　　中国版本图书馆 CIP 数据核字（2018）第 100106 号

当代中国普通高中教育研究报告丛书

12 个优秀指导方案：高中学生发展指导可以这样做

主　　编　李希希
策划编辑　彭呈军
审读编辑　孙　娟
责任校对　张　雪
装帧设计　高　山

出版发行　**华东师范大学出版社**
社　　址　上海市中山北路 3663 号　邮编 200062
网　　址　www.ecnupress.com.cn
电　　话　021 − 60821666　行政传真 021 − 62572105
客服电话　021 − 62865537　门市（邮购）电话 021 − 62869887
地　　址　上海市中山北路 3663 号华东师范大学校内先锋路口
网　　店　http://hdsdcbs.tmall.com/

印 刷 者　常熟高专印刷有限公司
开　　本　700×1000　16 开
印　　张　18.25
字　　数　321 千字
版　　次　2018 年 11 月第 1 版
印　　次　2018 年 11 月第 1 次
书　　号　ISBN 978 − 7 − 5675 − 7743 − 5/G·11129
定　　价　46.00 元

出 版 人　王　焰

（如发现本版图书有印订质量问题，请寄回本社客服中心调换或电话 021 − 62865537 联系）